하나님의 선교 전략

흩으심과 모으심

김진성

하나님의 선교전략

Dispersing and Gathering

김진성 지음

MISSIONS STRATEGY OF GOD

TnD북스

목차

1장

하나님의 선교 전략:
흩으심과 모으심

상세 목차

Ⅰ. 서론

성경에 의하면, 인류의 역사는 인간의 하나님에 대한 불순종과 하나님의 은혜로 인한 구속의 연속이다. 하나님은 말씀으로 세상을 창조하시면서, 모든 창조역사를 보시고 좋다고 선언하셨다. 그리고 창조역사의 마지막 날에 하나님의 형상을 따라 창조된 아담에게 "복을 주시며 생육하고 번성하여 땅에 충만하고 땅을 정복하라 모든 생물을 다스리라"고 하셨다.[1] 하나님은 아담에게 세상을 다스리는 권세를 주시면서, 각종 들짐승과 새들을 아담에게 보내어 그들의 이름을 짓도록 하셨다. 하나님으로부터 다스리는 권세를 위임받은 아담은 각 생물을 일컫는 바가 곧 그 이름이 되게 함으로써[2] 피조물에게 그들의 특성과 목적을 제시해 주었다. 말씀으로 세상을 창조하시던 창조주 하나님의 모습이 아담에게서 재현되며, 하나님과 연합되어진 아담의 모습이 나타난다. 아담이 죄를 범하기 전, 하나님이 아담과 함께 무엇을 하기 원하실 때 하나님은 아담을 부르실 필요 없이 아담과 교제하셨고, 작정된 시간과 공간 속에서 아담은 받은 사명을 감당할 수 있었다.[3]

그러나 아담의 타락 이후, 아담은 하나님의 낯을 피하게 되었고 하나님은 그런 아담을 부르셨다. "네가 어디 있느냐?"[4] 이러한 부르심(소명)은 아담의 타락과 범죄 사실을 알려 주고 하나님 앞에 나와 죄를 자복하고 회개할 것을 알리는 사랑의 음성이며, 하나님의 구원 은혜를 알려 주는 음성이었다. 그러나 아담은 자신의 죄를 인정하기보다는 "하나님이 주셔서" 함께하게 하신 여자 때문에 죄를 범하게 되었다는 변명을 하며 자신이 범한 죄의 동기를 하나님께 전가시키려고 했다.[5] 모든 생물들의 이름을 지으며 그들을 다스리던 하나님의 대리자였던 아담은 하나님과의 친밀한 교제가 단절되고 영적인 죽음의 상태가 되어버렸다.

---

1) 창 1:26, 28.
2) 창 2:19.
3) 창 1:28; 2:19.
4) 창 3:9.
5) 창 3:12.

그럼에도 불구하고 하나님은 죄를 범한 아담에게 구원의 언약을 약속하셨다.[6] 아담 이후 인간은 끊임없이 불순종의 범죄로 이어지지만 하나님의 주권적(선수적) 언약에 의한 구속역사는 변함없이 진행되고 있다. 하나님의 언약은 하나님이 자기 백성들을 다스리시는 초석이다.[7] 하나님의 구원은 인간과 맺은 언약 안에서 시작되며, 언약의 목적은 자기 백성을 구원하는 데 있다. 하나님에 대한 인간의 불순종에 대한 징계로써 인간은 흩어지지만, 하나님의 변함없는 사랑은 자기 백성을 다시 모으시는 일로 역사 안에서 주권적으로 진행되고 있다. 하나님이 자기 백성을 불러 모으시는 동기는 하나님의 사랑이며, 불러 모으심은 예수 그리스도의 대속과 부활의 능력에 의한 것이다.

II. 흩으심

1. 아담의 범죄로 인한 추방

> "이같이 하나님이 그 사람을 쫓아내시고 에덴 동산 동쪽에 그룹들과 두루 도는
> 불 칼을 두어 생명 나무의 길을 지키게 하시니라"(창 3:24).

하나님은 아담을 지으시고 그에게 세상을 다스리는 권세를 주심과 동시에, 에덴동산 가운데 생명나무를 임의로 먹도록 허락하셨다.[8] 죽음이라는 단어는 하나님이 선악을 알게 하는 나무의 실과를 먹지 말라는 경고와 함께 최초로 언급되었고,[9] 아담의 범죄 이후 흙으로 돌아갈 것이라는 죽음을 암시하는 표현이 다시 기

---

6) 창 3:15.

7) A. W. Pink, *The Divine Covenants* (Grand Rapids: Baker Book House, 1973), 8.

8) 창 2:9, 16.

9) 창 2:17.

록되었다.[10] 이어서 아담은 범죄 후 더 이상 생명나무로 접근할 수 없도록 에덴동산에서 추방되었다.[11] 죄로 인해 하나님과의 관계가 단절된 아담은 에덴동산으로부터 추방을 당하였다. 이것은 "네가 먹는 날에는 정녕 죽으리라"는 말씀대로 죄의 결과 아담에게 임한 영적 죽음을 하나님께서 선고하신 것이다. 에덴에서 추방된 이후 아담은 얼굴에 땀을 흘려야 살고 필경은 흙으로 돌아가는 나그네의 인생이 되었다. 비록 땀을 흘리는 노동이지만 하나님은 죄인 아담에게 땅에 살며 문화를 일구어 갈 수 있는 은혜를 베푸셨다.[12] 그리고 아담은 그것이 하나님의 은혜임을 깨달았고, 그 아내에게 하와 곧 "모든 산 자의 어미"란 이름을 주었다.[13]

아담은 하나님과 교제하며 모든 생물을 다스리던 곳으로부터 쫓겨났지만, 거처할 장소를 받았다. 생명나무로부터 추방을 당하였지만, 희생 제사를 통하여 자신의 죄 문제를 해결할 수 있는 새로운 치료 방법을 받았다.[14] 범죄한 아담과 하와는 무화과 나뭇잎을 엮어 치마를 만들어 입고서 자신들의 수치를 가리려 했지만, 스스로 죄의 수치를 가릴 수 없었다. 하나님은 범죄한 자들을 찾아 손수 가죽옷을 지어 입히심으로 그들의 죄의 수치를 가려 주셨다. 죄인에게 의의 옷을 입히시기 위해 어린 양 예수 그리스도는 십자가에서 죽으심으로 의를 이루셨다.[15] 비록 가인이 자신의 동생인 아벨을 죽임으로써 구원의 소망이 끊어진 것처럼 보였지만, 하나님은 아벨의 자리를 대신해 셋을 아담에게 주셨다. 셋도 아들을 낳고 그 이름을 에노스라 하였으며, 그때에 사람들이 비로소 여호와의 이름을 부르기 시작하였다.[16]

아담은 원래 영생을 보장받은 존재였지만, 하나님과의 언약을 지키지 않은 범죄와 타락으로 죽음을 당해야 하는 존재가 되었다. 즉 자신의 죄 문제를 스스로

---

10) 창 3:19.

11) 창 3:24.

12) John Calvin, *Commentaries on the Book of Genesis Vol.1* (Grand Rapids: Wm. B. Eerdmans Publishing, 1948), 184-185.

13) 창 3:20.

14) John Calvin, *Commentaries on the Book of Genesis Vol.1*, 185.

15) 갈 3:27.

16) 창 4:26.

는 해결할 수 없는 존재가 되었다. 오직 여인의 후손을 통한 구속언약을 통해 아담은 구원의 소망을 갖게 되었다. 첫 사람 아담의 불순종으로 많은 사람이 죄인이 되었으나, 하늘에서 나신 둘째 사람이자 마지막 아담인 살려 주는 영 예수 그리스도의 순종하심으로 하나님의 구속언약은 성취되었다.[17] 그런데 범죄로 하나님과의 교제가 단절(영적 죽음)된 아담이 즉시로 육체의 죽음에까지 이르지 않고 에덴동산으로부터 추방된 것은 하나님의 은혜이다. 영적인 죽음에 있는 자들이 죄를 회개하고 하나님 나라에 다시 들어갈 수 있도록 구속역사의 장을 마련해 주신 것이며, 예수 그리스도는 십자가에서 하나님의 공의와 사랑을 만족시키심으로써 언약을 성취하셨다. 이로써 아담은 믿음으로 본향을 생각하며 돌아갈 기회를 하나님으로부터 약속받았다.

2. 바벨탑으로 인한 흩으심

"여호와께서 거기서 그들을 온 지면에 흩으셨으므로 그들이 그 도시를 건설하기를 그쳤더라"(창 11:8).

원죄로 오염된 인간의 죄의 상태는 점점 악해졌다. 동생을 죽인 가인이 하나님께 거짓말과 반항을 하는 모습은 아담의 변명보다 죄의 상태가 더 악해지고 있음을 나타낸다.[18] 아담의 8대손인 라멕은 자신의 상처에 대한 보복으로 저지른 살인 행위를 자랑함으로써 죄의 심각성을 드러냈다.[19] 노아의 시대에 이르러 인간의 죄악은 세상에 관영하고 그 마음의 생각의 계획이 항상 악할 뿐이었고 하나님은 물로 세상의 죄를 심판하셨다. 그러나 하나님은 방주를 통하여 하나님께 은혜를 입

---

17) 롬 5:18; 고전 15:45, 47.

18) 창 4:9; 3:12.

19) 창 4:23.

은 노아와 그의 가족들을 살리시고 노아와 언약을 세우셨다.[20] 그리고 하나님은 노아에게도 아담에게 주셨던 '생육하고 번성하며 땅에 편만하여 그 중에서 번성하라'[21]는 축복의 명령을 동일하게 주셨고, 다시는 모든 생물을 홍수로 멸하지 아니할 것이라는 언약도 하셨다. 언약(*berith*)이라는 구체적인 용어는 노아에게 처음 사용되었다. 죄의 심각성과 확대성에도 불구하고 신실하신 하나님의 사랑과 은혜의 구속이 확실히 이루어질 것을 약속하신 것이다.

하지만 홍수 후에 인간은 땅에 편만하여 번성하라는 하나님의 명령을 어기고 시날 평지에 거하며 온 지면에 흩으심을 면하려 하였고, 성(city)과 대(tower)를 쌓아 꼭대기를 하늘에 닿게 하려고 했다.[22] 이는 하나님의 말씀(명령)보다는 자신들의 주장을, 하나님의 이름보다는 자신들의 이름을 높이려는 것으로 하나님 앞에서 인간의 교만을 드러낸 불신앙의 행위였다. 하나님은 여호와의 이름을 부르며 순종하는 자에게 이름을 주어 창대케 하여 복의 근원이 되게 하신다.[23] 그러나 이들은 여호와의 이름을 부르며 하나님께 영광을 드리는 것이 언약을 받은 백성의 마땅한 일임을 거부하였다.[24] 하나님의 통치에 대한 명백한 반역이었다. 이에 하나님은 하나인 언어로 악한 일을 경영하지 못하도록 언어를 혼잡케 하고 그들을 온 지면에 흩으셨다.[25] 바벨은 혼잡(confusion)을 뜻하는 것으로 다양함(diversity)과는 구별된다.

하나님은 모든 생물을 각기 그 종류대로 창조하시고 생육하고 번성케 하셨다.[26] 또한 홍수 후에 노아의 후예들은 각기 족속과 방언과 지방과 나라대로 번성하였다.[27] 이것은 하나님의 창조 목적에 따라 하나님을 영화롭게 하는 하나님의 통치

---

20) 창 6:8, 18.
21) 창 1:28; 9:7.
22) 창 11:4.
23) 창 12:2.
24) 창 4:26.
25) 창 11:8.
26) 창 1:11, 21.
27) 창 10:5, 20, 31.

방법이다. 그러나 인간은 죄로 인해 하나님의 법을 어기고 그 명령에 반역함으로써 혼잡케 되는 징계를 받게 되었다.

혼잡케 됨과 흩으심은 하나님의 죄에 대한 징계이면서 다른 한편 신실하신 하나님의 자기 백성을 향한 사랑의 방법이기도 하다. 하나님은 죄인들을 흩어지게 하시고 그들 중에서 하나님의 은혜를 따라 언약의 백성을 구별하여 부르신다. 아담의 죄가 그 후예들에게 이어지고 있는 반면, 언약의 씨를 믿는 아담의 신앙 또한 택한 백성들을 통하여 계승되어지고 있다. 그리고 하나님은 갈대아 우르에서 흩어져 살던 사람들 중에 아브람을 부르심으로써 언약을 지키시는 하나님의 절대 주권을 인간의 역사 위에 구체적으로 보이셨다. 아브람은 사람들이 쌓은 성 우르에 살면서도 바벨 사건의 의미를 잊지 않으며, 하나님의 경영하시고 지으실 터가 있는 성(city)을 바라본 믿음으로 부르심을 받았을 때에 갈 바를 알지 못하나 순종하여 장래 기업으로 받을 땅으로 나아갔다.[28]

죄를 간과하지 않으시는 공의의 하나님은 범죄한 아담을 에덴에서 쫓아내시면서 가죽옷을 지어 입히셨고, 죄악이 관영한 세상을 물로 심판하실 때에도 방주를 통하여 노아를 구원하시고 언약을 주셨으며, 바벨탑으로 인해 죄인들을 흩으신 중에도 언약의 백성을 믿음 안에서 보호하시어 부르셨다(모으심). 이는 사랑의 하나님이 자기 백성과의 언약을 지키시는 주권적 섭리이다.

III. 모으심

하나님의 불러 모으심에 관한 내용은 신구약 성경 여러 곳에 다양하게 기록되어 있다.

---

28) 히 11:8, 10.

구 약	창세기 12:1-2	"여호와께서 아브람에게 이르시되 너는 너의 고향과 친척과 아버지의 집을 떠나 내가 네게 보여 줄 땅으로 가라. 내가 너로 큰 민족을 이루고 네게 복을 주어 네 이름을 창대하게 하리니 너는 복이 될지라."
	출애굽기 6:3-7	"내가…나의 언약을 기억하노라…나는 여호와라 내가 애굽 사람의 무거운 짐 밑에서…너희를 구속하여 너희를 내 백성을 삼고 나는 너희 하나님이 되리니…너희의 하나님 여호와인 줄 너희가 알지라."
	신명기 30:3-4	"네 하나님 여호와께서 마음을 돌이키시고 너를 긍휼히 여기사 포로에서 돌아오게 하시되 네 하나님 여호와께서 흩으신 그 모든 백성 중에서 너를 모으시리니 네 쫓겨간 자들이 하늘 가에 있을지라도 네 하나님 여호와께서 거기서 너를 모으실 것이며 거기서부터 너를 이끄실 것이라."
	이사야 11:11-12	"그 날에 주께서 다시 그의 손을 펴사 그의 남은 백성을 앗수르와 애굽과 바드로스와 구스와 엘람과 시날과 하맛과 바다 섬들에서 돌아오게 하실 것이라. 여호와께서 열방을 향하여 기치를 세우시고 이스라엘의 쫓긴 자들을 모으시며 땅 사방에서 유다의 흩어진 자들을 모으시리니."
	예레미야 50:4-5	"여호와의 말씀이니라 그 날 그 때에 이스라엘 자손이 돌아오며 유다 자손도 함께 돌아오되 그들이 울면서 그 길을 가며 그의 하나님 여호와께 구할 것이며 그들이 그 얼굴을 시온으로 향하여 그 길을 물으며 말하기를 너희는 오라 잊을 수 없는 영원한 언약으로 여호와와 연합하라 하리라."
	예레미야애가 5:21	"여호와여 우리를 주께로 돌이키소서 그리하시면 우리가 주께로 돌아가겠사오니 우리의 날들을 다시 새롭게 하사 옛적 같게 하옵소서."
	에스겔 11:17	"너는 또 말하기를 주 여호와의 말씀에 내가 너희를 만민 가운데에서 모으며 너희를 흩은 여러 나라 가운데에서 모아 내고 이스라엘 땅을 너희에게 주리라 하셨다 하라."
	에스겔 20:34	"능한 손과 편 팔로 분노를 쏟아 너희를 여러 나라에서 나오게 하며 너희의 흩어진 여러 지방에서 모아내고."

구 약	에스겔 34:12-13	"목자가 양 가운데에 있는 날에 양이 흩어졌으면 그 떼를 찾는 것 같이 내가 내 양을 찾아서 흐리고 캄캄한 날에 그 흩어진 모든 곳에서 그것들을 건져낼지라. 내가 그것들을 만민 가운데에서 끌어내며 여러 백성 가운데에서 모아 그 본토로 데리고 가서 이스라엘 산 위에와 시냇가에와 그 땅 모든 거주지에서 먹이되."
	에스겔 39:27-28	"내가 그들을 만민 중에서 돌아오게 하고 적국 중에서 모아 내어 많은 민족이 보는 데에서 그들로 말미암아 나의 거룩함을 나타낼 때에. 전에는 내가 그들이 사로잡혀 여러 나라에 이르게 하였거니와 후에는 내가 그들을 모아 고국 땅으로 돌아오게 하고 그 한 사람도 이방에 남기지 아니하리니 그들이 내가 여호와 자기들의 하나님인 줄을 알리라."
	다니엘 12:3	"지혜 있는 자는 궁창의 빛과 같이 빛날 것이요 많은 사람을 옳은 데로 돌아오게 한 자는 별과 같이 영원토록 빛나리라."
	미가 2:12-13	"야곱아 내가 반드시 너희 무리를 다 모으며 내가 반드시 이스라엘의 남은 자를 모으고 그들을 한 처소에 두기를 보스라의 양 떼 같이 하며 초장의 양 떼 같이 하리니 사람들이 크게 떠들 것이며 길을 여는 자가 그들 앞에 올라가고 그들은 길을 열어 성문에 이르러서는 그리로 나갈 것이며 그들의 왕이 앞서 가며 여호와께서는 선두로 가시리라."
	미가 4:6-7	"여호와께서 말씀하시되 그 날에는 내가 저는 자를 모으며 쫓겨난 자와 내가 환난 받게 한 자를 모아 발을 저는 자는 남은 백성이 되게 하며 멀리 쫓겨났던 자들이 강한 나라가 되게 하고 나 여호와가 시온 산에서 이제부터 영원까지 그들을 다스리리라 하셨나니."
	스바냐 3:10	"내게 구하는 백성들 곧 내가 흩은 자의 딸이 구스 강 건너편에서부터 예물을 가지고 와서 내게 바칠지라."
	스가랴 10:8-9	"내가 그들을 향하여 휘파람을 불어 그들을 모을 것은 내가 그들을 구속하였음이라 그들이 전에 번성하던 것 같이 번성하리라. 내가 그들을 여러 백성들 가운데 흩으려니와 그들이 먼 곳에서 나를 기억하고 그들이 살아서 그들의 자녀들과 함께 돌아올지라."

신약	마태복음 8:11	"또 너희에게 이르노니 동 서로부터 많은 사람이 이르러 아브라함과 이삭과 야곱과 함께 천국에 앉으려니와."
	마태복음 9:13 (막 2:17; 눅 5:32)	"너희는 가서 내가 긍휼을 원하고 제사를 원하지 아니하노라 하신 뜻이 무엇인지 배우라 나는 의인을 부르러 온 것이 아니요 죄인을 부르러 왔노라 하시니라."
	마태복음 18:14	"이와 같이 이 작은 자 중의 하나라도 잃는 것은 하늘에 계신 너희 아버지의 뜻이 아니니라."
	마태복음 23:37 (눅 13:34)	"예루살렘아 예루살렘아 선지자들을 죽이고 네게 파송된 자들을 돌로 치는 자여 암탉이 그 새끼들을 날개 아래 모음같이 내가 네 자녀를 모으려 한 일이 몇 번이냐 그러나 너희가 원치 아니 하였도다."
	마태복음 24:31 (막 13:27)	"그가 큰 나팔소리와 함께 천사들을 보내리니 그들이 그의 택하신 자들을 하늘 이 끝에서 저 끝까지 사방에서 모으리라."
	마태복음 28:19-20	"그러므로 너희는 가서 모든 민족을 제자로 삼아 아버지와 아들과 성령의 이름으로 세례를 베풀고 내가 너희에게 분부한 모든 것을 가르쳐 지키게 하라 볼지어다 내가 세상 끝날까지 너희와 항상 함께 있으리라 하시니라."
	요한복음 11:52	"또 그 민족만 위할 뿐 아니라 흩어진 하나님의 자녀를 모아 하나가 되게 하기 위하여 죽으실 것을 미리 말함이러라."

죄악의 세상에서 아브라함을 택하여 부르신[29] 하나님은 그로 복의 근원이 되게 하시고,[30] 아브라함과 그 자손에게 약속하신 땅을 위하여 언약을 체결하셨다.[31] 그리고 하나님은 다시 그의 자손이 이방에서 객이 되었다가 사백 년 후에 그 땅으로 돌아올 것을 말씀하셨는데, 이는 아모리 족속의 죄악이 아직 관영치 아니함

---

29) 창 12:1.

30) 창 13:15.

31) 창 15:18.

이라고 하셨다.[32] 이것은 불신 세상에게는 저들이 죄를 회개하지 않음으로 하나님의 심판 앞에 그 죄가 채워지는 시간이지만, 택한 백성에게는 연단을 통과시킨 후 다시 모으시어 약속의 땅의 주인이 되게 하시는 하나님의 신비한 구속경륜의 한 과정이다.

흩으시고 모으시는 하나님의 놀라운 구속경륜은 아브라함의 자손 야곱의 가족을 애굽으로 옮기신 후[33] 정한 시간이 채워지는 동안 생육이 중다하고 번식하고 창성하고 심히 강대하여 온 땅에 가득하게 하셨다.[34] 또한 하나님은 자기 백성 이스라엘에게 하신 언약을 기억하시고 그 조상에게 약속한 땅을 그들의 기업이 되게 하기 위해 모세를 통해 애굽에서 인도하여 모으셨다. 아담 이후 인간의 죄가 점점 악해지고 확산되어지는 세상의 역사 속에서, 하나님의 구속역사는 점진적으로 신실하게 진행되어 이스라엘 민족을 통하여 나타났다.[35]

여호와 하나님은 이스라엘 백성에게 약속의 땅에 들어가기 전 모세를 통하여 말씀하시길, 그 땅에서 쫓겨나 흩어지게 될 것이나 하나님께서 다시 모으실 것이라고 하셨다.[36] 이것은 출애굽할 때 하나님이 베푸신 큰 이적과 기사를 보고도 마음이 죄악으로 굳어 있어 하나님의 은혜를 깨닫지 못하고, 하나님의 말씀(율법)에 불순종하는 이스라엘의 죄와 연약을 지적하는 것이다. 그럼에도 불구하고 하나님의 사랑은 그들로 이 일이 기억나게 하고 여호와의 말씀을 순종하게 하여 흩어진 백성 중에서 이스라엘을 모으셨다. 신명기 29장 29절은 하나님의 흩으심과 모으심의 주권적 역사를 "오묘한 일은 우리 하나님 여호와께 속하였거니와 나타난 일은 영구히 우리와 우리 자손에게 속하였나니 이는 우리로 이 율법의 모든 말씀을 행하게 하심이니라"고 했다. 하나님은 언약을 이행하시며 자기 백성들을 모으시고 그들에게 하나님의 백성 된 표, 즉 마음의 할례를 베푸사 하나님 여호와를 사랑하

---

32) 창 15:13-16.

33) 창 15:16.

34) 출 1:7; 창 1:26-28.

35) 출 1:8-9.

36) 신 30:3-4.

고 생명을 얻게 하실 것을 선지자 입장에서 말씀하셨다.[37] 이는 예레미야 선지자
가 전한 새 언약과[38] 에스겔 선지자가 전한 새 마음과 맥락을 같이하는 것으로,[39]
손으로 하지 아니한 영적 할례인 그리스도의 할례를 통해 새 생명을 얻게 될 것을
하나님의 모으심을 받고 회복될 언약의 백성에게 예언한 것이다.[40]

여호와 하나님은 바벨론에 포로된 이스라엘 백성을 위하여 모든 것을 회복시키
셨다. 하나님은 우상숭배와 불순종의 이스라엘을 징벌하여 포로가 되게 하셨으
나 여전히 자기 백성에게서 사랑의 눈을 떼지 않으시고 그들을 약속의 땅으로 다
시 불러 모으셨다. 이는 전적으로 하나님의 은혜 안에 뿌리내린 하나님 자신의 주
권적 결정에 의한 것이다.[41]

시대에 따라 하나님이 세우신 언약의 대상과 형태는 다르지만, 하나님은 변함
없이 그 언약을 이행하셨다. 하나님의 은혜에 따른 구속언약은 아담과 맺은 언약
으로부터 시작하였다. 이어서 홍수 이후 노아에게 아담과의 언약을 유지하고 계
심을 알려 주셨고, 아브라함과는 언약을 확인시켜 주셨다. 모세와는 율법을 완성
함으로 언약을 이행하셨고, 다윗에게는 하나님의 언약을 다윗 왕국을 통하여 가
시화하셨다. 그리고 예수 그리스도는 이 언약을 완성하셨다.[42]

아담	노아	아브라함	모세	다윗	그리스도
언약의 시작	언약의 유지	언약의 확인	언약의 율법	언약의 왕국	언약의 완성

하나님의 명령에 불순종하여 죄를 지은 아담은 하나님과 연합된 관계가 단절
되었고, 아담의 후손들은 그 죄로 인해 창조주 하나님을 대적하는 불신앙과 죄

---

37) 신 30:6.

38) 렘 31:31.

39) 겔 36:24-31.

40) 골 2:11.

41) J. G. McConville, *Apollos Old Testament Commentary: Deuteronomy* (Downers Grove : InterVarsity Press, 2002), 426.

42) O. Palmer. Robertson, *The Christ of the Covenants* (Phillipsburg: P&R Publishing, 1980), 63.

의 길을 걷게 되었다. 그럼에도 불구하고 하나님은 인생들을 향하여 은혜의 언약을 주셨다. 그 언약의 실체는 하나님의 아들 예수 그리스도의 화육강세이며, 십자가에서 죄인을 대속하여 죽으시고 부활하심으로 그 언약을 성취하셨다. 하나님이 여러 시대에 주신 언약은 그리스도 안에서 성취된 구속의 언약이다.[43] 하나님은 죄인 아담을 에덴에서 추방시키셨으나 구속의 언약을 은혜로 주셨고, 바벨탑 사건으로 사람들을 흩으셨으나 땅에 번성하게 하여 창조의 목적을 이루실 뿐아니라 세상 가운데서 택한 백성을 불러 모아 예수 그리스도 안에서 하나님과 화목하게 하셨다.[44]

IV. 선교적 이해

아담에게 구속의 언약을 주신 하나님은 여러 부분과 여러 모양으로 말씀하시고, 이 모든 마지막에 예수 그리스도를 통해 그가 자기 백성을 저희 죄에서 구원할 자이심을 말씀하셨다.[45] 그러나 죄인의 세상은 자기 지혜로 하나님의 사랑과 구속의 은혜를 알지 못하므로 하나님께서는 전도의 미련한 것으로 믿는 자들을 구원하기를 기뻐하신다.[46]

아담 이후로 모든 사람이 죄를 범하여 하나님의 영광에 이르지 못하나 그리스도 예수 안에 있는 구속으로 말미암아 하나님의 은혜로 값없이 의롭다 하심을 얻은 자, 곧 구원받은 성도는 하나님의 주권적인 구속역사가 어떻게 진행되고 있는가를 성경의 가르침을 통해 볼 수 있어야 한다.[47] 즉 성경에 기록된 사건에 대한 선

---

43) O. Palmer. Robertson, *The Christ of the Covenants*, 63.

44) 고후 5:18.

45) 히 1:1-2; 마 1:21.

46) 고전 1:21.

47) 롬 3:23-24.

교적 이해가 필요하다. 아담의 범죄 이후 하나님 편에서 일방적이며 주권적으로 죄인에게 주신 구원의 언약은 노아, 아브라함, 모세, 다윗을 거쳐 예수 그리스도가 성취(already accomplished)하셨다. 하늘과 땅을 지으시고 물로 세상의 죄를 심판하신 하나님의 동일하신 말씀이 불로 경건치 아니한 사람들을 심판하실 때까지 이 세상은 존속된다.[48] 이것은 십자가에서 구속언약을 성취하신 예수님이 마지막 날에 심판주로 오실 때(not yet)까지 자기 백성에 대하여 오래 참으사 아무도 멸망치 않고 다 회개하기를 원하시는 하나님의 은혜와 사랑의 신실하심이다.[49] 주의 약속이 더딘 것이 아니라 주의 날이 도적같이 올 그 날이 이르기 전까지 하나님은 흩으심과 모으심의 구속역사를 보다 더 구체적으로 펼쳐 나가실 것이다.[50] 세상에서 빼내심을 받은 언약의 백성은 하나님의 날이 임하기를 바라보고 간절히 사모하고 주의 약속대로 의에 거하는 바 새 하늘과 새 땅을 바라보며,[51] 의를 전파하는 노아의 삶을 사는 것이[52] 선교적 이해로 성경의 사건들을 이해하는 것이다.

1. 징계와 구속

창세기 3장 24절은 간단명료하다. 하나님의 말씀에 불순종한 아담은 죽음의 선언과 함께 다스리며 지키라고 명령을 받은 동산으로부터 추방당하였다. 추방 전 아담은 하나님의 뜻에 따라 존재하였으며 순종하고 실행하였다.[53] 아담은 하나님과 함께 호흡을 하였지만, 타락 이후 자신은 물론 후손들까지도 하나님과 함께 있

---

48) 벧후 3:7.

49) 벧후 3:9.

50) 벧후 3:9, 10.

51) 벧후 3:12-13.

52) 벧후 2:5.

53) John Murray, *Collected Writings of John Murray Volume Four, Studies in Theology Reviews* (Carlisle: The Banner of Truth Trust, 2001), 47.

을 수 없게 되었다.[54] 하지만 하나님은 그의 피조물과의 관계를 인간의 죄 때문에 종결짓지는 않으셨다. 하나님은 반드시 죄를 심판하시지만, 그 심판 가운데 회복의 소망을 주셨다. 피조물에 대한 하나님의 저주는 구속언약의 시작이기도 하였다.[55] 즉 하나님으로부터의 추방은 고통스러운 일이었지만 동시에 하나님의 구속은혜의 역사였다.[56]

아담은 죄의 값으로 에덴으로부터 추방을 당하는 징계를 받았다. 그러나 하나님의 은혜는 영적 죽음과 함께 즉시로 육체와 영혼이 분리되어 육체가 흙으로 돌아가는 육체의 죽음을 지연시키시고 회개할 수 있는 시간과 공간을 주셨다. 하나님은 인류의 구속역사를 이루어 가시기 위해 아담의 육체적 죽음을 연기하셨다.[57] 아울러 구속을 위한 최초의 특별계시인 여자의 후손을 통하여 하나님과의 화목 소망을 갖게 하셨다.[58] 그리스도의 궁극적인 승리를 약속하면서 행위언약은 은혜언약으로 곧바로 이어졌다.[59] 하나님의 은혜는 하나님의 징계로 인해 하나님이 세우신 언약이 파괴되지 않게 하셨다.[60] 구속 계획은 이미 영원 전에 세워지고 실행되어 왔다.[61] 즉 아담과 함께 맺으신 은혜언약은 하나님의 구속 완성을 향하고 있다.[62]

54) Michael McGiffert, "From Moses to Adam: The Making of the Covenant of Works." *The Sixteenth Century Journal* 19, no. 2, Summer, 1988, 145.

55) O. Palmer. Robertson, *The Christ of the Covenants*, 91.

56) R. Kent. Hughes, *Preaching the Word Genesis Beginning and Blessing* (Wheaton: Crossway Books, 2004), 96.

57) Geerhardus Vos, *Biblical Theology: Old and New Testaments* (Carlisle: The Banner of Truth Trust, 2000), 41.

58) John H. Sailhamer, *Introduction to Old Testament Theology: A Canonical Approach* (Grand Rapids: Zondervan Publishing House, 1995), 185.

59) Oswald T. Allis, "The Covenant of Works." *Christianity Today* 5, no. 22, 31 July, 1961, 18.

60) Michael McGiffert, "From Moses to Adam: The Making of the Covenant of Works." 146.

61) John Murray, *Collected Writings of John Murray Volume Four, Studies in Theology Reviews*, 131.

62) O. Palmer. Robertson, *The Christ of the Covenants*, 106.

2. 추방

죄가 인간을 하나님으로부터 분리시켰다. 하나님은 아담을 에덴동산으로부터 쫓아내셨고 동산 동편에 그룹들과 두루 도는 화염검을 두어 인간이 접근하지 못하게 만드셨다. 화염검은 하나님의 심판에 적용되는 하나님의 공의로우심과 거룩하심을 의미한다. 에덴동산을 다스렸던 아담이 더 이상 그 동산으로 들어갈 수 없는 도적과 같이 추방된 것이다.[63] 이제는 동산을 지키는 임무가 그룹들에게로 넘어갔다.[64]

아담은 허물과 죄로 말미암아 죽었다.[65] 그의 육체는 살아 있으나 실은 죽은 것이다. 하나님과의 완전한 관계 단절이다. 타락 전에는 동산의 거주자로서 생명나무의 열매를 먹을 수 있었다. 만약 범죄한 아담이 동산으로부터 추방되지 않았다면, 그 동산은 지옥으로 변했을 것임에 틀림없다. 생명나무의 열매를 먹음으로써 죽지 않는 주검들이 넘쳐나기 때문이다.[66] 따라서 하나님이 내리신 아담의 추방은 하나님의 공의뿐만 아니라 아담을 향한 하나님의 사랑에 기인하는 것으로 하나님의 신비한 구속경륜이다. 그러므로 아담은 그리스도 안에서 구속언약을 받고 동산에서 나올 수밖에 없었다. 하나님은 타락한 아담 앞에서 에덴동산의 문은 닫으셨으나, 그리스도 안에서 구원의 언약을 받은 자기 백성 앞에서 천국의 문을 열어 놓으셨다.

죄로 인해 전적으로 타락한 인간은 스스로 구원할 수 없다. 인간의 역사가 이미 그 죄로 말미암아 스스로 하나님께 돌아갈 수 없다는 사실을 증명하고 있다. 하나님이 인간을 대신하여 구속을 완성하시지 않는 한, 인간은 스스로 하나님을 기

---

63) R. Kent. Hughes, *Preaching the Word Genesis Beginning and Blessing*, 96.

64) U. Cassuto, *A Commentary on the Book of Genesis Part I from Adam to Noah* (Genesis I-VI), Translated from the Hebrews by Israel Abrahams (Jerusalem: The Magnes Press, the Hebrew University, 1961), 174.

65) 엡 2:1.

66) R. Kent. Hughes, *Preaching the Word Genesis Beginning and Blessing*, 95-96.

쁘시게 할 수 없다.[67] 인간은 죄로 인해 하나님의 공의 앞에 설 수 없으므로 죄 없으신 예수 그리스도의 대속이 필요할 뿐이다. 인간은 하나님과 교제할 수 없으나 중보자 예수를 통해 하나님과 화목하게 될 수 있다. 인간은 죄의 삯으로 죽음만 있을 뿐 영생을 얻을 수 없으나 예수 그리스도의 보혈로 새로운 피조물이 되어 새 생명을 얻게 되었다. 화염검의 율법은 인간이 죄인임을 알리고 에덴에서 쫓아냈지만, 언약 안에서 그리스도의 복음은 죄인을 의롭다 칭하였다. 그리고 이 그리스도의 복음은 열두 천사가 열두 문에서 이스라엘 자손을 환영하는 곳으로 인도한다.[68]

3. 신앙고백

여호와 하나님은 여자의 후손에게서 그리스도(메시아)가 나게 하시어 사탄의 머리를 부수신다는 원시복음을 아담에게 주셨다.[69] 이 구원의 복음은 점진적이며 구체적으로 구속역사 속에서 진행되어 예수 그리스도의 대속의 죽으심과 사망을 이긴 부활하심으로 성취되었다. 아울러 여호와 하나님은 여자의 후손과 뱀의 후손을 구별하심으로 구원과 심판(저주)의 구별이 되게 하셨다. 스스로 죄의 문제를 해결할 수 없어 죽음을 맞이할 수밖에 없는 존재가 되었지만 구주의 언약을 믿는 아담은 아내의 이름을 하와(생명), 곧 모든 산 자의 어미라고 부름으로써 자신의 신앙을 고백하였다.[70] 아담은 동산으로부터 추방되었지만 하나님의 신실한 은혜가 언약을 통해 그와 함께 행하심을 믿었고 이 신앙은 언약의 자녀들에게 계승되어 임마누엘의 신앙으로 발전하였다.[71]

---

67) Geerhardus Vos, *Redemptive History and Biblical Interpretation: The Shorter Writings of Geerhardus Vos* (Phillipsburg: P&R Publishing, 2001), 246.

68) 계 21:12; Robert S. Candlish, *Studies in Genesis* (Grand Rapids: Kregel Publications, 1979), 87.

69) 창 3:15.

70) 창 3:20.

71) 사 7:14; 마 1:21-23.

타락한 아담은 에덴동산에서 추방되었지만, 930년의 생을 은혜의 선물로 받아 "생육하고 번성하여 땅에 충만하라, 땅을 정복하라, 바다의 고기와 공중의 새와 땅에 움직이는 모든 생물을 다스리라"[72]는 하나님의 첫째 명령(문화명령)은 수행할 수 있게 되었다. 그리고 아담의 아내는 크게 더한 잉태와 해산의 고통을 겪어야만 했으나 자손의 수는 늘어갈 수 있게 되었다.[73] 또한 하나님은 아담의 죄로 인해 저주를 받아 가시덤불과 엉겅퀴를 내는 땅이지만 아담이 땅에서 일할 수 있는 기회를 주심으로 땀을 흘려 일하여 소산과 식물을 얻을 수 있게 하셨다.[74] 비록 아담은 추방을 당하고 저주받은 땅에서 일을 해야만 했지만, 여전히 이 세상에서 일을 할 수 있는 권세와 번성하는 축복은 그대로 주어졌다.

또한 여호와 하나님은 아담과 하와를 위하여 가죽옷을 지어 입히셨다.[75] 이는 하나님의 구속언약을 가시적으로 보여 준 징표이며, 그리스도의 십자가 대속의 피로 죄를 덮는다는 구속은혜를 보여 주신 것이다.[76] 동산으로부터의 추방은 하나님으로부터 떨어져나가는 징계였지만, 동시에 하나님의 은혜가 약속된 축복이었다. 아담과 그 후손들이 하나님 앞으로 나아가 하나님의 얼굴을 다시 볼 수 있는 유일한 길은 예수 그리스도 십자가 대속의 피뿐이다. 그러므로 아담은 하나님의 언약을 통하여 소망의 복음을 자신의 자손들에게 가르칠 수밖에 없었다. 그 결과 믿음으로 아벨은 하나님께 제사를 드렸고,[77] 셋의 자손들은 여호와의 이름을 부르기 시작하였다.[78] 이는 구약시대에 공적 예배를 드리는 것으로 교회의 태동을 예비하는 표현이라고 할 수 있다.

---

72) 창 1:28.

73) 창 3:16.

74) 창 3:17-19.

75) 창 3:21.

76) R. Kent. Hughes, *Preaching the Word Genesis Beginning and Blessing*, 98-99.

77) 창 4:4; 히 11:4.

78) 창 4:26.

V. 사도행전의 흩으심과 모으심

구약과 신약은 공히 하나님의 사랑과 예수 그리스도의 구속의 은혜가 성령님의 역사를 통해 언약의 백성에게 임하는 구속역사를 계시하고 있다. 이 구속역사의 진행은 흩으심과 모으심의 형태를 보여 준다. 점진적인 하나님의 구속역사는 예수 그리스도를 통하여 성취되었고, 그의 몸 되신 교회를 통하여 오늘 우리 시대에도 진행되고 있으며, 새 예루살렘(하나님의 장막)[79]에 이르기까지 계속되어질 것이다. 하나님은 복음을 전파하여 세상으로부터 택함 받은 백성을 불러 모으는 교회를 통하여 은혜언약(구속)을 이행하신다.

1. 흩으심으로부터 하나가 됨

타락한 아담이 여호와 하나님으로부터 쫓겨난 후, 바벨탑으로 인한 흩으심의 징계, 언약의 가정인 야곱 가족의 흩으심, 다윗 왕국의 분열과 바벨론 포로 등의 사건을 통해 타락한 인간의 죄와 불순종의 모습이 반복된다. 그런데 이러한 구약의 흩으심의 사건들이 사도행전 2장의 성령 강림을 계기로 하나(모으심)가 된다. 다시 말하면, 사도행전 2장은 신명기 30장 3절에서 예언된 흩어진 백성들을 다시 모으는 하나님의 역사로서, 단절되었던 하나님과 인간과의 관계를 회복시키는 사건이다. "저희가 다 성령의 충만함을 받고 성령이 말하게 하심을 따라 다른 방언으로 말하기를 시작하니라. 그 때에 경건한 유대인이 천하 각국으로부터 와서 예루살렘에 우거하더니…너희가 회개하여 각각 예수 그리스도의 이름으로 세례를 받고 죄 사함을 받으라 그리하면 성령을 선물로 받으리니…그 말을 받는 사람들은 세례를 받으매 이 날에 제자의 수가 삼천이나 더하더라…믿는 사람이 다 함께 있어…날마다 마음을 같이 하여 성전에 모이기를 힘쓰고…하나님을 찬미하며 또

---

79) 계 21:2-3.

온 백성에게 칭송을 받으니 주께서 구원받는 사람을 날마다 더하게 하시니라."[80]

오순절 성령 강림은 삼위 하나님의 역사이다. 예수 그리스도께서 성취하신 구속역사의 결과로서 예수 승천 이후, 성부 하나님께서 약속하신 성령이 교회에 부여된 것이다.[81] 성령 강림으로 신약의 교회가 설립된 것을 강조하면서, 사도 바울은 교회를 성령에 의한 "하나님의 집"이며 "그리스도의 몸"이라고 정의한다.[82] 또한 교회는 하나님의 영이 거하시는 "하나님의 성전"이다.[83] "한 성령으로 세례를 받은" 성도들이 그리스도 안에서 "한 몸"이 되었고 교회 안에서 말씀을 따라 "한 성령을 마시게" 되었다.[84] 십자가 대속으로 단번에 구속언약을 성취하신 예수 그리스도의 구속은 성령의 역사이며, 교회를 통하여 흩어진 언약의 백성을 모음으로 적용되고 있다.

그리스도와 분리될 수 없는 성령이 신약시대(종말)에 교회에 하나님의 선물로 임하셨다.[85] 살려 주는 영인 영광의 그리스도가 교회 안에서 성령의 선물로서 역동적으로 나타나는 것이다.[86] 성령은 구약시대의 혈통적 이스라엘에게만 머무는 것이 아니라, 새 언약의 공동체(이스라엘과 만국을 포함)인 교회 안에서 역사하고 있다. 친히 목자가 되시어 흩어진 모든 곳에서 그 잃어버린 자를 찾으신다고 이스라엘에게 말씀하신 여호와는 이스라엘의 쫓겨난 자를 모으실 뿐 아니라 본 백성 외에 또 모아 자기 백성이 되게 하시며, 양을 위하여 목숨을 버리는 선한 목자로서 우리에 들지 아니한 다른 양들에게도 목자가 되어 주셨다.[87] 신약의 교회에 오신 오순절의 성령은 예루살렘과 유대와 사마리아와 땅 끝까지 이르러 증인이 되

---

80) 행 2장.

81) Richard B. Gaffin, Jr., *Perspective on Pentecost* (Phillipsburg: P&R Publishing, 1979), 17.

82) 엡 2:22.

83) 고전 3:16.

84) 고전 12:13.

85) Richard B. Gaffin, Jr., *Perspective on Pentecost*, 21.

86) Ibid., 28.

87) 겔 34:11-6; 사 56:8; 요 10:11, 16.

게 하시는 선교의 성령이다.[88]

2. 하나로부터 다시 흩으심

오순절 성령 강림 이후, 주께서 구원받는 사람의 수를 날마다 더하게 하셨고, 사도와 제자들은 예수의 이름을 위하여 박해받는 일을 오히려 기뻐하면서 예수는 그리스도라는 복음을 가르치고 선포하였다.[89] 더 나아가 믿음과 성령이 충만한 일곱 명을 뽑아 초대교회의 조직을 강화시키고 사도들이 기도와 말씀 전하는 일에 전무함으로 하나님의 말씀이 점점 왕성하여 예루살렘에 있는 제자의 수가 더 심히 많아졌다.[90] 하지만 스데반의 순교 이후 예루살렘 교회에는 큰 핍박이 나서 사도를 제외한 성도들이 다 유대와 사마리아와 모든 땅으로 흩어지게 되었다.[91] 왜 성령은 교회에 박해를 허용하셨을까? 그리고 사도들을 제외한 예루살렘 교회 성도들은 왜 모두 유대와 사마리아와 모든 땅으로 흩어지게 되었을까?

사도행전 8장 4절이 "그 흩어진 사람들이 두루 다니며 복음의 말씀을 전할쌔"라고 그 답을 말하고 있다. 흩어진 초대교회 성도들은 쫓겨 가는 곳마다 복음을 전하였으며 흩어진 곳마다 그리스도를 증거하였다. 그런데 예루살렘 교회 성도들이 흩어진 지역은 예수 그리스도의 "예루살렘과 온 유대와 사마리아와 땅 끝까지 이르러 내 증인이 되리라"[92]는 지상명령과 확실한 연계가 있다. 박해를 받기 전, 초대교회 성도들은 예루살렘 안에서만 복음을 전하고 그리스도를 증거하였다. 예수 그리스도가 성취하신 하나님의 구속언약이 예루살렘을 넘어 택함받은 만국 백성에게 복음으로 전파될 수 있도록 성령이 역사하셨다. 그러므로 예루살렘 교회와

---

88) 행 1:8; Richard B. Gaffin, Jr., *Perspective on Pentecost*, 38.

89) 행 2:47; 5:42.

90) 행 6:1-7.

91) 행 8:1.

92) 행 1:8.

성도들에게 일어난 박해와 흩으심은 성령이 허용하신 것이며, 이로 인해 교회로 하여금 그리스도의 지상명령을 수행할 수 있게 하신 하나님의 섭리이다.

VI. 모으심의 총수 십사만 사천

하나님의 자기 백성을 모으시는 구속역사는 유대인의 충만한 수에 이방인의 충만한 수가 들어와 온 이스라엘이 구원을 얻을 때까지 계속될 것이다.[93] 이스라엘 자손 중 인 맞은 자 십사만 사천 명은 능히 셀 수 없는 큰 무리인 하나님의 선택받은 백성의 수이다. 이스라엘에 대한 절대 완전성을 나타내는 상징적인 숫자이며, 구원받은 하나님 백성의 총 인원수이다.[94] 전에는 율법에 의해 분리되었던 유대인과 이방인을 그리스도의 피로 둘을 하나가 되게 하셨고, 그리스도의 몸 된 교회 안으로 이 둘을 불러 모아 동일한 하나님의 권속이 되게 하셨다.[95]

하나님의 구속언약의 진행은 이마에 어린 양의 이름과 그 아버지의 이름이 쓰인 십사만 사천의 큰 무리가 시온 산의 하나님 보좌 앞과 구주 어린 양 앞에 서서 새 노래를 부르는 그 날에 궁극적으로 끝이 난다.[96] 이 큰 무리는 성부 하나님께서 성자 하나님께 주신 하나님의 백성으로서 한 명이라도 빼앗길 수 없다.[97] 예수 그리스도는 유대민족뿐 아니라 흩어진 이방인 중에서도 하나님의 백성을 모아 하나가 되게 하신다.[98] 하나님은 그들을 안전하게 모으시고 하나님의 나라에 성공적

---

93) 롬 11:12, 25, 26.

94) 계 7:4, 9; 14:1; Simon J. Kistmaker, *New Testament Commentary: Exposition of the Book of Revelation* (Grand Rapids: Baker Books, 2002), 249, 402.

95) 엡 2:11-9.

96) 계 14:1-3.

97) 요 10:29; 롬 8:39.

98) 요 11:52.

으로 데려가실 것이다.[99]

VII. 선교 적용

"우리는 그리스도 안에서 그의 은혜의 풍성함을 따라 그의 피로 말미암아 속량 곧 죄 사함을 받았느니라. 이는 그가 모든 지혜와 총명을 우리에게 넘치게 하사 그 뜻의 비밀을 우리에게 알리신 것이요 그의 기뻐하심을 따라 그리스도 안에서 때가 찬 경륜을 위하여 예정하신 것이니 하늘에 있는 것이나 땅에 있는 것이 다 그리스도 안에서 통일되게 하려 하심이라"(엡 1:7-10).

1. 원리: 오직 예수 그리스도 중심의 말씀 전파

하나님의 명령에 불순종하고 하나님의 낯을 피하여 숨은 아담에게 하나님은 먼저 찾아오셨다.[100] 그리고 하나님의 공의가 아담의 죄를 벌하여 에덴동산에서 추방시키고 그룹과 화염검으로 생명나무를 지키게 하심으로써 아담은 하나님과의 관계가 완전히 단절되었다. 그러나 하나님의 사랑은 여자의 후손을 통한 구원을 말씀하시고 죄인 아담이 하나님께로 다시 돌아올 수 있는 소망을 주셨으니, 곧 예수 그리스도를 통한 구속언약이다. 인간의 죄로 인하여 하나님과 사람과의 관계가 단절되었고, 전적으로 타락한 인간은 하나님을 영화롭게 할 수 없게 되었다.[101] 그러므로 이 문제는 반드시 치료되고 회복되어야만 하는데 이 치료는 하나님만이

---

99) George Eldon. Ladd, *A Commentary on the Revelation of John* (Grand Rapids : William B. Eerdmans Publishing Company, 1972), 118.

100) 창 3:9.

101) 롬 3:23 ; 웨스트민스터소요리문답 제1문.

하실 수 있다.[102] 하나님의 은혜는 그리스도 예수 안에 있는 구속을 통해 죄인을 값 없이 의롭게 하사 하나님과 화평을 누릴 것을 약속하시고, 이 관계 회복의 소망에 대한 확신을 주기 위해 자신을 가리켜 맹세하셨으니, 구원의 은혜는 하나님의 주권적이며 일방적인 선물이다.[103]

죄인을 구원하기 위해 오실 그리스도를 준비한 구약은, 하나님의 아들이 친히 자기 백성의 구원을 위해 화육강세한 예수 십자가의 구속사건을 통해 신약에서 성취되었고, 이제 모든 피조물이 완전한 영화의 세계를 바라며 예수 그리스도의 재림을 기다리고 있다. 이로써 창조의 원래 목적은 예수 그리스도의 구속에 의해 도달되었다.[104] 언약의 토대는 영원부터 그리스도 예수 안에서 예정하신 뜻대로 행하신 것이다.[105]

그리스도는 하나님의 형상이요, 언약 실현을 위한 하나님의 사자요, 하나님과 인간의 유일한 중보자요, 사탄의 세력을 이긴 분이다. 그리스도는 말씀 전체 안에서 하나님의 형상이요 하나님의 계시이다. 그리스도는 하나님과 인간을 완전하게 연결시키는 유일한 중보자로서 완전한 하나님이요 완전한 인간이시다.[106]

각각 고유한 문화와 환경 속의 선교지에서 구원의 복음을 전할 때 교회는 특별한 상황들을 만나게 되는데, 선교지의 특별한 상황과 환경은 반드시 주의 깊게 사려 되어야 한다.[107] 복음의 핵심은 예수 그리스도의 십자가 구속과 부활의 능력과 천국의 소망이며, 복음의 목적은 그리스도로 말미암아 죄인에게 단절된 하나님과의 관계를 회복시켜 하나님과 화목하게 하여 하나님을 영원토록 즐거워하게

---

102) Edward J. Young, *The Study of Old Testament Theology Today* (Westwood: Fleming H. Revell Company, 1959), 69.

103) 롬 5:1-2; 히 6:13; 엡 2:8-9.

104) O. Palmer. Robertson, *The Christ of the Covenants*, 63.

105) 엡 3:11.

106) Adrio. Konig, "An Outline of a Contemporary Covenant Theology." *Calvin Theological Journal* 29. no. 1. (Grand Rapids: Calvin Theological Seminary, 1994), 187.

107) J. H. Bavinck, *Science of Missions*. Translated by David H. Freeman (Phillipsburg: P&R Publishing, 1960), 80.

하는 것이다.[108]

첫 사람 아담의 범죄로 낙원을 잃어버린 인간은 살려 주는 영이신 마지막 아담으로 인해 새 하늘과 새 땅의 거룩한 성 예루살렘으로 들어가게 된다. 죄 용서와 구원의 유일한 길은 오직 예수 그리스도이시며, 인간의 어떤 문화나 철학이나 종교도 이 자리를 대신할 수 없다.[109] 그러므로 복음의 내용이 선교지의 상황이나 환경과 타협되어서는 안 되며, 예수 그리스도가 일시적으로는 부딪히고 거치는 돌이 될지라도 오히려 영원한 시온의 반석이라는 진리를 선포해야 한다.[110] 인간의 구원은 오직 그리스도 안에 있는 진리인 하나님의 사랑이다.[111] 아울러 하나님은 역사를 움직이고 역사 안에서 자신의 구속 목적을 변함없이 계시하며 운행하신다.[112]

2. 방법: 교회 중심의 흩으심

아담의 죄로 시작된 에덴 추방과 바벨 사건을 비롯한 흩으심은 위대한 구원 소망의 근원이다. 스바냐 선지자는 "그때에 내가 열방의 입술을 깨끗케 하여 그들로 다 나 여호와의 이름을 부르며 일심으로 섬기게 하리니"[113]라고 바벨론 포로생활로부터 자기 백성을 다시 불러, 일심으로 여호와께 나아올 수 있도록 하겠다는 하나님의 말씀을 전한다. 이는 단지 바벨론 포로 사건만을 의미하는 것이 아니라 바벨 사건과 아담의 추방 사건으로까지 거슬러 올라가 하나님의 신실하신 구속언

---

108) 롬 5:10–11.

109) David J. Hesselgrave, *Today's Choices for Tomorrow's Mission: An Evangelical Perspective on Trends and Issues in Missions* (Grand Rapids : Academic Books, 1988), 163.

110) 롬 9:33.

111) J. H. Bavinck, *Science of Missions*, 129.

112) Dean S. Gilliland, Editor, *The Word among Us: Contextualizing Theology for Missionary* (Dallas-London-Sydney-Singapore : Word Publishing, 1989), 41.

113) 습 3:9.

약의 물줄기를 선포한 것이다. 스바냐 선지자의 '언약 백성이 하나님과 관계가 회복(치유)되는' 예언은 메시아의 오심, 그의 십자가 죽으심과 부활, 승천 이후 오순절 성령 강림에 의해 확인되었다. 성령 강림으로 교회가 세워지고 제자들이 성령의 충만함을 받아 성령이 말하게 하심을 따라 말하니, 서로의 다른 언어로도 모두가 하나님의 크신 일을 이해할 수 있게 되었다.[114] 이는 마지막 때 주의 이름으로 구원을 받은 자들이 불려 모였을 때의 모습이기도 하다.[115]

교회는 하나님의 택하심을 받고 부르심을 받아 세상으로부터 구별된 자들의 모임이다.[116] 하나님의 아들 예수를 그리스도로 믿는 신앙고백 위에 교회를 세우신 주님은 천국의 열쇠 곧 복음 전파의 사명을 교회에게 주셨다.[117] 교회는 만물을 창조하신 하나님 속에 감추었던 비밀의 경륜이 어떤 것인지 드러내어,[118] 예수의 구주 되심을 선포하는 하나님 구속역사의 수행기관이다.

리더보스(Herman N. Ridderbos)는 구원 메시지를 전하는 방법을 다음 세 가지로 구분하였다. 말씀 설교(kerygma), 예수 증거(marturia), 교육(didache)이다. 첫째, 말씀 설교는 신약에 나타난 구속 복음을 전하는 가장 전형적인 방법이다. 사도 바울은 설교의 방법(성령의 나타나심과 능력으로),[119] 설교의 내용(전도의 미련한 것으로),[120] 설교의 직분(모든 이방인이 듣게 하려는)[121] 등을 설명할 때 이 용어를 사용하였다. 둘째, 예수 증거는 지상사역을 하시던 그리스도의 언행을 전하는 방법으로 주로 그의 부활하심 이후에 증거하였다. 제자들은 자신들이 직접 경험한 내용을 사람들에게 증거

---

114) Samuel Harry Larsen, "A Christocentric Understanding of Linguistic Diversity: Implications for Missions in a Pluralistic Era" in *The Centrality of Christ in Contemporary Missions* (Pasadena: William Carey Library, 2005), 245.

115) 계 7:9-10; R. Kent. Hughes, *Preaching the Word Genesis Beginning and Blessing*, 174.

116) 고전 1:2; 계 17:14.

117) 마 16:18-19.

118) 엡 3:9.

119) 고전 2:4; 딛 1:3.

120) 고전 1:21.

121) 딤후 4:17.

하며 전하였다.[122] 이 방법은 제자들이 직접 주님으로부터 받고 전하는 것을 포함한다. 셋째, 교육은 주님이 맡기신 양들을 보호하고 양육하는 방법으로서 교회 안에서 지속적으로 진행되어야 할 의무이다.[123] 성도를 온전하게 하며 봉사의 일을 하게 하며 그리스도의 몸을 세우고 성숙하게 함으로써 사람의 속임수와 유혹에 빠지지 않게 하는 것이다.[124] 예수의 증인이 되어 전파할 복음과 맡겨진 성도(양)를 돌아보아 제자가 되게 하는 일은 모두 성경(하나님의 말씀) 안에 있다. 그러므로 성경의 해석과 적용에 대한 지속적인 연구가 필요하다.[125]

제자들의 신앙고백 위에 교회를 세우신 주님은 승천하기 전 다시 명령하셨다. "너희는 가서 모든 족속으로 제자를 삼아…세례를 주고…분부한 모든 것을 가르쳐 지키게 하라."[126] 주를 믿는 자는 주의 하신 일과 이보다 큰 것도 할 것이라고[127] 예수님이 제자들에게 말씀하셨다. 이것은 주님의 제자와 교회에게 맡기신 복음 전파의 사명이다. 안디옥 교회는 성도를 가르치고 제자를 삼아 주 예수를 전파하여 많은 사람이 주께 돌아오게 하였다. 그리고 교회를 향한 성령의 뜻을 깨달아 바나바와 바울을 따로 세워 안수하고 선교사로 파송하였다.[128]

하나님의 언약을 성취하신, 오신 그리스도 예수를 믿는 신약의 성도가 흩으심과 모으심의 형태를 통해 이루어져 가는 구속사에 쓰임 받기 위해 교회로 더불어 선교적(복음적) 흩으심에 믿음으로 동참하는 것은 언약을 신실히 이행하시는 하나님을 기쁘시게 하는 일이다. 이것은 주님이 교회에 남기신 그리스도의 고난에 동참하여 주와 함께 영광을 받는 길이다.[129]

---

122) 행 1:22; 2:32; 3:15; 10:39.

123) 요 21:15-17.

124) 엡 4:12-14.

125) Herman N. Ridderbos, *Redemptive History and the New Testament Scriptures:Biblical & Theological Studies* (Phillipsburg: P&R Publishing, 1988), 50, 51, 59, 69, 75.

126) 마 28:19-20.

127) 요 14:12.

128) 행 11:19-26; 13:1-3.

129) 롬 8:17.

3. 목표: 교회 중심의 모으심

인간의 역사 안에 세우신 하나님의 뜻은 모든 나라와 족속과 백성과 방언들로부터 구속을 이루는 일이다.[130] 이를 위해 그리스도 안에서 미리 정하신 자들을 부르시고 의롭다 하시고 또한 영화롭게 하셨다.[131] 하나님이 흩어진 자기 백성을 모으시는 목적은 새 예루살렘의 천상교회에서 '찬송과 영광과 지혜와 감사와 존귀와 능력과 힘이 하나님께 세세토록 있음'[132]을 새 노래로 경배하게 함이다. 이를 위하여 지상교회는 하나님이 택한 백성 십사만 사천을 다 불러 모으실 때까지 그 복음의 전투적 사명을 감당해야 한다.[133]

교회는 종말론적 언약의 사람들의 모임으로서 이 세상을 향한 하나님의 뜻의 표지요, 새 사람이 되도록 모든 나라를 초청한 신호요, 피조세계 전체를 새롭게 하는 기대의 표이다.[134] 하나님은 교회(택하심과 부르심과 구별하심을 받은 성도들이 모여 있는)를 통하여 흩어져 있는 또 다른 자기 백성들을 지속적으로 모으신다. 목자가 잃어버린 양을 찾아 우리 안으로 인도하듯이 하나님은 그리스도의 몸 된 교회 안으로 생명의 언약을 통해 성도들을 모으신다.

하나님의 구속언약은 아담의 범죄 이후부터 시작되었다.[135] 이 원시복음은 마치 작고 희미한 불꽃처럼 보였다. 그 작은 불꽃은 점점 커지고 밝아져서 빛을 비추는 지역이 넓어졌다. 마침내 의의 빛이신 그리스도의 오심으로 하나님의 모든 언약은 예수 안에서 '예(Yes)'가 되었다.[136] 하나님의 구속은 잃어버린 자기 백성들을 향하여 선포되는 복음을 통해 점진적으로 확장되어 가고 있다. 그러므로 선교

---

130) 계 7:9.

131) 롬 8:30.

132) 계 7:12.

133) 계 12:17; 엡 6:10-17.

134) M. Eugene. Osterhaven, "Calvin on the Covenant." *Reformed Review Spring* 33, no. 3 (Holland: Western Theological Seminary, 1980), 138.

135) 창 3:15.

136) 고후 1:20; M. Eugene. Osterhaven, "Calvin on the Covenant." 3, 141.

의 초점은 그리스도가 불러 모으신 사람들이 성령의 충만함을 입고 세상에 나아가 빛이 되는 것이다.[137]

VIII. 결론

"그는 반석이시니 그가 하신 일이 완전하고 그의 모든 길이 정의롭고 진실하고 거짓이 없으신 하나님이시니 공의로우시고 바르시도다."[138] 비록 아담의 죄로 말미암아 창조세계가 저주 아래 놓이게 되었지만, 여호와 하나님의 뜻은 변역하지 않는다.[139] 하나님과 창조세계와의 깨어진 관계를 회복하여 올바른 관계를 맺는 일이 하나님의 뜻이다. 이러한 하나님의 뜻은 그리스도의 초림 시 십자가 구속사역으로 성취되었으며, 그리스도의 재림 시 완성하게 된다. 예수 그리스도는 언약의 기초(토대)이다. 즉 구속언약은 창조 언약 아래 아담이 범죄할 때 수립되었다.[140]

흩으심과 모으심으로 진행시키는 구속역사의 오직 '유일한 방법은 예수 그리스도라는 진리'를 사도 바울은 고린도전서 15장에서 설명하고 있다. 바울은 아담을 "살아 있는 영"(living being)으로 표현하였으며, 예수 그리스도를 "살려 주는 영"(life giving spirit)으로 표현한다. 살아 있는 영은 창조주 하나님의 창조역사 중 흙으로 사람을 지으시고 생기를 그 코에 불어넣으심으로 만들어진 피조물 생령을 말한다.[141] 반면에 살려 주는 영은 죽음으로부터 새 생명을 불어넣어 주는 창조주의 영을 의미한다. 또한 바울은 첫 사람 아담을 "흙에 속한 자"이며, 둘째요 마지막 사

---

137) Graig Van Gelder, "The Covenant's Missiological Character," *Calvin Theological Journal* 29, no. 1 (Grand Rapids: Calvin Theological Seminary, 1994), 194.

138) 신 32:4.

139) 말 3:6.

140) O. Palmer, Robertson, *The Christ of the Covenants*, 91.

141) 창 2:7.

람인 예수 그리스도를 "하늘에 속한 자"라고 설명한다.[142] 즉 예수 그리스도가 구속을 완성시키시는 하나님이라는 진리를 밝히고 있다. 이와 동시에 바울은 첫 사람과 둘째 아담 또는 마지막 사람이라는 표현을 하였다. 이는 첫 사람 아담과 둘째 사람 예수 그리스도 사이에 구속을 위한 어떠한 사람도 존재하지 않는다는 의미이다. 그리고 마지막 사람 예수 그리스도 이후에도 구속을 위한 어떠한 사람도 존재하지 않는다는 의미이다. 즉 오직 예수 그리스도만이 구속은혜를 성취하고 완성하신다는 뜻이다.

아담의 에덴동산 추방은 아담의 죄에 대한 하나님 공의에 따른 징계이지만, 그와 동시에 창조세계와 인간을 향한 하나님 아버지의 사랑이기도 하다. 하나님은 사랑하시는 자를 징계하신다.[143] 바벨의 언어 혼잡과 흩으심은 추방의 다른 모습이다.[144] 사람들은 흩어지게 되었고, 불순종과 죄로 인해 흩어진 자들은 온 땅에서 회개와 구원의 복음을 전하고 들어 하나님 앞으로 돌아올 수 있는 시간과 장소의 기회를 얻게 되었다. 하나님의 구속언약이 역사 속에서 점진적으로 진행되어 그의 백성들은 회복되어 지고,[145] 예수 그리스도가 십자가에서 성취하신 하나님의 언약은 흩어진 백성들을 교회로 불러 모았다. 성령의 구원사역으로 천하 각국의 사람들이 자신들의 언어로 하나님의 큰일을 이해할 수 있게 되었다.[146] 죄의 징계로 혼잡케 된 언어가 구원의 크신 일을 위해 성령의 말하게 하심을 따라 알아들을 수 있게 된 것이다. 하나님이 교회를 통하여 모으시는 구속역사는 궁극적으로 천국 보좌와 어린 양 앞에 서 있는 구원의 완성된 모습인 십사만 사천 명이다.[147]

선교는 하나님의 뜻에 따라 하나님의 백성을 불러 모으는 일이다. 하나님의 백성은 하나님이 예비하신 한 성인 더 나은 본향을 사모한다.[148] 하나님의 언약과 선

---

142) 고전 15:47-49.

143) 히 12:6.

144) 창 11:8.

145) 신 30:3.

146) 행 2:11.

147) 계 7장.

148) 히 11:16.

교는 분리될 수 없다. 언약 안에 존재하는 것은 하나님과의 관계의 회복과 선교에 참여함을 뜻한다.[149] 하나님의 구속사를 이루어 가는 선교가 되기 위해서 교회는 오직 예수 그리스도가 중심인 말씀을 전파해야 하며, 예수 그리스도의 몸인 교회가 복음을 위해 흩어지고 모으는 선교의 중심이 되어야 한다. 그러므로 선교는 교회의 본질적 기능이다.

---

149) Graig Van Gelder, "The Covenant's Missiological Character." *Calvin Theological Journal* 29, no. 1, 195-196.

칼빈의 선교

상세 목차

(1) 자립(self-support)

(2) 자치(self-goverment)

(3) 자전(self-propagation)

(4) 자신(self-theology)

라. 하나님이 문을 열어 주셨을 때 최선, 닫혀 있을 때는 하나님의 때가 올 때까지 기다림

마. 위로부터의 접근, 아래로부터의 접근의 동시 적용

VI. 결론: 칼빈은 선교사였다

I. 개요

선교와 관련된 존 칼빈에 대한 평가는 양극화 현상을 보인다. 칼빈이 전도나 선교를 중요하게 여기지 않았다고 보는 비판적 견해는 "로마 가톨릭은 교황의 강력한 힘으로 복음의 횃불을 켰으나, 칼빈과 개혁주의자들은 그 복음의 횃불을 끄려하였다"[1]라고 주장한다. 이와 반대되는 견해는 칼빈이 전도와 선교에 대한 강렬한 열정을 가지고 있었으며, "개혁주의 교리와 신학의 아버지로서 종교개혁을 통하여 성경적 복음의 횃불에 다시 불을 붙였다"[2]고 평가한다.

로마 가톨릭 주교 로베르토 벨라르미노(Robert Bellarmin, 1524-1621)는 칼빈과 개혁주의 기독교회가 선교 활동을 하지 않았을 뿐 아니라 이방인이나 유대인을 개종시키지 못했다고 비판하면서 칼빈의 교회를 이단(Protestant heretics)이라고 말했다. 또한 로마 가톨릭은 칼빈의 『기독교 강요』(Institutes of the Christian Religion)를 "이교도들의 코란"이라고 비난하였다.[3]

반면 고든 라만(Gordon D. Laman)과 허버트 케인(J. Herbert Kane)은 16세기 종교개혁 직후의 기독교회는 로마 가톨릭의 위협 아래에서 자체의 생존 문제에 직면해 있었으며, 또한 스페인과 포르투갈(당시 가톨릭 국가)의 해상 장악으로 인하여 선교를 위해 유럽 외부로 나갈 수 없었다[4]고 평가하면서, 당시 칼빈을 중심으로 한 기독교의 선교에 대한 한계를 설명한다. 요하네스 판 덴 베르흐(J. Van den Berg)도 동일한 평가를 하는데, 당시 기독교회의 선교 활동이 미흡했던 이유는 로마 가톨릭

---

1) Joel R. Beeke, "Calvin's Evangelism" in *MJT* 15 (2004) 67-86, Beeke quoted William Richey Hogg, "The Rise of Protestant Missionary Concern 1517-1914" in *Theology of Christian Mission*, ed. G. Anderson (New York: McGraw-Hill, 1961), 96-97.

2) Ibid.

3) Charles E. Edwards, "Calvin and Missions" in *Presbyterian* 103 (Aug. 24, 1933), 5-6; *The Evangelical Quarterly* 8 (1936): 47-51.

4) Gordon D. Laman, "The Origin of Protestant Missions" in *Reformed Review* 43 (Aut. 1989), 52-67; B. R. Easter, "Missionary Thought and Practice within the Reformed Tradition" in *Puritan and Reformed Studies Conference* (1961), 31-34; J. Herbert Kane, *A Concise History of the Christian World Mission* (Grand Rapids: Baker Book House, 1992), 73-75.

의 조직적인 박해였으며, 기독교회는 유럽을 포함하여 다른 대륙으로 접근할 수가 없었다[5]고 하였다.

종교개혁 이후 기독교회는 교회관의 신학적 정립과 성경적 신앙의 정체성을 인식하는 문제와 함께 교회의 생존을 위한 노력을 해야만 했다. 기독교의 탄압으로 인해 칼빈도 프랑수아 1세(Francis I) 통치 시기에 조국 프랑스를 떠나야만 했으며(1533-1534), 한 때는 제네바를 떠나야만 하기도 했다(1538-1541).[6] 또한 기독교인들에 대한 프랑스 국가의 합당치 않은 조치에 대응하기 위해『기독교 강요』를 저술하였다.[7] 당시 성도들은 기독교인이라는 사실이 밝혀지는 즉시 고문과 죽음의 형벌에까지 처해지는 상황에 놓여 있었다. 이러한 여러 어려움과 환난을 통과하고 있던 기독교회와 성도들을 바라보며 칼빈은 교회 조직과 목회 활동, 신학 저서 저술, 목회자 양성 등의 많은 일에 열심을 다하였다. 그러나 그가 전도와 선교라는 직접적인 표현을 언급하지 않았다는 점에서 칼빈이 전도나 선교에 대해 무관심하였다는 오해와 비판을 받게 된 것으로 추정한다.

반면에 기독교에 대한 로마 가톨릭의 심한 박해와 해상권을 장악한 로마 가톨릭 국가의 해외 진출 방해로 세계 선교가 제한을 받았다는 사실은 당시 기독교의 선교 활동이 매우 적극적이었다는 사실을 반증하는 것임을 알 수 있다. 만약 칼빈을 비롯한 기독교가 선교와 전도의 필요성을 느끼지 못했거나 선교를 하지 않았다면, 왜 로마 가톨릭이 그들을 박해하였겠는가!

종교개혁 500주년을 기념하여 칼빈의 선교에 대한 입장을 고찰하고 기독교의 선교 전략을 점검하고자 한다. 칼빈의 선교를 부정적으로 비판하는 주된 근거는

---

5) J. van den Berg, "Calvin's Missionary Message: Some Remarks About the Relation Between Calvinism and Missions" in *Evangelical Quarterly* 22 (1950), 174-187.

6) Jean-Marc Berthoud, "John Calvin and the Spread of the Gospel in France" in *Fulfilling the Great Commission: Papers read at the 1992 Westminster Conference* (The Westminster Conference, 1992), 3. "1538년 칼빈과 파렐은 제네바로부터 추방되었다. 왜냐하면 제네바 시민들이 개혁 교회가 가르치고 요구하는 도덕 및 교리적 부담을 감당하지 못하였기 때문이다. 1541년까지 칼빈은 스트라스부르의 프랑스 교회에서 목회사역을 하였다. 1541년 후반에 제네바 시로부터 다시 복귀하여 마음껏 목회를 해달라는 요청을 받았으며, 1564년 5월 죽을 때까지 제네바에서 목회를 하였다."

7) 초판을 1535년 바젤에서 완성하고 1536-1538년 제네바에서 발간하였다.

(1) 칼빈의 예정론과 (2) 칼빈은 지상명령을 사도시대에만 국한된 것으로 본다는 주장인데, 이에 대하여 칼빈의 『기독교 강요』, 주석집, 설교, 기도 등을 통하여 신학적인 면에서 칼빈의 선교를 평가하고, (3) 실천적인 면에서 제네바, 프랑스, 네덜란드, 영국, 스코틀랜드, 폴란드, 헝가리, 브라질에 대한 선교를 역사적으로 평가하여 (4) 칼빈의 선교에 대한 선교학적 분석을 하고자 한다.[8]

II. 칼빈의 예정론은 기독교의 선교 활동을 방해하였다?

독일의 프로테스탄트(Protestant) 선교학자 구스타브 바르넥(Gustav Warneck, 1834-1910)은 기독교가 칼빈의 예정론으로 인해 선교에 대한 생각과 활동 자체에 방해를 받았다고 비판하였다. 또한 루스 터커(Ruth Tucker)는 예정론에 의해 하나님이 구원할 사람들을 미리 선택했다면 선교는 더 이상 필요 없는 일이라며 칼빈주의를 비판하였다. 그러므로 칼빈의 예정론은 전도와 선교에 대하여 관심이 없는 학설이라고 주장하였다. 그렇다면 정말로 칼빈의 예정론이 선교를 가로막는 장애물인가?

그러나 이런 비판은 예정론을 제대로 이해하지 못한 데서 오는 잘못된 견해이다. 칼빈의 예정론에 따른 선교의 중요성은 아래와 같이 요약할 수 있다.

첫째, 칼빈은 누가 택자이며 누가 유기된 자인지 알 수 없다고 하였다. 택자는 정해졌으나 이는 하나님의 절대주권에 속한 것이므로 복음은 제한적이 아니라 모든 사람에게 선포되어야 한다고 했다. 칼빈은 어거스틴의 글을 인용하면서 "우리는 택함을 입은 자들과 그렇지 못한 자들의 수에 누가 속해 있는지 알 수 없다. 그

---

8) 본 연구를 위하여 1차 자료(primary sources)를 획득, 분석, 연구하지 못하였지만, 대신 한국 칼빈주의 연구원 정성구 박사와 미국 웨스트민스터신학교 도서관의 그레이스 멀린(Grace Mullen)의 도움을 받아 2차 자료(secondary sources)를 획득하여 분석, 연구하였다.

렇기 때문에 우리는 모든 사람이 구원받기를 소원하며 복음을 전해야 한다"[9]고 했다. 그러므로 칼빈의 예정론은 복음을 전파하는 일이 필요 없다고 한 것이 아니라, 오히려 복음을 전하는 일이 필요하다고 강조한다. 예정론에 따른 신앙은 하나님께 전적으로 의지하는 겸손과 신뢰로부터 나타나는 것이다. 이처럼 예정론에 따라 칼빈은 우리가 복음 전하는 일(선교)은 하나님이 선택한 백성을 부르시는 방법이라고 하였기 때문에 예정론으로 인해 기독교의 선교가 방해를 받을 이유는 전혀 없다.

둘째, 하나님은 사람들에 의해 선포되어지는 복음을 통하여, 사람들을 믿음으로 인도하신다고 칼빈은 주장하였다. 하나님은 성령의 신비한 역사만으로도 하나님 나라의 일을 완성하실 수 있지만, 설교자들을 사용하시어 복음을 전하게 하신다. 사람의 입을 통하여 우리의 귀에 들려 주신 하나님의 말씀이 열매 맺을 수 있도록 마음에 새겨 주신다. 하나님은 복음 설교자들을 임명하시고 구원의 역사를 이루는 수단으로 사용하신다. 칼빈은 로마서 10장 14절을 인용하며 "복음으로부터 하나님의 긍휼을 배운 사람들만이 하나님을 부른다"[10]고 하였다. 인간의 의지는 사탄의 의지에 사로잡혀 있기 때문에(딤후 2:25-26), 자신의 구원 문제를 스스로 해결할 수 있는 사람은 아무도 없다고 했다. 그러므로 복음을 만국에 전하는 일은 장려되어야 하며, 설교자는 성령의 내적 역사를 통하여 복음이 선포되어지는 곳에서 구원받을 택자가 있다는 확신을 가지고 복음을 전해야 한다고 하였다. 이것은 칼빈이 전도의 중요성을 강조하고 있음을 나타낸다.

비판자들의 견해와 같이 선교를 방해했다고 보는 것은 예정론을 이해하지 못한 데서 출발한 오류이다. 칼빈은 하나님의 절대주권과 인간의 사명을 강조하고, 전도는 하나님의 일이며 우리는 그 일을 하기 위해 부름 받은 수단이라고 가르침으로써 선교를 강조하였다(아래 도표 2개 참조).

---

9) John Calvin, *Institutes of the Christian Religion* (Philadelphia : The Westminster Press, 1960), 3. 23. 14. 어거스틴은 하나님의 예정을 바르게 선포하는 데에 있어서 모범을 보였다: J. van den Berg, "Calvin's Missionary Message : Some Remarks About the Relation Between Calvinism and Missions," 179.

10) Ibid., 3. 20. 12. 기도가 허락된다는 확신을 부정하는 사람들을 반박.

칼빈은 하나님의 절대주권과 인간의 사명을 강조함으로써 선교를 강조하였다.

	본문	칼빈의 주해 / 설교 / 기도 내용
미가 7:10-14 (주해)	나의 대적이 이것을 보고 부끄러워하리니 그는 전에 내게 말하기를 네 하나님 여호와가 어디 있느냐 하던 자라 그가 거리의 진흙 같이 밟히리니 그것을 내가 보리로다. 네 성벽을 건축하는 날 곧 그 날에는 지경이 넓혀질 것이라. 그 날에는 앗수르에서 애굽 성읍들에까지, 애굽에서 강까지, 이 바다에서 저 바다까지, 이 산에서 저 산까지의 사람들이 네게로 돌아올 것이나 그 땅은 그 주민의 행위의 열매로 말미암아 황폐하리로다. 원하건대 주는 주의 지팡이로 주의 백성 곧 갈멜 속 삼림에 홀로 거주하는 주의 기업의 양 떼를 먹이시되 그들을 옛날 같이 바산과 길르앗에서 먹이시옵소서.	Though the Church thought itself for a time to be wholly lost, yet God would become its deliverer.···He would continue to the end his favors to his chosen people.[1] And it availed not a little to confirm their faith, when the faithful called to mind how liberally had God dealt from the beginning with the posterity of Abraham. Yet now when they recollect that they had descended from the holy fathers, and that a Redeemer had been promised them, they justly entertain a hope of favor in future from the past benefits of God, because he had formerly kindly treated his people.···God shall subdue us by his Spirit: then only shall we be able to retain moderation in our joy.[2] 1) 주는 주의 택한 백성에게 주의 은혜를 계속 주시니. 2) 하나님의 영으로 우리를 복속시키시며, 그때에만 기쁨 안에.

히브리서 10:24 (주해)	서로 돌아보아 사랑과 선행을 격려하며.	The Apostle exhorts them to <u>a godly emulation, even to stimulate one an-other to love</u>.[1] 1) 서로 사랑할 때까지 신실한 실행을.
『기독교 강요』 3.20.42	나라이 임하시오며(마 6:10)	우리는 하나님께서 교회를 세계 각지로부터 자기 앞으로 모으도록, 교회와 교인의 수효를 늘리시도록, 교회에 각종 선물을 주시도록 매일 기도해야 한다.…그리스도께서 마지막 날에 오실 때까지 완전성의 실현은 지연된다.
『기독교 강요』 3.20.43	뜻이 하늘에서 이루어진 것 같이 땅에서도 이루어지이다(마 6:10)	하나님의 영이 우리의 심령을 주관하실 수 있게 한다.
시편 51:16 (주해)	주께서는 제사를 기뻐하지 아니하시나니 그렇지 아니하면 내가 드렸을 것이라 주는 번제를 기뻐하지 아니하시나이다.	The Jews, when they presented their sacrifices, could not be said to bring anything of their own to the Lord, but must rather be viewed as borrowing from Christ the necessary purchase-money of redemption. <u>They were passive, not active, in this divine service</u>.[1] 1) 하나님의 일을 수행하는 데 하나님보다 앞서지 말고.

마태복음 13:24 (주해)	예수께서 그들 앞에 또 비유를 베풀어 가라사대 천국은 좋은 씨를 제 밭에 뿌린 사람과 같으니.	We are only his hand, and that He alone is the Author of the work.···We shall not obtain the full enjoyment of it till God be all in all.[1] 1) 하나님께서 만유 안에서 만유가 되실 때까지 완전한 기쁨은 얻을 수 없다.
에베소서 4:15-16 (주해)	오직 사랑 안에서 참된 것을 하여 범사에 그에게까지 자랄찌라 그는 머리니 곧 그리스도라. 그에게서 온몸이 각 마디를 통하여 도움을 입음으로 연락하고 상합하여 각 지체의 분량대로 역사하여 그 몸을 자라게 하며 사랑 안에서 스스로 세우느니라.	If we wish to be considered members of Christ, let no man be anything for himself, but let us all be whatever we are for the benefit of each other. This is accomplished by love[1]; and where it does not reign, there is no "edification," but an absolute scattering of the church. 1) 교회 안에서 서로에게 유익이 되는 일을 해야 한다. 이는 사랑으로 이루어진다.
『기독교 강요』 3.20.11	소망과 믿음은 공포심을 극복한다.	하나님을 진심으로 부르는 것은 오직 복음 선포를 통해서 하나님의 선하심과 자비를 알게 된···계시된 사람들에 한한다.

칼빈은 전도는 하나님의 일이며, 우리는 하나님의 수단이라고 함으로써 선교를 강조하였다.

	본문	칼빈의 주해 / 설교 / 기도 내용
시편 2:8 (주해)	내게 구하라 내가 이방 나라를 네 유업으로 주리니 네 소유가 땅 끝까지 이르리로다.	Christ collects the dispersed remnants of his people from all quarters,[1] and in the midst of this wretched desolation, keeps them joined together by the sacred bond of faiths so that not one corner only, but the whole world is subjected to his authority.[2] 1) 그리스도께서 각 지역으로부터 주의 흩어진 백성을 모으신다. 2) 전 세계가 주의 권세에 복속된다.
이사야 2:3 (주해)	많은 백성이 가며 이르기를 오라 우리가 여호와의 산에 오르며 야곱의 하나님의 전에 이르자 그가 그의 길을 우리에게 가르치실 것이라 우리가 그 길로 행하리라 하리니 이는 율법이 시온에서부터 나올 것이요 여호와의 말씀이 예루살렘에서부터 나올 것임이니라.	The Church…would now be collected from every quarter.… because the doctrine of the gospel, by which God hath gathered to himself a Church indiscriminately out of all nations,[1] proceeded from Mount Zion, he justly says that they will come to it who having, with one consent of faith, embraced the covenant of eternal salvation, have been united into one Church. 1) 하나님께서는 만국으로부터 차별 없이 교회를 모으신다.

이사야 45:22 (주해)	땅의 모든 끝이여 내게로 돌이켜 구원을 받으라 나는 하나님이라 다른 이가 없느니라.	He invites the whole world to the hope of salvation,[1] and at the same time brings a charge of ingratitude against all the nations…the Lord, after having broken down "the partition-wall" (Ephesians 2:14), which separated the Jews from the Gentiles, invites all without exception to come to him.[2] 1) 주는 만국을 구원의 소망으로 초청하신다. 2) 주는 민족의 구별 없이 초청하신다.
이사야 49:2 (주해)	내 입을 날카로운 칼 같이 만드시고 나를 그의 손 그늘에 숨기시며 나를 갈고 닦은 화살로 만드사 그의 화살통에 감추시고.	He shews why he was called…Christ hath therefore been appointed by the Father…his whole authority consists in doctrine, in the preaching[1] of which he wishes to be sought and acknowledged: for nowhere else will he be found.…God, by his power, protects Christ and his doctrine,[2] so that nothing can stop his course. And this was very necessary to be added: for, as soon as the mouth of Christ is opened, that is, as soon as his Gospel is preached. In short, because he faithfully keeps them under his protection.…The reason of this is, that the Lord guards them[3] by his shadow, and "hides them as arrows in his quiver," that they may not be laid open to the assaults of enemies and be destroyed. 1) 교리와 설교 안에 주의 권세가. 2) 하나님은 그의 권능으로 그리스도와 교리를 보호하시기 때문에 누구도 그의 경륜을 중지시킬 수 없다. 3) 하나님이 교리를 보호하신다.

마태복음 13:24-30 (주해)	예수께서 그들 앞에 또 비유를 들어 이르시되 천국은 좋은 씨를 제 밭에 뿌린 사람과 같으니 사람들이 잘 때에 그 원수가 와서 곡식 가운데 가라지를 덧뿌리고 갔더니 싹이 나고 결실할 때에 가라지도 보이거늘 집 주인의 종들이 와서 말하되 주여 밭에 좋은 씨를 뿌리지 아니하였나이까 그런데 가라지가 어디서 생겼나이까 주인이 이르되 원수가 이렇게 하였구나 종들이 말하되 그러면 우리가 가서 이것을 뽑기를 원하시나이까 주인이 이르되 가만 두라 가라지를 뽑다가 곡식까지 뽑을까 염려하노라. 둘 다 추수 때까지 함께 자라게 두라 추수 때에 내가 추수꾼들에게 말하기를 가라지는 먼저 거두어 불사르게 단으로 묶고 곡식은 모아 내 곳간에 넣으라 하리라.	As he was about to drive his plough through every country of the world, so as to cultivate fields, and <u>scatter the seed of life, throughout the whole world</u>,[1] he has employed a synecdoche, to make the world denote what more strictly belonged only to a part of it. 1) 전 세계에 생명의 씨가 뿌려져.

| 로마서 10:14-17 (주해) | 그런즉 그들이 믿지 아니하는 이를 어찌 부르리요 듣지도 못한 이를 어찌 믿으리요 전파하는 자가 없이 어찌 들으리요 보내심을 받지 아니하였으면 어찌 전파하리요 기록된 바 아름답도다 좋은 소식을 전하는 자들의 발이여 함과 같으니라. 그러나 그들이 다 복음을 순종하지 아니하였도다 이사야가 이르되 주여 우리가 전한 것을 누가 믿었나이까 하였으니 그러므로 믿음은 들음에서 나며 들음은 그리스도의 말씀으로 말미암았느니라. | Both Jews and Gentiles, by calling on the name of God, do thereby declare that they believe on him; for a true calling on God's name cannot be except a right knowledge of him were first had. Moreover, faith is produced by the word of God, but the word of God is nowhere preached, except through God's special providence and appointment.[1] Where then there is a calling on God, there is faith; and where faith is, the seed of the word has preceded; where there is preaching there is the calling of God. Now where his calling is thus efficacious and fruitful, there is there a clear and indubitable proof of the divine goodness. It will hence at last appear, that the Gentiles are not to be excluded[2] from the kingdom of God, for God has admitted them into a participation of his salvation. For as the cause of faith among them is the preaching of the gospel, so the cause of preaching is the mission of God,[3] by which it had pleased him in this manner to provide for their salvation.

1) 하나님의 특별 섭리와 약속을 통하지 않고는 하나님의 말씀이 선포되지 않는다.
2) 이방인들은 제외되지 않는다.
3) 설교의 원인은 하나님의 선교이다. |

『기독교 강요』 4.1.5	교회를 통한 교육, 그 가치와 그 임무.	하나님께서는 교회에서 교육을 받고 장성한 사람이 되기를 원하신다. 즉 하늘 교리를 전파하라고 목자들에게 명령하셨다.

III. 칼빈은 지상명령을 바로 인식하지 못해 선교를 하지 않았다?

주님의 지상명령이 사도시대에 모두 성취되었다고 해석한 칼빈이 선교를 하지 않았다고 비판하는 견해가 있다. 즉 지상명령은 1세기 사도들에게만 한정된 것이었기 때문에 차후 세대에서 선교는 불필요하다고 주장했다는 의견이다. 이에 스코트 시몬스(Scott J. Simmons)는 『기독교 강요』를 인용하며, 칼빈이 한정 지은 것은 지상명령이 아니라 사도들이 받은 사도 직분에 대한 것이었음을 아래와 같이 밝힌다.[11]

그들[사도들]의 이름을 보면 그들 직분이 허락받은 범위를 알 수 있다. 즉 사도인 그들은 그들 마음대로 말하는 것이 아니라 보내신 이의 명령만을 충실하게 전해야 한다. 그리스도께서 그들의 사명을 정하신 말씀은 분명하다. 즉 그가 명령하신 모든 것을 천하 만민에게 가서 가르치라고 명령하셨다(마 28:19-20). 그리스도 자신도 이 법칙을 받아 자신에게 적용하셨으며, 누구든지 이 법칙을 거절하는 것은 불법이라고 하셨다.…그는 가르치는 일을 하셨기 때문에, 이 모범에 의하여 모든 일꾼들이 가르칠 때에 따라야 할 법칙을 명하셨다. 그러므로 교회의 권한은 무한하지 않으므로 주의 말씀에 복종해야 한다. 이를 테면 주의 말씀 안에 들어 있다는 것이다.[12]

---

11) Scott J. Simmons, "John Calvin & Missions." *Reformed Theological Seminary*, 1996, 1-16.

12) John Calvin, *Institutes of the Christian Religion*, 4. 8. 4. "교리에 관한 사도들의 권위."

사도들은 고대에 기록된 성경을 해설하며 가르친 것이 그리스도 안에서 성취되었다는 것을 보여 주는 사명을 받았다. 그러나 이 일을 할 때에도 주의 지도를 받아야 했으니, 곧 그리스도의 영이 선도자가 되어 그들이 할 말을 어느 정도 불러 주신 것이다. 그들이 생각 없이 만들어 낸 것이 아닌 그리스도께서 명령하신 것을 가르치라고 사도들에게 명령하셨을 때에(마 28:19-20), 그리스도께서는 이러한 조건으로 그들의 사명을 제한하셨다.[13]

데이비드 캘훈(David B. Calhoun)은 칼빈의 『기독교 강요』와 성경 주석을 인용하면서, 칼빈은 사도 직분을 선교적이며 잠정적인 것으로 특징지었다고 설명하였다.[14] 칼빈은 사도들의 사명은 복음을 전하여 이 세상이 하나님께 복종하게 하고 만국에 하나님 나라를 세우는 것이었다고 하였다. "너희는 온 천하에 다니며 만민에게 복음을 전파하라"(막 16:15)라는 주님의 명령에 근거를 두고 있는 사도 직분은 가는 곳마다 복음을 전파하고 하나님의 나라인 교회를 세우는 일을 하였다. 이에 대해 칼빈은 그리스도께서 교회 안에 직분자들을 세우셨다는 에베소서 4장 11절을 인용하며, 사도와 선지자와 전도자의 직분은 바르게 조직된 교회에서는 그 자리가 없기 때문에 임시직이라고 하였는데,[15] 이는 주님의 지상명령을 받아 수행하는 자로서 사도직이 한정적임을 뜻한다는 것이지, 저들의 비판처럼 지상명령 자체가 사도에게 한정되어 있다고 해석한 것이 아님을 증명한다. "[사도들의 사명은] 교회개척자로서 만국에 그 터를 닦아 두는 것이라고 말할 수 있다.…교회가 없는 곳에 교회를 세우거나, 모세[구약]으로부터 그리스도[신약]로 교회를 새롭게 세워야 했던 시대에 국한한 것이다."[16] 그러므로 주님의 지상명령을 받아 사

---

13) John Calvin, *Institutes of the Christian Religion*, 4. 8. 8. "그리스도께서 명령하신 것을 가르칠 권한을 사도들은 받았다."

14) David B. Calhoun, "John Calvin: Missionary Hero or Missionary Failure?" in *Presbyterian* 5:1 (Spring 1979), 22.

15) John Calvin, *Institutes of the Christian Religion*, 4. 3. 4. "에베소서 4장에 있는 여러 가지 직분."

16) Ibid., 4. 3. 4. "에베소서 4장에 있는 여러 가지 직분."

도들은 교회를 세웠고, 목사들은 그 교회를 계승받아 교회를 보호하고 견고케 하는 일을 받았다.[17]

또한 칼빈은 사도시대 이후에도 계속되어지는 복음 전파, 곧 교회운동의 연속성을 강조하였다. "그리스도의 나라는 이 세상에서 단지 시작하였을 뿐이다. 하나님은 복음이 모든 지역으로 선포될 것을 명령하셨다. 아직 그 명령이 성취되지는 않았다."[18] 칼빈은 사도들이 선교 사명을 성취하였으므로 더 이상 선교 활동이 필요 없다고 하지 않았다. 오히려 그리스도의 명령을 받아 사도들이 만국에 천국 복음을 전파하기 시작했으며 이 사명은 계속 진행 중에 있다고 하였다. 그러므로 모든 그리스도인들은 만나는 사람마다 말씀과 행동으로 하나님의 은혜를 증거해야 한다고 강조하였다.[19] 하나님의 뜻에 따라, 하나님의 나라는 모든 나라에 이르기까지 확장되어야 한다. 그러므로 교회의 사명은 기도하며 복음을 전파하여 전 세계적으로 모든 사람들에게 그리스도를 전하는 일이다.[20]

칼빈은 시편 주석에서 "세계 모든 지역으로부터 이방인들을 불러 모으기 위하여 사도들은 놀라운 속도로 동쪽에서 서쪽으로 마치 번개가 번쩍이듯, 침투하였다"[21]고 했다. 또한 예수 그리스도의 지상명령이 아직 완성되지 않았다고 하며 선교 사명의 계속성에 대하여 지적했다. "왜냐하면 사도들이 그들의 생애 동안 전

---

17) John Calvin, *Commentary on Romans* 15:20, "The Apostles then were the founders as it were of the Church; the pastors who succeeded them, had to strengthen and amplify the building raised up by them."

18) John Calvin, *Commentary on Micah* 4:3, "My answer to this is, — that as the kingdom of Christ was only begun in the world, when God commanded the Gospel to be everywhere proclaimed, and as at this day its course is not as yet completed."

19) 마 24:14, 19; 사 12:5; 45:23; 고후 2:12; J. van den Berg, "Calvin's Missionary Message: Some Remarks about the Relation between Calvinism and Missions" in *Evangelical Quarterly* 22 (1950), 179; Joel R. Beeke, "Calvin's Evangelism," 72.

20) B. R. Easter, *Missionary Thought and Practice within the Reformed Tradition*, 32.

21) John Calvin, *Commentary on Psalm* 22:28: "Christ, we know, penetrated with amazing speed, from the east to the west, like the lightning's flash, in order to bring into the Church the Gentiles from all parts of the world."

세계를 다닐 수 없었기 때문이다."[22]

결론적으로 당시 칼빈은 로마 가톨릭의 사도권 승계 교리(Catholic Doctrine of Apostolic Succession)에 대하여 논박하였다. "사도의 직분은 주님의 명령을 가르치는 힘들고 고된 직분이며, 주님의 지상명령은 사도들에게만 부여된 것이 아니다. 주님은 단 한 세대만을 위하여 제자들에게 약속하신 것이 아니라, 이 세상이 끝나는 날까지 약속하신 것이다."[23]

사도 직분은 그리스도와의 특별한 관계로서, 사도의 권위는 잠정적인 것이며 12사도 이후에는 존재하지 않는다는 사실을 칼빈은 입증하려고 하였다. 칼빈의 지상명령에 대한 해석은 로마 가톨릭의 교황제도가 성경에 맞지 않는다는 것을 증명하기 위한 것이었지 사도들의 선교에 관한 논쟁을 위한 것이 아니었다.

하나님 나라의 세계화를 가르침으로써 선교를 강조하였던 칼빈의 열심은 다음의 내용을 통해 확인할 수 있다.

	본문	칼빈의 주해 / 설교 / 기도 내용
신명기 33:19 (주해)	그들이 열국 백성을 불러 산에 이르게 하고 거기서 의로운 제사를 드릴 것이며 바다의 풍부한 것, 모래에 감추인 보배를 흡수하리로다(개역한글).	By the peoples some understand the <u>other tribes</u>, which does not appear at all consistent; and <u>others, foreign nations</u>. 1) 열국 백성은 다른 종족, 외국 등을 포함한다.

22) Gerry Koning, "Calvin and Missions" in *Str 26* No. 2 (1983), 8.

23) John Calvin, *Commentary on Matthew* 28:16–20; *Mark* 16:15–18, "No man can be a successor of the apostles who does not devote his services to Christ in the preaching of the Gospel. ⋯ It ought likewise to be remarked, that this was not spoken to the apostles alone; for the Lord promises his assistance not for a single age only, but even to the end of the world."

시편
2:8
(주해)
	내게 구하라. 내가 이방 나라를 네 유
	업으로 주리니 네 소유가 땅 끝까지 이
	르리로다.
		The Father will deny nothing to his Son which relates to the extension of his kingdom <u>to the uttermost ends of the earth</u>.[1]···Christ is not applied to him only as God, but is extended to the whole person of the Mediator; which is above every name, that <u>before him every knee should bow</u>[2] (Philippians 2:9).···In many other places, the calling of the Gentiles is foretold, to prevent all from imagining that the Redeemer who was to be sent of God was king of one nation only···<u>Christ collects the dispersed remnants of his people from all quarters</u>,[3] and in the midst of this wretched desolation, keeps them joined together by the sacred bond of faiths so that not one corner only, but <u>the whole world is subjected to his authority</u>.[4]
		
		1) 땅 끝까지 주의 나라 확장과 관련.
		2) 모든 무릎이 주 앞에 꿇도록.
		3) 그리스도는 모든 지역으로부터 주의
		   흩어진 남은 백성을 모으신다.
		4) 모든 나라가 주의 권세에 복속되도
		   록.

시편 110:2-3 (주해)	여호와께서 시온에서부터 주의 권능의 규를 내보내시리니 주는 원수들 중에서 다스리소서. 주의 권능의 날에 주의 백성이 거룩한 옷을 입고 즐거이 헌신하니 새벽 이슬 같은 주의 청년들이 주께 나오는도다.	Christ's kingdom shall be vastly extended,[1] because God would make his scepter stretch far and wide.[2]…Christ should not reign as King upon mount Zion only, because God would cause his power to extend to the remotest regions of the earth.[3]…As the wall is broken down (Ephesians 2:14) and the gospel promulgated, we have been gathered together into the body of the Church,[4] and Christ's power is put forth to uphold and defend us. 1) 그리스도의 나라는 크게 확장될 것이다. 2) 하나님이 그의 철장을 멀리 그리고 넓게. 3) 지구의 끝까지 확장. 4) 교회 안으로 모여든다.

| 이사야 2:3 (주해) | 많은 백성이 가며 이르기를 오라 우리가 여호와의 산에 오르며 야곱의 하나님의 전에 이르자 그가 그의 길을 우리에게 가르치실 것이라 우리가 그 길로 행하리라 하리니 이는 율법이 시온에서부터 나올 것이요 여호와의 말씀이 예루살렘에서부터 나올 것임이니라. | All nations would flow to it [Mount Zion],[1] as if the rivers were overflowing through the great abundance of waters. He now makes the same statement, and assigns the reason: for it might be asked why various nations flocked to it in crowds from distant lands.[2] He says, therefore, that the desire of serving God was their motive··· those who formerly were strangers and foreigners[3] (Ephesians 2:19) will come into the same agreement with them about religion: as if he had said that the Church,[4] which had formerly been, as it were, shut up in a corner, would now be collected from every quarter.[5]···Now, though this was never fulfilled, that the nations of the whole world, each of them leaving their native country, made a journey into Judea: yet, because the doctrine of the gospel, by which God hath gathered to himself a Church indiscriminately out of all nations[6] proceeded from Mount Zion, he justly says that they will come to it who having, with one consent of faith, embraced the covenant of eternal salvation, have been united into one Church.

1) 만국이 시온으로 모이고.
2) 멀리 떨어진 곳으로부터 모이고.
3) 외인이요 나그네였던 자들.
4) 곧 교회가.
5) 사방에서 모이고.
6) 하나님은 교회를 통하여 하나님의 사람들을 깨우고 구원의 길로 인도하신다. |

이사야 45:22 (주해)	땅의 모든 끝이여 내게로 돌이켜 구원을 받으라 나는 하나님이라 다른 이가 없느니라.	Now he extends his discourse farther. He invites the whole world[1] to the hope of salvation, and at the same time brings a charge of ingratitude against all the nations··· the Lord, after having broken down "the partition-wall" (Ephesians 2:14) which separated the Jews from the Gentiles, invites all[2] without exception to come to him. 1) 주는 만국을 초청하고. 2) 모든 자들을 초청하고.
미가 4:3 (주해)	그가 많은 민족들 사이의 일을 심판하시며 먼 곳 강한 이방 사람을 판결하시리니 무리가 그 칼을 쳐서 보습을 만들고 창을 쳐서 낫을 만들 것이며 이 나라와 저 나라가 다시는 칼을 들고 서로 치지 아니하며 다시는 전쟁을 연습하지 아니하고.	God would restore all nations to such gentleness,[1] that they would study to cultivate fraternal peace among themselves, and that all would consult the good of others.··· in Psalm 110, 'Thy willing people shall then assemble.'[2] This is the government that is here described by the Prophet; God then shall judge; not as he judges the world, but he will, in a peculiar manner, make them obedient to himself[3] so that they will look for nothing else than to be wholly devoted to him. 1) 하나님이 만국을 화평의 마음으로 회복시키신다. 2) 주의 백성이 즐거이 모이게 하신다. 3) 주 앞에 복속시키신다.

미가 7:10-14 (기도)	나의 대적이 이것을 보고 부끄러워하리니 그는 전에 내게 말하기를 네 하나님 여호와가 어디 있느냐 하던 자라 그가 거리의 진흙 같이 밟히리니 그것을 내가 보리로다. 네 성벽을 건축하는 날 곧 그 날에는 지경이 넓혀질 것이라. 그 날에는 앗수르에서 애굽 성읍들에까지, 애굽에서 강까지, 이 바다에서 저 바다까지, 이 산에서 저 산까지의 사람들이 네게로 돌아올 것이나 그 땅은 그 주민의 행위의 열매로 말미암아 황폐하리로다. 원하건대 주는 주의 지팡이로 주의 백성 곧 갈멜 속 삼림에 홀로 거주하는 주의 기업의 양 떼를 먹이시되 그들을 옛날 같이 바산과 길르앗에서 먹이시옵소서.	그리스도의 통치 아래, 비록 비참하게 흩어져 있지만 만국이 다시 모이게 하심으로, 우리가 종말의 때까지 존재하고.
말라기 1장 (기도)	생략	주님의 이름이 온 세상에 전파되고 찬양될 것임을 의심하지 않으며.
마태복음 6:10 (주해)	나라가 임하시오며 뜻이 하늘에서 이루어진 것 같이 땅에서도 이루어지이다.	He may remove all hindrances, and may bring all men under his dominion,[1] and may lead them to meditate on the heavenly life. 1) 주는 만민을 주의 통치 아래로 두시고.

마태복음 24:30 (주해)	그 때에 인자의 징조가 하늘에서 보이겠고 그 때에 땅의 모든 족속들이 통곡하며 그들이 인자가 구름을 타고 능력과 큰 영광으로 오는 것을 보리라.	He will send his angels to gather his elect from the most distant parts of the world;[1] for by the extremity of heaven is meant the most distant region.···Let us learn to turn our eyes to this gathering of the elect.[2]··· the Lord will gather his Church.[3] 1) 세상 끝으로부터 주의 택자들을 불러 모으시고. 2) 택자들의 모임. 3) 주는 교회를 불러 모으신다.
사도행전 2:4 (주해)	그들이 다 성령의 충만함을 받고 성령이 말하게 하심을 따라 다른 언어들로 말하기를 시작하니라.	The apostles had the variety and under-standing of tongues given them,[1] that they might speak unto the Greeks in Greek, unto the Italians in the Italian tongue.···It was a manifest miracle, when they saw them ready to speak divers languages.[2] As touching Peter's sermon, it might be understood of the greater part of men wheresoever they were born; for it is to be thought that many of those which came to Jerusalem were skillful in the Chaldean tongue. Again, it shall be nothing inconvenient if we say that he spoke also in other tongues.[3] 1) 사도들은 여러 방언을 구사하고 이해하며. 2) 여러 언어로 말할 준비가 된. 3) 다른 방언으로 말함에 불편하지 않고.

로마서 10:15 (주해)	보내심을 받지 아니하였으면 어찌 전 파하리요. 기록된 바 아름답도다 좋은 소식을 전하는 자들의 발이여 함과 같 으니라.	He intimates that it is a proof and a pledge of divine love when any nation is favored with the preaching of the gospel.···It is enough for us to bear this only in mind, that the gospel does not fall like rain from the clouds, but is <u>brought by the hands of men wherever it is sent from above</u>.···<u>the heralds of the gospel announced and proclaimed its tidings to the world</u>."[1] 1) [복음이] 위로부터 보냄을 받은 사 람들의 손[사역]으로 전해지고···복 음의 기쁜 소식이 세상을 향해 선언 되고 선포된다.
에베소서 4:15-16 (설교)	오직 사랑 안에서 참된 것을 하여 범사 에 그에게까지 자랄지라 그는 머리니 곧 그리스도라. 그에게서 온 몸이 각 마 디를 통하여 도움을 받음으로 연결되 고 결합되어 각 지체의 분량대로 역사 하여 그 몸을 자라게 하며 사랑 안에서 스스로 세우느니라.	If we wish to be considered mem- bers of Christ, let no man be any- thing for himself, but let us all be whatever we are for the benefit of each other. This is accomplished by love; and where it does not reign, there is no "edification," but <u>an absolute scattering of the church</u>.[1] 1) [사랑은] 교회의 흩어짐이 필수적 이다.

『기독교 강요』 3.20.42	나라이 임하시오며(마 6:10).	우리는 하나님께서 교회를 세계 각지 로부터 자기 앞으로 모으도록, 교회와 교인의 수효를 늘리시도록, 교회에 각 종 선물을 주시도록 매일 기원해야 한 다.…그리스도께서 마지막에 오실 때 까지 완전성의 실현은 지연된다.
『기독교 강요』 3.20.43	뜻이 하늘에서 이루어진 것 같이 땅에 서도 이루어지이다(마 6:10).	하나님의 영이 우리의 심령을 주관하실 수 있게 한다.

IV. 칼빈의 선교

16세기 종교개혁자들은 진리와 정통신앙의 보수, 그리고 그에 합당한 정체성
확립을 위하여 로마 가톨릭의 위협과 불이익에 맞서야 했다. 비록 "선교"라는 구
체적인 표현은 사용하지 않았지만, 칼빈은 제네바를 중심으로 조국인 프랑스와
유럽 전체와 신대륙(브라질)에 이르기까지 개혁주의 기독교 선교를 위하여 특별한
노력을 기울였다.

이러한 그의 노력은 프랑수아 1세(Francis I)와 헨리 2세(Henry II)에게 보낸 서

신을 통하여 알 수 있다. 회심한 지 3년째 되던 해인 1536년, 칼빈은 프랑수아 1세 왕에게 『기독교 강요』 초판을 보내며, 서신을 통해 프랑수아 1세 왕이 기독교로 회심하기를 독려하였다. 1549년과 1555년에 폴란드 왕 지그문트 아우구스트(Sigismund Augustus, 1520-1572)와 니콜라스 라지월(Nicholas Radziwill, 1512-1584)에게 보낸 서신에서도 기독교를 이해시키려는 칼빈의 노력을 볼 수 있다. 1557년 헨리 2세에게 보낸 서한에서는 프랑스의 기독교 신앙을 설명하였다. 이 서신을 통해 칼빈은 한 국가의 왕으로서 그에 합당한 의무와 충성을 다하기를 설득하고, 프랑스의 기독인을 향한 동정심을 호소하였다. 그리고 1558년 당시 영국 여왕 엘리자베스(Elizabeth)에게 이사야서 주석을 헌정함으로, 존 녹스(John Knox)의 소논문 「괴물같은 여성 통치에 대항하는 첫 번째 나팔소리」(The First Blast of the Trumpet against the Monstrous Regiment of Women, 녹스는 이 글을 통해 여자의 통치는 하나님의 법에 위반된다고 논함)으로 손상된 여왕과 기독교 사이의 관계를 회복하기 위한 노력도 하였다.[24]

칼빈은 유럽 각국의 정상들에게 적극적으로 기독교의 입장 설명과 자신의 저서를 통하여 기독교를 전하는 노력을 하였다. 정치 외교적 방법에 이르기까지 자신이 할 수 있는 모든 방법을 다 동원하여 선교(복음 전파)를 하였다. 이는 성경 번역과 함께 "크고 국제적 규모의 선교운동"[25]으로 전 유럽을 향한 선교 활동이 되었다.

1. 제네바: 난민사역 및 선교 센터

기독교 신자를 향한 로마 가톨릭의 핍박이 심해짐에 따라, 네덜란드, 영국, 스코틀랜드, 이탈리아 등 유럽 전 지역에서 피난민들이 제네바로 모이게 되었고, 1542년 칼빈은 제네바를 중심으로 난민사역을 시작했다. 당시 약 2만 명으로 추산되

---

24) Charles E. Edwards, "Calvin and Missions," 49-51.

25) Ibid., 47.

는 제네바의 규모를 고려해 볼 때,[26] 전 유럽에서 모여든 수많은 난민을 수용하는 일이 극히 어려운 일이었음에도 불구하고, 1551년 칼빈은 파렐(Farel)에게 보낸 서신에서 기쁨으로 난민사역을 감당하고 있음을 나타냈다. "매일 이곳으로 들어오는 수많은 외국인들과 이미 이곳에 살고 있는 외국인들이 내 마음 속에 깊이 자리잡고 있습니다.…다음 가을에 방문한다면, 우리 도시가 괄목할 정도로 증가되어 있는 모습을 볼 것입니다. 만약 난민들을 감당하지 못한다 하더라도 나에게는 즐거운 모습이 될 것입니다."[27]

칼빈은 제네바를 종교 박해로 인한 난민의 피난처에서 복음을 전 유럽에 전파하고 개혁주의 기독교회 설립을 위한 선교의 중심지로 발전시켰다. 제네바로 모여든 난민들은 칼빈을 통해 신학훈련을 받았으며, 교육을 마친 후 자신의 조국으로 파송되어 전도자와 선교사로 활동하게 되었다. 라만(Laman)은 "난민들을 자국으로 파송하는 것과 인쇄 기술로 제네바에서 출간된 복음 문서들을 통하여, 라틴, 프랑스, 영국, 네덜란드, 폴란드, 헝가리 등으로 개혁주의 신앙과 신학이 보급되었다. 서한을 통하여 칼빈은 박해 속에서 증인의 사명을 감당하던 흩어진 그리스도인(Christian Diaspora)을 격려하고, 지침을 주고, 함께 의견을 교환하였다"고 칼빈을 평가하였다.[28]

칼빈은 1559년 목회와 행정 대학 수준의 제네바 아카데미(Academie de Geneve)를 설립하였는데, 이는 제네바 시민과 제네바로 들어온 난민들에게 개방되었다. 이 학교를 통하여 난민들이 개혁주의 신앙 안에서 정착할 수 있게 되었을 뿐만 아니라, 본국으로 돌아가 복음을 전할 수 있는 선교사 양성기관으로 발전하였다. 즉 기독교 개혁주의 신학과 신앙을 가르치는 신학교 운동의 센터로 발전하였다.[29]

---

26) David B. Calhoun, "John Calvin: Missionary Hero or Missionary Failure?," 66; Philip E. Hughes, "John Calvin: Director of Missions" in *The Heritage of John Calvin: Heritage Hall Lectures 1960-1970* (Grand Rapids: William B. Eerdmans Publishing Company, 1973), 42.

27) 칼빈의 난민에 대한 적극적인 지원으로 1555년 제네바의 인구는 두 배가 되었다.

28) W. Stanford Reid, "Calvin's Geneva: A Missionary Centre" in *The Reformed Theological Review* Vol. XLII (September–December 1983), 67-68.

29) Ibid.

개교 첫 해만 무려 9백 명의 젊은이들이 유럽 각 지역으로부터 몰려와 등록을 하였다. 영국과 프랑스 난민이 주를 이루었으며, 제네바는 난민에게 입학을 권장하였다. "우리에게 재목을 보내라. 그러면 너희가 보내준 재목을 화살로 만들어 주겠다."[30] 학생들은 신학 수업을 마친 후, 조국으로 돌아가 전도자와 교사, 선교사로 활동하였으며, 칼빈의 가르침에 따라 하나님 나라의 영원한 진리와 올바른 믿음 선포를 향한 열정으로 죽음 또한 두려워하지 않았다. 칼빈은 박해 아래에 있는 젊은 전도자들을 격려하였다. 그의 우편함은 제자들이 핍박과 박해 가운데 유럽의 각 지역으로부터 발송한 하나님의 구원(보호) 소식, 기도 요청, 선교 지침 문의 등으로 늘 빌 틈이 없었다고 한다. 칼빈은 그들에게 격려의 답장을 잊지 않았으며, 그의 충고와 상담은 목회 서신 형식의 편지들로 여러 권의 주해서와 함께, 그리스도를 위해 고난을 감사함으로 인내하는 목회자 및 다양한 사회계급의 신자들과 교회들에게 전해졌다고 한다.[31]

난민 중의 한 명이었던 영국인 존 베일(John Bale)은 이렇게 기록하였다. "나에게 제네바는 전 세계 가운데 아름다운 기적의 도시로 보인다. 전 세계로부터 많은 사람들이 이곳(제네바)에 모였다. 스페인, 이탈리아, 스코틀랜드, 영국, 독일 등으로부터 온 사람들은 생활방식, 언어, 옷차림이 상이하였다. 그러나 하나의 크리스천으로 함께 모여 살고 있다."[32] 칼빈의 제네바는 "선교사들의 학교…선교사의 관심과 활동의 역동적인 센터"라고 결론을 내렸다. 따라서 선교 역량이 세계로 뻗어나가는 데 칼빈의 제네바 난민사역이 역동적인 구심축의 역할을 감당하였음을 말할 수 있다.[33]

---

30) Richard De Ridder, *Calvin and Missions*, 7-8.

31) Ibid.

32) David B. Calhoun, "John Calvin : Missionary Hero or Missionary Failure?," 26; Frank A. James III, "Calvin the Evangelist." http://rq.rts.edu/fall01/james.html.

33) Ibid.

2. 프랑스: 교회운동

공식어가 프랑스어였던 제네바로 모여든 난민들은 대부분 프랑스에서 피난을 온 기독교 신자들이었다. 칼빈은 이들에게 특별히 조국의 기독교 복음화와 개혁주의 신앙으로의 회심을 향한 열정과 마음을 고취시키는 데 주력하였다.

훌륭한 선교사는 먼저 훌륭한 신학자가 되어야 함의 원칙을 따라, 칼빈은 신학교육, 설교 능력, 도덕과 윤리 평가 등을 통하여 사명자로서의 마음 자세를 교육시켰다. 칼빈과 제네바 시의회(Genevan Consistory)는 이렇게 준비되고 훈련된 선교사들을 로마 가톨릭의 지배 하에 있던 프랑스로 파송하였다.[34]

1553년 선교사 파송과 함께, 프랑스 교회개척이 시작되었다. 그 결과 1555년부터 1562년에 걸쳐 폭발적인 개혁주의 신앙으로의 회심과 조직교회 설립이 이루어졌다. 1555년 프랑스 파리에 개혁주의 조직교회[35] 1개소, 1559년에는 100개소, 1562년에는 2,150개의 개혁주의 조직교회가 설립되었으며, 총 3백만 명으로 추정되는 등록 교인이 발생하였다. 당시 프랑스의 총인구를 약 2천만 명으로 감안한다면, 전체 인구의 15%가 개혁주의 기독교 성도였음을 알 수 있다. 따라서 역사가인 사무엘 무흐(Samuel Mours)는 "종교전쟁이 일어나지 않았다면, 프랑스는 가장 강력한 기독교 국가가 되었을 것이다"라고 평가했다.[36]

---

34) Ibid.

35) Jean-Marc Berthoud, "John Calvin and the Spread of the Gospel in France," 1-2, 13, 15, "조직교회(Organised Reformed Church)는 장립된 장로와 집사, 교회의 치리가 있는 교회로서, 당시 제네바 교회를 모델로 하였다. 당시 프랑스 각처에는 미조직교회(Unorganised Groups)가 많이 있었다. 미조직교회는 성경공부와 기도를 위한 모임으로서 *eglises plantees* (Planted Churches, 개척교회)라고 불렸으며, 조직교회는 *eglises dressees* (Dressed Churches, 조직교회)라고 불렸다. 조직교회는 교육, 양육, 치리 권한을 가졌다."

36) Gordon D. Laman, "The Origin of Protestant Missions" in *Reformed Review* 43 (Aut. 1989), 52-67; Joel R. Beeke, "Calvin's Evangelism," 78, "1572년 St. Bartholomew's Day Massacre에서 7만 명의 기독교 성도들이 순교를 당하였으며, 많은 프랑스 기독교 성도들이 다른 나라로 피난을 가야만 했다"; W. Stanford Reid, "Calvin's Geneva: A Missionary Centre," 69; Jean-Marc Berthoud, "John Calvin and the Spread of the Gospel in France," 24-25.

칼빈의 사역은 교육과 파송에서 멈추지 않았다. 더 나아가 칼빈은 자신이 직접 양성한 선교사들과 사역면에서 협력 관계를 장기간 긴밀하게 유지해 왔음을 알 수 있다. 제네바 역사문서보관소(archives)에 보관되어 있는 칼빈의 수백 통에 달하는 서신(당시 프랑스 지하교회 설립에 관한 칼빈의 실질적 조언이 담겨 있음)이 이를 증명해 준다. 피터 윌콕스(Peter Wilcox)는 칼빈 서한들의 연구를 통해 칼빈의 마지막 10년 (1555-1564) 사역 내용은 선교를 향한 특별한 노력을 볼 수 있다고 주장한다. 제네바 교회가 후원하는 선교사들이 얼마나 성공적인 선교사역의 결과를 가져왔는지 구체적인 자료를 통하여 증명할 수는 없지만, 선교사들의 서한들을 통하여 성공적 열매를 확인할 수 있다.[37]

"하나님의 은혜로 악한 세력(devil)의 대부분이 우리 교구에서 쫓겨 나갔기 때문에 우리 스스로 목회사역을 감당할 수 있다. 매일매일 우리는 성장하고 있다. 하나님이 말씀의 열매를 맺게 하셨다. 주일 설교에 약 4-5천 명의 성도들이 참석하고 있다."[38]

"주님께 감사를 드린다. 우리 교회는 매일 성장하여 주일 설교 때 전체 5-6천 명의 성도들이 참석한다."[39]

"우리 교회는 8-9천 명이라는 놀라운 숫자의 영혼들이 모일 정도로 성장하였다."[40]

목사회 기록명부(The Register of the Company of Pastors)는 1555년부터 1562년까지 제네바로부터 파송된 목사의 수가 88명이라고 명시하고 있다. 하지만 이들 88명

---

37) James III, "Calvin the Evangelist."
38) Ibid.
39) Ibid.
40) Ibid.

의 명단은 당시 선교사에게 위험했던 프랑스의 현실과 기독교 탄압으로부터의 보호를 위해 누락되거나, 가명으로 표기된 사례가 많아 모두 존재하지 않는다. 또한 1555년 이전과 1562년 이후의 극심해진 박해로 인해 파송된 목사들의 인원수를 기록으로 남기는 것이 곤란하였다. 제네바 시의회는 활동 중에 있었던 선교사들의 선교 활동을 자료화시키지 않기로 결정하였다. 그 결과 제네바로부터 파송되었던 선교사의 이름과 인원수를 정확하게 확보하고 있지 않았다.[41] [42]

이러한 이유로 다량의 정확한 역사적인 통계 자료는 존재하지 않지만, 1561년 한 해만 제네바로부터 최소 142명의 선교사가 파송되었다는 자료가 발견되었다.[43] 프레드 클루스터(Fred Klooster)의 평가와 같이 제네바로부터 투사(project)된 선교 활동은 그 자체가 기념비적이다. 사도시대 이후 역사적으로 보았던 사례 중 가장 위대한 선교운동이었다. 칼빈의 진정 놀라운 선교적 열정이었으며, 제네바는 프랑스 전체를 목표로 훈련된 선교사가 프랑스로 다시 들어가는 도약의 발판 (springboard)이 되었다.[44]

칼빈은 작은 교회들의 개척에 머무르지 않고, 더 많은 교회를 개척할 수 있는 대형교회의 개척에도 주력하였다. 1561년 새로 즉위한 프랑스의 왕 샤를 9세(Charles IX)는 이러한 개혁주의 교회들의 급성장에 대하여 위협을 느끼고, 제네바 시의회에 항의서한을 보내기도 하였다. 이 서한에는 "제네바로부터 설교자들을 보내어 통치권을 혼란스럽게 하는 소란, 난동, 국교반대 등을 야기시키고 있다. 프랑스로

---

41) Ibid.

42) Jean-Marc Berthoud, "John Calvin and the Spread of the Gospel in France," 30-31, "1555년부터 1562년까지 88명의 설교자를 제네바에서 프랑스로 파송하였는데, 그중 9-10명은 순교하였다. 물론 실제 파송된 인원은 88명 이상일 것이다. 파송된 선교사들의 안전을 위하여 비밀리에 보냈기 때문이다.…1572년 7만 명의 기독교 성도들이 생명을 잃었다. 칼빈은 1559년 11월 서한에서, '박해는 크리스천들에게 그들 신앙에 대한 지속성과 확고성을 시험하는 실제 전쟁이었다. 우리는 진리 앞에서 증인으로서 피를 흘린 순교자들의 피를 높여야 한다.'"

43) Robert M. Kingdon, *Geneva and the Coming of the Wars of Religion in France*, 1555-1563, 1956, 79ff; Jean-Marc Berthoud, "John Calvin and the Spread of the Gospel in France," 25; Joel R. Beeke, "Calvin's Evangelism," 77; Philip E. Hughes, "John Calvin: Director of Missions," 46.

44) Philip E. Hughes, "John Calvin: Director of Missions," 47.

부터 그 설교자들을 소환하여 프랑스의 평화를 유지해 달라"고 요청하였다. 칼빈은 이에, "우리는 왕이 말씀하시는 것처럼 귀국에 그러한 사람을 보낸 적이 없습니다.…런던 시를 위하여 우리에게 요청된 유일한 한 개인[예수 그리스도]을 제외하고 다른 어느 것도 설교한 사람은 없었음을 밝힙니다"라고 답신하였다.[45]

프랑스 선교를 위한 칼빈의 각별한 노력의 결과, 개혁주의 교회가 폭발적으로 설립되었다. 당시 프랑스 내 선교 활동의 단면은 칼빈이 선교에 대하여 얼마나 큰 관심과 열정을 가지고 있었는지를 증명하는 실례이다.

3. 네덜란드

1544년 칼빈은 최초의 기독교 선교사를 네덜란드로 파송하였다. 하지만 당시 파송되었던 피에르 브륄리(Pierre Brully)는 교회개척을 진행하던 중, 파송 3개월 후에 순교를 당하였다. 1556년 가이 드 브레이(Guy de Bray)는 프랑크푸르트에서 칼빈과 만남을 갖고, 1559년 벨직 신앙고백서(Belgic Confession)를 썼다. 1561년 벨직 신앙고백서는 제네바에서 인쇄되었으며, 후에 네덜란드 개혁주의 교회의 기초가 되었다.[46]

네덜란드는 하드리아누스 사라비아(Hadrian Saravia, 1531-1613)의 저서들의 영향과 함께 자체적인 선교 활동을 구축하였다. 비록 사라비아의 교회정치론이 영국 성공회(Anglican system)에 의해 영향을 받은 경향이 있지만, 그의 선교학은 개혁주의 입장에서 출발하였다. 1590년 사라비아는 자신의 논문 「주님이 세운 복음 전도자들의 다양한 수준」(Of the Diverse Degrees of the Ministers of the Gospel)에서 예수님의 지상명령이 사도시대에 종결되었다는 입장에 대해 반대 의견을 주장하였다. 사라비아의

---

45) Ibid.

46) Simmons, "John Calvin & Missions," 1-16; W. Fred Graham, ed., *Later Catechism: International Perspectives, Sixteenth Century Essays and Studies*, vol. 22 (Kirksville: Sixteenth Century Journal Publisher, 1994), 386; Williston Walker, *John Calvin*, 388.

논문은 후에 유스투스 에르니우스(Justus Heurnius, 1587-1651)와 함께 인도에서 사역한 네덜란드 선교사들에게 영향을 끼쳤다. 네덜란드는 캐리(William Carey)가 1792년에 「그리스도인이 이교도의 회심을 위해 방법을 간구할 의무에 대한 고찰」(*An Enquiry Into the Obligations of Christians to Use Means for the Conversion of the Heathens*)을 집필하기 전부터 약 200년 동안 인도에 선교사를 파송하였다. 사라비아의 저서는 존 엘리엇(John Eliot, 17세기 뉴잉글랜드 내 아메리칸 인디언들을 대상으로 목회)과 같은 초기 미국의 청교도들에게도 영향을 미쳤다.[47]

4. 영국

에드워드 6세(Edward VI)의 재임 기간 동안 영국 런던에도 난민촌이 형성되었다. 1550년 폴란드 귀족 출신이며, 칼빈의 친구인 존 아 라스코(John a Lasco 또는 Jan Laski)는 런던에 있는 프랑스와 독일 망명인의 "외국인 교회"를 담임하였다. 칼빈은 후에 제네바에서 아 라스코의 교회를 일부 수정하여 목사 안수 모델로 삼았다. 칼빈은 아 라스코와 그의 런던 교회(메리 포터[Mary I. Potter]가 폐쇄시킬 때까지)와 정기적으로 만남을 가졌는데, 그린그라스(Greengrass)는 "런던 교회가 폐쇄된 이후, 아 라스코와 다른 교인들이 유럽의 다른 지역에서 스위스 종교개혁의 중요한 촉매 역할을 했다"라고 평가하였다. 1554년, 런던 망명자 중 많은 수가 프랑크푸르트로 가서 교회를 설립하였다. 또한 아 라스코는 프랑크푸르트에 도착하기 전, 노르웨이와 엠덴에서도 "외국인 교회"를 목회하였다.[48]

칼빈이 크랜머(Thomas Crammer)에게 보낸 서한에 의하면, 에드워드 6세 왕권 시 칼빈이 영국에서 일부 영향력을 얻었음을 알 수 있다. "왕이 되신 일은 정말로 위대한 일입니다.… 하나님이 왕을 크리스천 왕으로 세우심으로써 영국 내 예수 그

---

47) Simmons, "John Calvin & Missions," 1-16; Gordon D. Lamen, "The Origin of Protestant Missions," 63-63.

48) Simmons, "John Calvin & Missions," 1-16; Williston Walker, *John Calvin*, 389.

리스도의 왕국을 그리스도를 대신하여 통치하고 다스리도록 허용하신 일은 큰 영광입니다."[49]

메리 여왕 재임 중의 망명자들[50]에 대한 칼빈의 목회사역이 말하듯이, 칼빈의 신학 또한 에드워드 6세 때 영국에 받아들여졌다. 칼빈의 제자인 존 녹스는 1559년 스코틀랜드로 귀국할 때까지 이들 난민을 대상으로 목회하였다. 엘리자베스 여왕(1558-1603)의 즉위와 함께 피난갔던 수많은 기독교 성도들이 칼빈주의 교리를 가지고 영국으로 돌아갔다. 이들의 귀국은 1646년 청교도당을 결성하는 결과를 가져왔으며, 이들을 중심으로 웨스트민스터 신앙고백서(Westminster Confession of Faith) 초안이 작성되었다.[51]

5. 스코틀랜드

칼빈은 존 녹스의 목회사역을 통해 스코틀랜드에서도 개혁주의 신앙이 구축되는 데 협력하였다. 1554년 메리 여왕의 즉위 후 녹스는 영국으로부터 피신하여 제네바에 머물렀다가, 1555년 스코틀랜드로 복귀하여 종교개혁을 시도하다 실패하여 제네바로 다시 돌아왔다. 제네바에서 1556년부터 영국 망명자로 구성된 교회를 목회하기 시작한 녹스는 1559년 스코틀랜드로 다시 돌아가, 개혁주의 기독교회 개척에 성공하였다. 이듬해인 1560년 스코틀랜드 의회는 교황의 권위를 부정하는 동시에, 철저한 칼빈주의적 사상을 바탕으로 스코틀랜드 신앙고백서(The Scottish Confession of Faith)를 초안하였다. 또한 칼빈의 『기독교 강요』에 나타난 칼빈주의를 모델로 하고, 프랑스 개혁주의 기독교회의 강령을 수용하여 스코틀랜드의

---

49) Charles E. Edwards, "Calvin and Missions," 50.

50) 메리 여왕의 재임 기간 동안(1553-1558) 영국으로부터 많은 수의 망명자가 제네바에 수용되었으며, 1557년에는 하루 최소 50명의 망명자가 접수되었다.

51) Simmons, "John Calvin & Missions," 1-16.

장로교회가 설립되었다.[52]

존 녹스와 그의 목회는 칼빈에 의해 일반적으로 승인되었지만, 1558년 녹스가 제네바에 거처하던 중, 칼빈의 사전 인지 없이 「괴물같은 여성 통치에 대항하는 첫 번째 나팔소리」(*The First Blast of the Trumpet against the Monstrous Regiment of Women*)라는 소논문을 발행함으로 마찰이 빚어졌다. 이 팜플렛에서 녹스는 메리 여왕의 통치를 지적하며, 여자의 통치권이 하나님의 법에 위반된다고 논하였다. 칼빈은 제네바에서 이 책의 판매를 중지시키고, 1558년 엘리자베스 1세 여왕의 즉위 때 자신의 이사야서 주석을 헌정하지만, 칼빈의 제네바와 영국 간의 손상된 관계회복을 위한 노력은 성과를 거두지 못했다. 1566년 베자(Beza)는 이 사건의 결과로 엘리자베스가 칼빈주의에 대한 적개심을 갖게 되었다고 기술하였다. 녹스가 스코틀랜드로 귀국한 이후, 마찰을 일으키며 화해하지 못하는 녹스의 성품에 대하여 칼빈이 염려하였으나, 칼빈과 녹스의 관계에는 문제가 없었던 것으로 보인다. 이러한 녹스에 대한 칼빈의 우려는 칼빈의 선교적 마음자세의 증거로 볼 수 있다. 칼빈은 정당한 권위에 철저히 순복하면서 영국과 스코틀랜드가 개혁되기를 원하였다.[53]

6. 폴란드

1545년 칼빈주의가 폴란드의 귀족계급에 크게 확산되면서, 칼빈은 폴란드 선교 활동의 초기에 큰 성공을 이루었다. 폴란드 왕 지그문트 아우구스트(1520-1572)는 가톨릭 신자로서 개혁주의 기독교 성도를 부인으로 맞아들였다. 1549년 칼빈은 자신의 히브리서 주석을 헌정하며, "귀 왕국은 전하의 탁월하신 능력으로 확장되고 명성을 얻고 풍요롭게 되었습니다. 그러나 행복은 그리스도를 최고의 통치자로 받아들일 때만이 그리스도의 보호를 받게 됩니다.…왕의 지휘권을 그리스

---

52) Ibid.

53) Ibid.

도에게 바치는 것이 세상의 모든 승리보다 훨씬 영광스러운 일입니다"[54]라고 하였다. 1555년 크리스마스이브, 칼빈은 또 다른 서한을 통해 지그문트 아우구스트에게 자신의 견해를 다시 한 번 표명했다. "폴란드에서 진정한 종교는 이미 교황의 어두움으로부터 떠오르기 시작했습니다.…왕 중의 왕이 복음의 설교자를 임명하셨고, 그의 교회의 목사를 임명하셨고, 그의 이름으로 폐하를 소명하셨습니다. 이는 다른 누구보다 폐하에 대한 특별한 관심으로 이루어진 것입니다." 또한 칼빈은 지그문트 아우구스트에게 복음을 전하고, 폴란드에서의 종교개혁 운동의 필요성을 상기시키며, 진행하도록 그를 권면하였다.

칼빈과 폴란드 왕 지그문트 아우구스트는 우호적인 관계를 유지해 갔지만, 칼빈에게 국가적 차원의 종교개혁을 허락하지는 않았다. 한편 한때 가톨릭 신부이자 에라스무스(Erasmus)의 친구였던 존 아 라스코는 1557년 폴란드로 돌아가, 그의 남은 3-4년을 폴란드 복음화 운동과 교회개척을 위하여 헌신하였다. 또한 그는 영국과 독일을 포함한 여러 나라를 순회하며 종교개혁의 사명을 감당하였다. 아 라스코는 그의 남은 여생을 설교, 노회 구성, 성경을 폴란드어로 번역, 개혁주의 기독교의 다양성을 교회 구조로 발전시키며 보냈다. 다양한 측면에서 아 라스코는 개혁주의 기독교회 지도자의 모델이 되었다. 케네스 스코트 라토렛(Kenneth Scott Latourette)은 "존 아 라스코는 기독교 신자 간의 사이를 조화시키는 평화주의자였다"라고 평하였다.[55]

---

54) Charles E. Edwards, "Calvin and Missions," 49.

55) Simmons, "John Calvin & Missions," 1-16: Kenneth Scott Latourette, *A History of Christianity vol 2, Reformation to Present*, 793-794: 초창기 칼빈과 아 라스코의 사역은 성공적이었지만, 칼빈이 죽은 후, Lutherans, Anti-Trinitarians, Jesuits 등과의 갈등으로 칼빈주의가 약화됨에 따라, 종교개혁은 폴란드에서 끝까지 존속하지 못했다.

7. 헝가리

헝가리의 종교개혁은 역사적인 세 가지 사건을 중심으로 분류된다. 첫째, 존 후스(John Hus, 1369-1415)의 목회와 순교이다. 15세기 기독교의 출발을 알리는 신호와 함께, 후스의 가르침은 헝가리에 넓게 확산되었다. 둘째, 1526-1528년 오스트리아와의 전쟁 중에 기독교가 크게 확산되었다. 귀족인 피터 페레이(Peter Perenyi)는 자신의 두 아들과 함께 복음을 받아들였고 많은 권력자들도 기독교를 받아들였다. 아울러 각 권력자들이 다스리고 있던 지역에 기독교 목사를 세우고 교회와 학교를 세움으로써 헝가리의 도시들이 종교개혁을 받아들였다. 셋째, 1541년 신약 성경 전체가 헝가리 언어로 번역되었다.[56]

결국 칼빈주의는 1550년대에 헝가리에 자리를 잡았다. 1557년과 1558년에 노회가 구성되어 칼빈의 신학을 기초로 하는 헝가리 신앙고백서(Hungarian Congession 또는 Confessio Czengerina)가 채택되었다. 이어 1567년 데브레첸(Debrecen) 노회에서 헝가리 개혁주의 기독교회는 하이델베르크 교리문답(Heidelberg Catechism)과 제2 헬베틱 신앙고백서(Second Helvetic Confession)을 채택하였다.[57] 17세기에 접어들어 반종교개혁(Counter Reformation) 중 로마 가톨릭으로 돌아간 사람들이 많이 있었고, 헝가리 내에서도 기독교에 대한 심한 박해가 있었지만, 칼빈주의와 기독교는 생존하였다.

8. 브라질(해외선교)

1588년 스페인 함대(Armada)가 격퇴되기 이전까지, 스페인과 포르투갈의 해상 교통로 통제는 기독교의 해외선교 사역에 큰 방해를 가져왔다. 또한 가톨릭 국

---

56) Simmons, "John Calvin & Missions," 1-16; James Aitken Wylie, *Protestantism in Humgary and Transylvania*, vol. 3, bk. 20.

57) Ibid.

가인 프랑스는 교황의 신대륙 분할(스페인과 포르투갈)에 도전하여 신대륙으로 배를 출항시켰는데, 기독교 선교사들이 해외로 출항하는 것을 허용하지 않았다. 고든 라만은 당시의 상황을 스페인과 포르투갈의 "종교적 제국주의"에 "상업-정치적 제국주의"가 접목된 것이라고 표현하였다. 따라서 이러한 정치적 상황과 정세에도 불구하고, 칼빈이 브라질 선교사 파송을 감행했다는 사실은 놀라운 일이다.[58]

파리에서 칼빈의 학생이었던 빌러기뇽(Villegagnon 또는 니콜라 듀랑[Nicolas Durand])은 프랑스군에 입대하여 말타의 기사(Knight of Malta)가 되는데, 후에 브르타뉴(Britanny)의 부총독으로 임명되지만 총독과 다툰 이후, 브라질 식민지 개척을 결심한다. 빌러기뇽은 개혁주의 기독교회를 후원-보호하고 있던 프랑스 해군 제독 콜리니(Coligny, the Grand Admiral)에게 도움을 요청하며, 식민지 개척이 프랑스에서 박해를 받고 있는 기독교 신자를 보호할 수 있는 기회임을 제안한다. 그리고 그의 주장을 받아들인 해군 제독 콜리니는 헨리 2세에게서 신대륙 탐험선 출항을 허락받는다.[59]

1555년 11월 10일, 빌러가뇽은 콜리니 제독의 후원을 받아 출항한 후 4개월 만에 신대륙 리우데자네이루(Rio de Janeiro, 구아나바라[Guanabara]라고도 명명)에 도착하였다. 브라질에 도착한 빌러가뇽은 콜리니에게 지원군과 투피남바(Tupinamba) 원주민 전도를 담당할 목사, 기독교 이주민, 기술자를 요청하였다. 그리고 신대륙 식민지 정착을 보강하고 브라질 원주민을 대상으로 복음을 전파하고 신학 교육을 증진하기 위한 준비를 진행하였다. 콜리니는 이 문제에 관하여 칼빈에게 서신을 보냈는데, 바에즈 까마르고(Baez-Camargo)는 이 역사적인 순간을 보고 칼빈이 "제네바 교회의 확장을 위하여 아름다운 전도의 문이 열리는 것을 보았다. 선교사 부대를 편성하기 시작하였다"[60]라고 표현한 것을 기록했다. 이 결과 1556년 9월 제

---

58) R. Pierce Beaver, "The Genevan Mission to Brazil" in *The Heritage of John Calvin: Heritage Hall Lectures 1960-1970* (Grand Rapids: William B. Eerdmans Publishing Company, 1973), 55-73.

59) Ibid.

60) G. Baez-Camargo, "The Earlist Protestant Missionary Venture in Latin America" in *Church History* 21 (Jun. 1952), 135.

네바로부터 목사 2명과 평신도 11명이 브라질로 파송되었고, 1557년 3월 10일 리우데자네이루의 콜리니 요새(Fort Coligny)에 도착하였다.[61]

제네바에서 파송된 목사 피에르 리시에(Pierre Richier)와 기욤 샤르티에(Guillaume Chartier)는 브라질에서 환영을 받았으며, 콜리니 요새에서 교회개척을 시작하여, 1557년 3월 21일에 첫 성찬 예식를 가졌다. 하지만 빌러가뇽의 신앙에 변화가 오기 시작했다. 그는 교회 권징과 신앙 문제와 관련하여 목사들과 논쟁을 시작했으며, 로마 가톨릭의 가르침과 유사한 방식의 세례와 성찬식을 요구했다. 문제 해결을 위하여 빌러가뇽과 두 목사(리시에와 샤르티에) 합의 하에 샤르티에 목사를 제네바로 보내어 문제 해결의 답을 얻기로 결정하였다. 그리고 빌러가뇽은 칼빈의 결정에 따를 것임을 밝혔다. 그러나 샤르티에 목사가 제네바로 출발하자 빌러가뇽은 칼빈을 이단으로 비판하기 시작하였고, 제네바에서 파송된 선교사들에게 음식도 제대로 주지 않으면서, 요새를 건축하는 과중한 일을 강요하는 등의 핍박을 가하기 시작하였다. 이에 리시에 목사는 이러한 빌러가뇽의 부당함에 대항하여 다음 출항선으로 선교사들을 제네바로 복귀시킬 것을 요청했다.[62]

1558년 1월 제네바 선교사들은 귀국을 위해 배에 올랐으나, 타고 있던 배가 침수하기 시작했다. 이를 계기로 선교사 중 5명이 브라질에 체류하며 선교를 하기로 결심하고 콜리니 요새로 돌아왔다. 빌러가뇽은 이들에게 제네바 칼빈의 신앙고백을 포기하고 로마 가톨릭에 순종할 것을 요구하였으나 받아들여지지 않자, 5명 중 3명을 목을 졸라 죽여 바다에 던져 버렸다. 그리고 나머지 2명은 옷 재단과 칼 다듬는 일의 부족한 일손을 위해 살려 두었다. 빌러가뇽은 후에 지원군 요청을 위하여 프랑스로 돌아갔고, 1560년 포르투갈군의 공격으로 요새가 파괴되면서 프랑스의 브라질 식민지는 막을 내렸다.[63]

객관적인 입장에서 브라질 선교는 전반적으로 실패했다. 하지만 제네바 선교사들의 짧은 체류 기간에도 불구하고, 그들은 원주민들에게 복음을 전하려고 노

---

61) Beaver, "The Genevan Mission to Brazil," 55-73.

62) Ibid.

63) Ibid.

력하였다. 원주민이 식인종이라는 사실로 인해 리시에 목사는 용기를 잃고, 원주민들에게 "지독한 바보"와 "악으로부터 선을 구별할 수 없다"는 표현을 하기도 했고 심각한 언어 장벽으로 인하여 낙심도 하였지만, 리시에 목사는 원주민의 회심을 위해 자신의 복음의 열정을 결코 포기할 수 없었다. 그의 의지는 그가 칼빈에게 보낸 서신을 통해 드러난다. "지극히 높으신 분이 우리에게 이 책무를 주셨기 때문에, 우리는 이 에돔이 장차 그리스도의 소유가 될 것이라고 기대한다."[64]

제네바에서 파송된 11명의 평신도 중 신학생이었던 장 드 레리(Jean de Lery)는 브라질 정착 기간 동안 원주민 마을에서 지내며, 그들의 종교적 관습과 신앙을 관찰하고 기록하였다. 원주민 전도의 가능성을 발견한 레리는 다음과 같이 기록하였다. "만약 우리가 이곳에서 더 오랫동안 있을 수만 있다면, 우리는 그들의 일부를 그리스도에게로 인도할 수 있었을 것이다."[65]

레리는 또한 그가 세 명의 원주민 친구들과 함께 정글을 통과할 때 복음을 전할 수 있었던 기회들을 기록하였다. 정글의 아름다운 광경에 레리는 시편 104편 "내 영혼아 여호와를 송축하라"를 부르기 시작했고, 그와 함께 있던 세 명의 원주민 친구가 그의 노래에 관심을 보이며 시편 노래의 뜻을 알기 원했다. 원주민 방언에 능통하지 못한 레리였지만, 그들에게 자신이 부른 노래의 의미와 복음을 30분간 설명하기 시작했다. 그의 설명에 원주민들은 기뻐했고, 아구띠(aguti, 토끼 크기의 설치류 동물)를 선물로 주었다.[66]

제네바 선교사들의 브라질 선교는 결실이 없다는 이유로 실패한 사례로 결론지어지지만, 이들의 선교는 노력의 부족보다는 시간의 부족이 더 큰 이유였다고 볼 수 있다. 칼빈은 신대륙에서 선교를 시작할 수 있는 기회만을 얻었던 것이다. 선교는 실패로 돌아갔지만, 칼빈의 이러한 노력은 예수님의 지상명령을 따라 전 유럽과 신대륙에 이르기까지 하나님의 나라인 교회를 확장시키려는 선교 열정을 보여 준다. 칼빈의 생전에 브라질로 2차 선교사를 보낼 수 있는 기회는 주어지지

---

64) Ibid.

65) Ibid.

66) Ibid.

않았지만, 그가 제네바에서 시작한 신대륙 선교사역은 17세기 뉴잉글랜드(New England)의 청교도들을 통해서 계승되었다.[67]

V. 칼빈의 선교 신학

칼빈의 신학 이론은 "내가 믿는 고로 말하리라"(시 116:10; 고후 4:13)이다. 즉 성경이 말하는 것은 말하고, 성경이 침묵하는 것은 침묵하는 것이 칼빈의 신앙이었다. 성경은 신앙의 중심 주제가 무엇인지 가르쳐 준다. 주 예수 그리스도의 은혜를 모든 사람들에게 값없이 주라고 늘 일깨워 준다.[68] 칼빈은 선교라는 용어를 사용하면서 선교 신학을 체계화시키지는 않았다. 그러나 칼빈의『기독교 강요』, 주석, 서신 등을 통하여 칼빈의 선교 신학을 알아보고자 한다.

1. 선교의 정의: 하나님의 일

선교는 복음을 선포(설교)함으로써, 하나님의 나라를 확장해 나아가는 하나님의 일(역사)이라고 칼빈은 정의한다.[69]

2. 선교의 토대(기초) 및 목적: 구속역사의 세계화 및 하나님의 영광

칼빈의 선교 신학의 기초는 복음의 세계화와 그리스도의 구속역사의 세계화에

---

67) Ibid.

68) De Waard, "The Reformers and Mission" in *VoxR* No. 37 (November 1981), 6.

69) Koning, "Calvin and Missions," 6.

있으며, 그는 선교의 목적이 하나님의 영광이라고 하였다. 신명기 33장 18-19절 설교문에서, 하나님의 영광은 지옥으로 가는 영혼을 끌어내어 구원의 길로 인도하는 것[70]이라고 고백했다.

3. 선교의 동기: 구원의 확신과 감사

선교의 동기는 구원받았다는 확신과 그로 인한 하나님께 감사함이다. 구원받은 성도는 하나님의 사랑에 감격하여 그 사랑을 이웃에 전하게 된다. 죄와 허물로 죽었던 자로서 하나님을 영화롭게 할 수 없었던 상태에서 이제 하나님의 영광을 위하여 살게 된 성도에게 있어 선교는 그 삶의 의무이다. 칼빈은 디모데전서 2장 3절을 설교하면서 "이것이 우리 하나님 앞에 선하고 받으실 만한 것"이라고 기도했다.

> 하나님이 우리에게 주신 보물, 측량할 수 없는 그의 말씀을 보라. 우리는 우리 자신을 우리가 할 수 있는 한 최대로 선용해야 한다. 주의 일은 쇠퇴하지 않고 안전하고 굳건하게 될 것이다. 각 사람은 자신의 마음에 말씀을 간직해야 한다. 자기 자신의 구원을 보는 것만으로는 충분하지 않다. 하나님을 아는 지식(복음)은 전 세계를 향하여 비추어져야 한다. 우리 영혼의 구원은 자동적으로 다른 사람들에게 복음을 전하고자 하는 피할 수 없는 열정으로 연결된다. 칼빈에게는 복음이 사람들의 마음을 변화시킨다는 진리를 위한 선교적 마음이 있었다. 하나님이 한 사람을 구원하셨을 때, 그 사람의 인생은 물론 그로 인한 다른 사람의 인생마저도 변화시키신다는 사실을 알고 있었다.[71]

---

70) Charles E. Edwards, "Calvin and Missions," 6.
71) James III, "Calvin the Evangelist."

4. 선교의 수단: 말씀 전파

예수 그리스도의 십자가 구속 성취를 통하여 하나님의 나라가 이 땅에 임하였다. 하나님의 나라는 완성되어진 하나님의 말씀으로 통치된다. 그러므로 구주 예수 그리스도의 복음을 만국에 선포할 때 하나님의 나라는 지상에서 확대된다. 칼빈은 교회가 구원의 길을 제시하는 말씀의 빛에 의지할 때 성장하며, 이 진리의 빛이 비칠 때에만 사람들을 연합시킬 수 있고, 참 교회가 형성된다고 했다. 하나님은 하나님의 사람들(교회)을 통하여 복음을 전하신다는 사실을 지적하며, 칼빈은 성도에게는 복음 전할 의무가 있다고 강조했다. 그의 이사야 12장 4-5절 설교는 "어디를 가든지 우리 하나님의 선하심을 전하여 알게 하는 것이 우리의 사명"[72]이라고 가르치고 있다.

5. 선교의 방법: 교회개척

로마서 10장 12-15절을 통하여 선교의 방법은 교회개척이며, 교회개척은 하나님께 영광을 드리는 일이라는 사실을 읽을 수 있다.

> "유대인이나 헬라인이나 차별이 없음이라 한 분이신 주께서 모든 사람의 주가 되사 그를 부르는 모든 사람에게 부요하시도다. 누구든지 주의 이름을 부르는 자는 구원을 받으리라. 그런즉 그들이 믿지 아니하는 이를 어찌 부르리요 듣지도 못한 이를 어찌 믿으리요 전파하는 자가 없이 어찌 들으리요. 보내심을 받지 아니하였으면 어찌 전파하리요 기록된 바 아름답도다 좋은 소식을 전하는 자들의 발이여 함과 같으니라."

나라와 민족에 차별이 없이 만민 중에 구원받을 사람(택자)이 분명히 있으므

---

72) Charles E. Edwards, "Calvin and Missions," 6.

로, 세상 모든 곳으로 나아가 복음을 전해야 한다는 것이 칼빈의 예정론이요, 신학이요, 선교이다. 교회는 택자를 하나라도 더 모이도록 최선을 다함으로써 하나님께 영광을 드려야 한다. 이를 위해 칼빈은 교회를 개척하고 신학교를 통한 신학 교육을 중요하게 여겼다.[73] 칼빈은 교회개척이 하나님께 영광을 드리는 것이라고 믿었다.

6. 선교의 범위

칼빈은 이사야 2장 4절 "그가 열방 사이에 판단하시며"에 대한 주석에서 다윗 왕국을 앞으로 도래할 위대한 왕국의 그림자라고 분명하게 명시하였다. 또한 그리스도의 오심은 하나님 독생자의 육신으로 오심과 통치의 시작을 의미[74]한다고 했다.

시편 22편 28절 "나라는 여호와의 것이요 여호와는 열방의 주재심이로다"의 말씀은 그리스도를 통한 하나님의 통치와 세계 선교의 기초에 관하여 예언한 것이라고 주석하였다. 도래할 새로운 왕국에 대한 중요한 내용은 유대인과 이방인을 구별하는 담이 무너져 없어진다는 것이다. 에베소서 2장 14절 "그는 우리의 화평이신지라 둘로 하나를 만드사 중간에 막힌 담을 허시고"라는 말씀대로 그리스도의 통치 영역은 유대인뿐만 아니라 온 세상으로 확대되었다. 유대 메시아의 복음은 세계를 통하여 모든 이방인들에게도 선포되어야 한다.[75]

---

73) Philip E. Hughes, "John Calvin : Director of Missions," 42.

74) 딤전 3:16 참조.

75) 엡 2:19; 신 32:8-9 참조.

7. 칼빈의 선교전략

가. 하나님 중심의 선교: 하나님의 절대주권

칼빈은 하나님 말씀이 교회를 향하여 절대주권적으로 역사하기에,[76] 구원에 대한 하나님 은혜의 절대주권을 강조하였다. 하나님은 절대주권자이시며 모든 일에 대한 최고이며 우선이 되는 원인이시다.[77]

선교는 하나님의 일로서, 선교의 목표는 단지 어느 한 개인의 구원이 아니라 하나님의 영광과 그의 나라의 확장이다. "하나님 나라의 확장을 위해서는 모든 그리스도인의 증거와 진리에 대한 고백이 있어야 한다. 그래서 하나님은 사람들을 사용하신다. 마치 일꾼이 도구를 사용하듯이 그리스도인들을 사용하신다."[78]

하나님의 절대주권은 모든 생애를 주장하며, 이에 대한 인간의 도리는 평생을 하나님께 순종하는 것이다.[79] 칼빈의 이 사상은 사람이 겸손해지는 원리가 된다. 사람이 이룬 것이 자신의 힘으로 된 것이 아니라 그 사람을 통하여 성취하신 하나님에 의한 것이기 때문이다. 하나님의 계획 안에서 사람은 자신의 행동의 결과를 하나님께 다 맡기고 행동해야 하며, 자신의 능력을 다하여 일을 감당해야 한다.[80]

나. 말씀 중심의 선교: 신학교 운동과 설교사역

(1) 신학교 사역
앞에서 이미 언급하였듯이, 칼빈은 신앙의 핍박을 피해 인구 약 2만 명 규모의

---

76) John Calvin, *Institutes of the Christian Religion*, 1. 6-7.

77) Ibid., 1. 3. 6-10.

78) Jean-Marc Berthoud, "John Calvin and the Spread of the Gospel in France," 45-46.

79) John Calvin, *Institutes of the Christian Religion*, 1. 3. 6-10.

80) Jean-Marc Berthoud, "John Calvin and the Spread of the Gospel in France," 46.

제네바로 들어오는 난민들을 위한 사역을 기쁘게 감당하면서 난민에 대한 지원을 아끼지 않았다. 더 나아가 칼빈은 제네바를 난민 센터가 아닌 유럽 전체에 복음을 전하는 개혁주의 교회 설립을 위한 선교 센터로 구상하였다. 장 마르크 베르투 (Jean-Marc Berthoud)는 "제네바는 개혁주의 신학과 신앙을 전하는 선교 센터가 되었으며, 유럽과 기타 국가들에게 개혁주의를 가르치는 선교 센터가 되었다"[81]고 평가하였다. 대부분이 영국과 프랑스에서 박해를 피해 온 난민들이었던 이들은, 이 학교에서 신학 교육을 받은 후 전도자와 교사로 활용되었다.

칼빈은 신학 교육을 받지 않은 사람은 본국의 선교사로 보내지 않았다. 왜냐하면 훌륭한 선교사가 되기 위해서는 먼저 훌륭한 신학자가 되어야 하기 때문이었다.[82] 칼빈의 이러한 신념에 따라 사명자로서의 자세를 먼저 훈련시키고 그 다음에 신학을 교육시켰다. 또한 설교 능력을 시험하고 크리스천으로서의 삶 등을 평가한 후에 복음을 전하는 선교사로서 본국으로 파송하였다.[83]

칼빈은 본국으로 돌아가기를 자원하는 젊은이들을 선교사로 파송하였으며, 그들은 복음을 고국에 전해야 한다는 신앙으로 자신들의 생명을 바쳤다. 칼빈은 이들이 졸업하고 파송된 후에도 지속적인 멘토링(mentoring)을 하여 칼빈의 주소지는 국제 우체국이 될 정도였다. 하나님의 보호, 구원, 사역의 방향 등에 대한 기도 요청이 끊임없이 칼빈의 문을 두드렸다. 이에 칼빈은 충고, 상담, 교정, 권면 등 다양한 목회 서신을 발송하였다. 존 녹스는 칼빈의 제네바 신학교를 "사도시대 이후로 가장 완전한 그리스도의 학교"라고 평가하였다.[84] 그리하여 제네바는 신학교를 중심으로 발생한 선교 에너지를 세계로 보내는 역동적인 선교 센터가 되었다.[85]

---

81) W. Stanford Reid, "Calvin's Geneva: A Missionary Centre," 67-68.

82) Ridder, *Calvin and Missions*, 7-8.

83) James III, "Calvin the Evangelist."

84) Philip E. Hughes, "John Calvin: Director of Missions," 44.

85) Ibid., 45.

(2) 설교사역

칼빈은 자신의 교회 성도들에게만 국한된 설교를 하지 않았다. 개혁주의 신학과 신앙을 제네바 전체에 전파하기 위하여 설교를 하였다. 제네바의 3개 교회에서 주일에는 새벽과 오전 9시에 설교를 했고, 정오에는 어린이들의 요리문답 수업을 지도했다. 그리고 오후 3시에 다시 설교를 했다. 평일에는 3개 교회에서 월요일, 수요일, 금요일 별도의 시간에 설교를 하였다.[86]

칼빈의 설교 일정은 꽉 짜여 있었다. 예를 들어, 1549년에는 매일 설교 요청이 있었다. 주일에는 두 번, 격주로 매일 설교를 했다. 그는 평일에는 구약을, 주일에는 신약을 설교함으로 성경을 전반적으로 다루었다. 어떤 경우에는 주일 오후에 시편을 설교하기도 하였다. 평일 설교는 새벽에 있었다. 오후에는 신학 강의를 하였으며, 성경의 각 권을 라틴어로 주석하였다. 신학 강의 후에는 강의 내용을 담은 성경 주석집이 발간되었다. 칼빈의 조직해석학적 설교와 강의는 당시 매우 유명했다. 1561년 칼빈의 강의를 듣기 위해 매일 1천 명 이상이 참석하였다고 기록되어 있다.

칼빈은 강의 노트를 보지 않고 히브리어와 헬라어 본문으로 직접 설교와 강의를 하였다. 그렇다고 하여 칼빈이 준비 없이 설교나 강의를 한 것이 아니었다. 칼빈은 "만약 내가 설교할 때 하나님이 나에게 전할 말씀을 충분히 주실 것이라며 설교를 위해 책을 보지 않고 강단에 오르거나, 사람들의 교육을 위하여 어떻게 성경을 적용시킬 것인가를 심사숙고하지 않고 선포하려고 한다면, 그때 나의 교만이 일어날 것이다"라고 말했다. 칼빈은 설교 말씀을 반드시 자신의 삶에 직접 적용시키려고 했다. "만약 설교자가 하나님을 따르기 위한 첫 번째 사람으로서 그 고통을 받지 않고 강단으로 올라가려고 한다면, 그 설교자의 목을 먼저 부수는 것이 좋을 것이다. [설교자는] 가르치는 것을 가장 먼저 자신에게 적용시켜야만 한다."[87]

칼빈의 설교 성격은 첫째, 성경해석적이다. 이것은 계시된 정확 무오한 하나님

---

86) Joel R. Beeke, "Calvin's Evangelism," 75-76.

87) Jean-Marc Berthoud, "John Calvin and the Spread of the Gospel in France," 36-37.

말씀의 참뜻을 발견하기 위해서이다. 둘째, 언어와 문학적 기법으로 시작하는 합리적인 방법을 총동원하였다. 하나님의 말씀에 항상 붙잡혀서 합리적인 기준을 따랐다. 셋째, 하나님의 말씀을 인생의 각 분야와 하나님의 창조질서에 적용시켰다. 하나님의 말씀에 대한 성경해석 및 적용 중심의 설교는 성령의 은혜와 함께 복음 선포를 위한 도약발판(spring-board)이 되었다.[88]

칼빈은 설교를 통하여 믿지 않는 자들에게는 복음 전도를, 믿는 자들에게는 신앙의 성숙(견고)을 얻게 하였다. 통상 설교 시에 구약에서는 4-5절을 신약에서는 2-3절을 본문으로 택하여 설교하였다. 될 수 있는 대로 작은 본문을 택하여 먼저 본문을 설명하고, 성도들의 삶에 적용시키는 데 치중하였다. 대부분 본문 설명보다 적용 부분이 더 길었다. 마치 부모와 같은 심정으로 말씀 하나하나를 나누어 성도들이 이해하기 쉽고 적용하기 쉽게 설교하였다.[89] 칼빈은 설교하던 시간과 장소의 전반적인 내용(context)에 하나님 말씀의 전체 내용과 연계를 시켰다. 이러한 설교 내용에 대한 실질적인 적용으로 놀라운 능력과 경외감을 주었다.[90] 칼빈의 설교 목적은 타락한 로마 가톨릭 교회를 개혁시키는 일 뿐만 아니라 성경적인 근거 위에서 교회를 개혁하고 재구성하는 것이었다.[91]

디모데전서 3장 14절의 설교에서 "하나님이 우리로 인하여 기뻐하시는 일에 우리가 참여함으로써, 하나님의 은혜를 하나의 도시나 소수의 성도들에게만이 아니라 온 세상에 있는 하나님의 백성들에게 보여 기뻐하실 수 있도록 하기를 바랍니다. 그리하여 모든 사람들이 진정으로 하나님께 예배를 드릴 수 있기를 바랍니다"라고 하였다.[92]

---

88) Ibid., 39.

89) Joel R. Beeke, "Calvin's Evangelism," 74.

90) Jean-Marc Berthoud, "John Calvin and the Spread of the Gospel in France," 22.

91) Ibid., 23.

92) Joel R. Beeke, "Calvin's Evangelism," 77.

다. 교회 중심의 선교: 선교사의 교회개척(조직교회)

칼빈에게 신학훈련을 받은 후 파송된 선교사들에 의해 교회가 개척될 뿐만 아니라 조직교회가 폭발적으로 설립되었다. 교회의 규모 또한 소형교회로부터 대형교회에 이르기까지 다양했다. 주일예배 참석인원을 기준하여 4-9천 명까지 참석하는 대형교회가 설립되었다. 칼빈은 특히 대형교회를 통하여 더 많은 교회를 개척하여 후원할 수 있도록 권장하였다.

(1) 자립(self-support)

자립은 교회사역의 4가지 영역인 목회, 전도, 구제, 교육 등이 충족되는 상태를 뜻한다. 제네바 교회에서 프랑스에 선교사를 파송하여 교회를 개척하는 데 있어 재정적인 지원(교회 건물건축과 관리비용, 목사 사례비 등)을 했다는 자료는 아직 발견되지 않았다. 당시 제네바 교회는 제자를 양육하여 파송하는 인력 지원은 가능하였지만 다른 지역 교회를 재정적으로 후원할 수 있는 능력은 없었다. 또한 프랑스 내 교회가 제네바에 재정을 요청하였다는 기록이 없는 것으로 보아, 프랑스에 있는 개혁주의 조직교회의 폭발적인 증가는 제네바 교회의 지원에 의한 것이기보다는 프랑스 교회가 자체적으로 자립했음을 증명하기에 충분하다고 판단한다. 당시 칼빈이 제네바 교회와 신학교를 통하여 난민들에게 신학교육을 시키고, 자국으로 돌아가 교회를 개척하도록 한 것 외에 다른 후원의 내용이 없다.

(2) 자치(self-government)

조직교회 설립은 자치를 의미한다. 교회 교육의 중요한 목표는 제자를 양육하는 일이다(마 28:19). 회심자가 없이 교회는 존재할 수 없다. 그러므로 교회의 최초 목표는 예수 그리스도께로 돌아오게 하는 일이다. 선교사의 임무는 교회를 개척하고 현지인 지도자에게 교회를 위임하는 일이다. 이를 위하여 성경공부로 제자를 키우며 교회 지도자를 양성하고, 성경이 가르치는 대로 직분자를 선출하여 교회를 조직해야 한다(딤전 3:1-7, 10; 딛 1:5-9; 벧전 5:1-5).

프랑스 교회운동에서 이미 살펴보았듯이, 1555년 프랑스 파리에 개혁주의 조직교회 1개소가 최초로 설립된 이후, 1559년에는 100개소, 1562년에는 2,150개의 개혁주의 조직교회가 설립되었다. 그리고 등록교인 총 3백만 명(전체 인구의 15%)이 개혁주의 기독교 성도들이었음을 알 수 있다.[93] 특히 1555년에서 1562년 사이에 로마 가톨릭으로부터 기독교 개혁주의 신앙으로의 회심과 조직교회의 설립이 폭발적으로 일어났었다.

(3) 자전(self-propagation)

자전이란 교회가 외부 지원 없이 스스로 자활(목회, 교육, 전도, 구제 등)할 수 있는 상태이다. 교회가 자전하려면 깨닫고 믿는 성경말씀을 전파해야 한다. 구원에 대한 감격과 감사하는 믿음은 생명의 말씀을 전파하게 되며, 복음의 기쁨을 이웃과 나누게 된다. 그 결과 하나의 교회는 다른 곳에 새로운 교회를 개척할 수 있게 된다. 생명이 자체적으로 번성하듯이, 자전은 자연적이며 자발적인 구원 신앙의 결과이다. 한 성도가 배운 것을 다른 사람들에게 가르치고, 그 배운 사람들이 또 다른 사람들을 가르치게 된다. 개인적으로 보면 전도이지만, 교회 차원에서 보면 교회개척으로 계속 발전되어 간다. 이것이 하나님의 은혜이며, 교회의 의무이자 본질이다.

자전을 통하여 그리스도의 통치 영역은 계속 확대되어 간다. 선교사는 전도를 통하여 불신자를 성도로 인도할 뿐만 아니라 설교와 기도로 성도들의 믿음을 견고하게 인도해야 한다. 이를 위하여 확실한 성경적 교리체계와 신앙고백이 있어야 한다. 아울러 국가, 사회, 문화적 환경에 의한 영향으로부터 신앙의 정체성이 약해질 수 있는 부분들을 신경써야 한다. 이렇게 볼 때 칼빈에 의해 파송된 선교

---

93) Gordon D. Laman, "The Origin of Protestant Missions," 52-67; Joel R. Beeke, "Calvin's Evangelism," 78, "1572년 St. Bartholomew's Day Massacre에서 7만 명의 기독교 성도들이 순교 당하였으며, 많은 프랑스 개신교 성도들이 다른 나라로 피난을 가야만 했다"; W. Stanford Reid, "Calvin's Geneva : A Missionary Centre," 69; Jean-Marc Berthoud, "John Calvin and the Spread of the Gospel in France," 24-25.

사들이 세운 프랑스의 개척교회는 자전교회임을 알 수 있다. 즉 성도 개개인을 말씀으로 가르쳐 확고한 개혁주의 신앙을 갖게 하여(당시 프랑스는 로마 가톨릭의 핍박 아래 있었다), 개인적으로는 이웃에게 전도하고 교회적으로는 다른 지역에 새로운 교회를 개척하는 역사를 이룬 것으로 평가된다. 특히 당시 프랑스 내에 개척된 교회 중에는 대형교회가 많았음이 주목되는데, 이런 대형교회의 영적, 숫자적 힘은 더 많은 교회개척을 가능하게 했다고 평가한다.

(4) 자신(self-theology)

칼빈의 설교와 강의를 통한 개혁주의 신학을 기초로 유럽 각국에서는 다음과 같은 자기신학화(self-theologizing)가 일어났다.

① 네덜란드: 가이 드 브레이, 벨직 신앙고백서 기초(1559).

② 영국: 웨스트민스터 신앙고백서 초안, 청교도당 결성(1646).

③ 스코틀랜드: 존 녹스, 스코틀랜드 신앙고백서 기초(1560).

④ 헝가리: 하이델베르그 교리문답, 제2 헬베틱 신앙고백서 채택(1567).

라. 하나님이 문을 열어 주셨을 때 최선, 닫혀 있을 때는 하나님의 때가 올 때까지 기다림

"주님이 나를 위하여 문을 열어 주셨다"라는 사도 바울의 고백에 대하여, 칼빈은 다음과 같이 설명하였다. "이 비유는 복음 선포를 위해 주어진 기회를 말한다. 문이 열려 있을 때 우리가 그 집에 들어갈 수 있듯이, 하나님의 종들에게 기회가 주어졌을 때 들어갈 수 있다. 문이 닫혀 있다면 어떠한 소득의 소망도 기대할 수 없다. 그래서 문이 닫혀 있을 때에는 아무런 목표와 결과에 대한 기대 없이 일단 들어 간 후, 자신을 고문하는 것보다는 문이 열리는 다른 기회를 기다리는 것이 좋다. 그래서 교육(양육)을 시킬 수 있는 때는 장차 우리가 예수 그리스도를 소개할 수 있는 문이 열릴 때를 생각해야 한다. 사역을 하도록 기회가 주어졌을 때, 하나님이 우리를 초청하여 일하도록 하셨을 때, 우리 자신을 유용하게 사용하는 것을 거부하지 말자.···문이 열리는 것은 하나님 소명의 징표(sign)이다."[94]

성도는 교회와 신앙에 영향을 주는 환경요인에 대하여 즉각적으로 바른 결정을 할 수 있도록 늘 깨어 있어야 한다. 교회의 유익을 위해 필요할 때는 자신이 내린 조치에 대한 방향을 변화시킬 수 있어야 한다. 성도는 주님의 손 안에서 반드시 적극적이어야 하며 유연해야 하며, 주의 일 안에서 효율적인 사역자가 되어야 한다. 왜냐하면 주의 일을 위한 사역의 문을 열고 닫는 것은 하나님의 섭리이기 때문이다.[95]

비록 칼빈이 어떤 특정 선교 기관을 세우지는 않았지만, 교회 안에서의 가르침을 통해 계속적으로 선교를 준비하였다. 그 시간이 오면, 즉 그 문들이 열리면, 예수 그리스도를 위하여 이 세상을 정복하기 위하여 전투현장으로 자신을 아무 주저함이 없이 던질 헌신자들을 준비하였다. "각자 자신이 감당할 수 있는 모든 영혼들을 예수 그리스도께로 인도합시다."[96]

마. 위로부터의 접근, 아래로부터의 접근의 동시 적용

비록 선교라는 용어를 사용하지 않았지만, 칼빈은 선교를 위하여 자신의 저서와 서한을 유럽 각국의 왕들에게 보내어 "위로부터의 접근"(The Roman Catholic Approach)[97] 선교를 했으며, 동시에 제네바로 모여든 신앙 난민들에게 "아래로부터의 접근"(The Protestant Approach)[98]을 통해 선교를 감행하였다.

첫째, "위로부터의 접근"으로 프랑스의 종교개혁을 위해 수고한 칼빈의 노력

---

94) Gerry Koning, "Calvin and Missions," 13; Jean-Marc Berthoud, "John Calvin and the Spread of the Gospel in France," 45.

95) Jean-Marc Berthoud, "John Calvin and the Spread of the Gospel in France," 45.

96) Ibid., 46.

97) Eugene A. Nida, *Message and Mission: The Communication of the Christian Faith* (Pasadena: William Carey Library 1990), 166-167.

98) Ibid., 168-171.

은 프랑수아 1세와 헨리 2세 왕에게 보낸 서한들을 통하여 분명하게 알 수 있다. 칼빈이 회심한지 3년째 되던 1536년에 그는 『기독교 강요』 초판을 프랑수아 1세 왕에게 보냈다. 이 책을 통해 칼빈은 프랑스 왕이 개혁주의 신앙으로 회심하기를 권면하였다.

1549년에는 지그문트 아우구스트 폴란드 왕에게, 1555년에는 니콜라스 라지윌 폴란드 왕에게, 칼빈은 각각 서한을 보내어 기독교를 이해시키려고 하였다. 1557년 헨리 2세 왕에게는 프랑스의 개혁주의 교회의 신앙을 설명하는 서한을 보냈다. 이 서한에서 칼빈은 왕에게 의무와 충성을 다할 것을 표현하면서, 프랑스 왕이 하나님을 믿고 섬기는 기독교인들에 대한 동정심을 갖도록 신앙에 관한 간단한 내용의 글을 썼다. 그리고 1558년 존 녹스의 소논문 사건(여자의 통치는 하나님의 법에 위반된다는 소논문을 작성하여 엘리자베스 여왕과의 관계 악화) 이후, 영국 엘리자베스 여왕에게는 이사야서 주해서를 보냈다.[99] 이렇게 정치와 외교적 노력을 함으로써 칼빈은 현실적으로 기독교선교 사역을 감당하기 어려웠던 당시 정부의 통제 아래에서도 가능한 선교 형태를 마련해 복음을 전하는 일반적인 절차를 준비하였다.[100]

둘째, "아래로부터의 접근"이다. 당시 교육을 받지 못한 많은 로마 가톨릭 신자들은 복음에 대하여 잘 모르고 있었다. 성경은 라틴어로 기록되어 있었으며 미사도 라틴어로 집례되었다. 종교개혁이 전 유럽으로 확산됨에 따라, 성경이 실용언어로 번역되었고 이로 인해 교회 예배에 참석한 성도들은 말씀과 예배를 이해할수 있게 되었다. 칼빈은 일반 서민들이 그들의 언어와 문자로 성경을 배워 복음을 정확하게 깨달아 개혁주의 신앙을 가지게 하는 아래로부터의 선교를 실천하였다. 더 나아가 종교개혁 운동은 복음이 전해지지 않은 유럽인들에게도 복음이 전달되는 계기가 되었다. 찰스 에드워즈(Charles Edwards)는 "종교개혁은 크게는 국제적 규모의 선교운동이었다"[101]라고 기술하였다. 종교개혁이 전 유럽으로 확산될 때, 선교 활동도 함께 시작되었다. 오직 말씀(성경), 오직 믿음, 오직 은혜의 토대 위에

---

99) Charles E. Edwards, "Calvin and Missions," 49–51.

100) David B. Calhoun, "John Calvin : Missionary Hero or Missionary Failure?," 25.

101) Charles E. Edwards, "Calvin and Missions," 47.

진정한 기독교가 존재할 수 있다.

하나님은 칼빈의 사역에 열매가 있게 하기 위해 그의 의지와 능력을 새롭게 하셨다. 이 세상을 창조하시기 이전에 준비하시고 계획하신 일을 성취할 수 있게 하셨다. 그래서 칼빈은 그리스도 안에서 하나님의 영광에 적합한 큰일을 성취할 수 있었다. 사람들을 하나님의 나라로 인도하는 것은 예수 그리스도 안에서 모든 것을 재창조하는 하나님의 일에 참여하는 그 어떤 일보다도 결코 작은 일이 아니다.[102]

칼빈은 사도들을 선교사로 보았다. 복음을 설교함으로써 하나님의 나라를 전 세계에 세워가는 선교사들이었다. 칼빈은 또한 신약시대의 복음 전하는 일을 사도들에게만 제한하지 않았다. 칼빈은 "하나님은 어떤 때에는 사도나 전도자를 세우셨으며, 우리 시대에는 또 그에 맞는 사람을 세우신다"라고 말했다.[103]

칼빈의 선교는 그리스도 안에서 하나님의 영광과 인간의 본분에 중점을 둔, 하나님 중심, 말씀 중심, 교회 중심의 신학을 가지고 있다. 인생의 존재 목적은 하나님의 영광을 위한 것이다. 칼빈에게 있어서 세계 선교의 목적은 하나님의 영광이다. 복음이 선포되고 복음을 받아들인 만국이 하나님께 예배와 영광을 드린다. 이것이 인간에게 가장 우선된 본분이다. 하나님의 영광이 개혁주의 신학의 최고 목적이었으며, 칼빈의 선교는 이 개혁주의 신학을 배경으로 실천되었다.

VI. 결론: 칼빈은 선교사였다

칼빈이 전도나 선교를 중요하게 여기지 않았다는 일부 비판은 근거가 없으며 잘못된 견해이다. 지금까지 분석해 본 결과, 종교개혁은 16세기의 종교개혁자들

---

102) Jean-Marc Berthoud, "John Calvin and the Spread of the Gospel in France," 44.

103) John Calvin, *Institutes of the Christian Religion*, 4. 3. 4.4; cf. *Commentary on Romans* 15:20, 531-532.

이 자신의 신앙과 교회를 지키기 위한 싸움이었으며, 종교개혁 자체가 국제 규모의 선교운동이었다.[104] 성경이 가르치는 바른 신앙을 지키고 실천함으로써, 로마 가톨릭의 사슬에 매여 있는 사람들에게 진리를 알게 하여 많은 사람들을 회심케 하는 복음운동이며 선교운동이었다.

칼빈은 저서들을 통하여 선교에 대해서 직접적으로 신학적인 접근을 하지는 않는다. 그러나 그의 저서와 사역을 종합하여 볼 때, 칼빈의 선교 신학을 볼 수 있다. 칼빈은 프랑스를 비롯해 전 유럽과 신대륙을 복음화하기 위해 제네바를 선교센터로 발전시켰다. 칼빈에게 선교는 신학의 한 부분이 아니라, 칼빈이 추구하고자 했던 목회의 핵심이었다. 칼빈의 신학과 선교적 노력은 기독교의 선교학 연구에 중요한 방향을 제시하고 있다. 칼빈의 신학과 선교는 현대 선교를 위한 살아 있는 메시지이다.[105]

칼빈은 선교의 중요성을 신학적으로 강조하였을 뿐만 아니라, 유럽 외 지역인 남미 브라질 원주민들에게도 복음을 전하려는 노력을 하였다. 판 덴 베르흐는 이러한 선교의 기초로서 칼빈을 영적 아버지라고 불렀으며, 라토렛은 칼빈이 개혁주의 기독교 선교 활동을 입증하였다고 평가했다. 또한 즈웨머(Zwemer)는 칼빈의 이러한 선교적 노력은 로마 가톨릭의 박해로 인해 제한되었다고 언급했다.[106]

선교역사를 통하여, 칼빈의 선교에 대한 기여는 아래의 선교사들이 모두 칼빈주의자라는 점에서 증명된다. 현대 선교운동의 아버지 윌리엄 캐리(William Carey, 1761-1834), 헨리 마틴(Henry Martyn, 1781-1812, 인도와 페르시아), 애도니럼 저드슨(Adoniram Judson, 1788-1850, 버마), 조나단 고포드(Jonathan Goforth, 1859-1936, 중국) 등이다. 또한 칼빈주의자로서 조나단 에드워즈(Jonathan Edwards, 1703-1758), 조지 횟필드(George Whitefield, 1714-1770)가 있으며, 19세기 말 기독교 선교사들의 25%가 장로교회 출신이었다. 이러한 결과들은 해외선교에 대한 칼빈의 영향력을 인정한

---

104) Charles E. Edwards, "Calvin and Missions," 47-51.

105) J. van den Berg, "Calvin's Missionary Message: Some Remarks About the Relation Between Calvinism and Missions," 186.

106) De Waard, "The Reformers and Mission," 6.

다.[107] 워필드(B. B. Warfield)는 칼빈주의에 대하여 "칼빈주의는 모든 국내 및 해외 선교 사역에 있어서 탁월한 촉진제 역할을 했음이 증명되었다"[108]고 평가했다. 그러므로 어느 누구도 칼빈이 선교적 신앙과 신학을 가지고 있다는 사실에 대해 부정할 수 없을 것이다.

500년 전 선교를 위하여 수고한 칼빈의 노력은 지금까지 현실로 나타났다. 칼빈이 정립한 인간의 죄와 하나님의 은혜에 관한 교리는 선교의 필요성이 제기될 때마다 그 의미를 분명하게 조명하고 있다. 택자의 마음 안에 심어져 있는 복음의 진리를 타민족(백성)에게 전하여 구원을 이루는 선교사역을 감당케 하는 능력은 과거나 지금이나 성령이 공급하신다. 전도와 선교사역은 성령의 역사로 인해 이루어진다. 칼빈의 인생과 사역 그리고 칼빈 이후 그의 가르침을 따라 함께 주의 길을 걸어간 수많은 주의 백성들을 통해 구속운동이 끊임없이 이어지고 있음에 대하여 주님께 감사드린다.[109]

---

107) Keith Coleman, "Calvin and Missions" in *WRS Journal* 16:1 (February 2009), 32

108) Ibid.

109) Ibid., 32

한국전쟁과
한국 교회

상세 목차

I. 서론

우리 한국인에게는 6·25전쟁으로 기억되고, 한국 밖에서는 일반적으로 한국전쟁으로 불리는 이 전쟁은 남과 북의 동족상잔, 세계 힘의 불균형으로 인한 국지 전쟁, 이데올로기 전쟁, 냉전으로 인한 전쟁 등 여러 가지로 지칭되고 있다. 본 글에서는 우리 민족이 67년 전에 겪은 이 전쟁을 객관적 자료를 토대로 정리하고[1], 성경적 차원에서 분석하고자 한다. 특히 이 세상에 하나님의 섭리를 벗어난 사건은 존재할 수 없으므로[2], 이 전쟁을 통하여 하나님께서 뜻하시는 바가 무엇인지를 성경 말씀을 통하여 알고자 한다. 더 나아가 우리 한국 크리스천들의 나아갈 길, 교회가 나아가야 할 길을 알고자 한다. 다시 말하면, 비록 한반도에서 발생한 전쟁이지만 하나님의 크신 경륜 안에서 허용된 전쟁이기에, 한국인뿐만 아니라 세계인들에게 전하는 메시지를 찾고자 한다. 그런 의미에서 본 글에서는 6·25전쟁 대신 한국전쟁이라는 표현을 쓰고자 한다.

한국전쟁은 1950년 6월 25일 새벽 4시 북한군의 남침으로 인하여 발발한 전쟁이다. 1953년 7월 27일 휴전 협정이 체결되기까지 3년간의 전쟁 동안 한반도에서 5백만 명 이상의 사상자가 발생하였으며, 대부분의 산업시설들은 파괴되었다. 휴전 이후에도 남북 간의 적대적 감정이 팽배하여 한반도 분단은 더욱 고착화되면서, 세계 유일의 분단국가로 남아 있다. 한반도는 휴전선을 사이에 둔 휴전 상태에 있으며, 1953년 휴전 이후 한국과 북한 간에 크고 작은 국지적 분쟁은 끊이지 않고 있다. 최근 2010년 3월 26일 서해 연평도 지역을 순항하던 한국 해군의

---

1) 인류 역사는 전쟁의 역사라고 할 수 있으며, 따라서 전쟁의 원인, 전쟁을 일으킨 자, 전쟁의 결과 등을 분명히 기록하고 있다. 그 역사 자체가 사실이기 때문에 아무도 이의를 제기하지 않는다. 그런데 자신이 일방적으로 공격한 대상으로부터 오히려 침략을 받았다고 주장하는 나라는 오직 북한의 공산정권뿐이다. 한국전쟁은 북한의 김일성이 구소련 스탈린과 중공 모택동의 지원을 받고 도발한 남침이라는 것은 역사적 사실이다. 한국전쟁의 주동자는 김일성이었고, 설계자는 스탈린이었으며, 협력자는 모택동이었다.
2) 웨스트민스터 신앙고백서 5장 "섭리에 관하여."

천안함(1,200톤급 초계함[3])을 북한의 잠수함이 어뢰로 공격하여 46명의 해군 장병들이 산화하였다.

한국전쟁이 종전된 지 5년 후에 태어난 필자는 전쟁 후의 파괴와 가난과 어지러운 사회에서 힘들게 사는 부모 세대의 모습을 보면서 성장하였고, 그 시대의 모습이 아직도 눈에 선하다. 한국인으로서 크리스천으로서 마음속 깊이 간직하고 있었던 질문은 아래와 같다.

1. 하나님은 왜 무신론 공산주의를 통해 한국에 고난을 주시는가?
2. 하나님은 한국(교회)에게 무엇을 요구하시는가?

---

3) 초계함은 대체로 연안 경비 및 초계임무(적의 공습을 대비하여 경계하는 임무)를 수행하며 해상 상태가 비교적 평온한 상태에서만 작전할 수 있는 배수량(排水量) 1,000톤 내외의 작은 군함이다. 한국 해군은 공해상 부근의 해상 경계에 초계함을 주로 배치하고 있다.

II. 한국전쟁[4]

1. 배경

한민족은 5천 년의 역사 속에서 하나의 언어와 문화적 전통을 지닌 통일 민족국가로 발전하였다. 그러나 19세기 근대 자본주의 국가로 발전한 주변 강대국들이 식민지 쟁탈전을 전개함으로써 한반도는 위기에 처하게 되었다. 한반도는 동북아의 전략적 가치 때문에 주변국들에게 침략의 대상이 되었다. 북으로는 중국과 소련, 동으로는 일본, 서로는 중국과 각각 인접하는 곳에 위치한다. 한반도는 대륙과 해양세력의 이해가 상충하는 전략적 교차점에 해당하므로 항상 이들 주변국들의 각축장이 되어 왔다. (1) 소련은 블라디보스토크에 해군기지를 설치하여 극동 남진정책을, (2) 일본은 명치 왕정복고를 이룩한 후 국제적 고립을 벗어나기 위해 아시아 대륙에서 영토 확장을, (3) 중국은 역사적으로 계속되던 한반도와의 관계를 유지하려 했다. 이로부터 시작된 중국, 일본, 소련 간에 일어난 아시아 주도권 쟁탈전은 누가 한반도에 더 많은 영향력을 행사하는가의 양상으로 나타났다.

1945년 8월 15일 일본의 무조건 항복으로 제2차 세계대전이 끝을 맺게 되자, 일제강점으로부터 한민족의 자주독립에 의한 새 역사의 꿈은 마침내 실현되는 듯하였다. 그러나 종전과 함께 표면화되기 시작한 미·소 간의 견해 차이는 한국 문제에 큰 그림자를 던졌다. 1945년 일본의 제국주의가 무너지고 어두운 힘의 공백 상태가 조성되었다. 즉 독일과 일본의 통치로부터 해방된 국가들은 미·소의 이해관계가 상충되는 지역으로 변화하게 되었으며, 한반도도 예외는 아니었다(참조. 일본군의 항복과 무장해제를 위해 미·소 간에 설정한 일본의 항복 접수 지역도).

---

4) 한국전쟁에 관한 자료의 객관성을 위하여 다음 3개의 자료를 요약한 내용이다. (1) 국가기록원, 6·25전쟁. theme.archieves.go.kr/625/viewMain.do ; (2) http://en.wikipedia.org/wiki/Korean_War ; (3) http://ko.wikipedia.org/wiki/%ED%95%9C%EA%B5%AD_%EC%A0%84%EC%9F%81.

일본 항복 접수 지역도

가. 광복 전 한반도 관련 주요 사건

(1) 1943년 11월 27일, 카이로 선언
- 제2차 세계대전 발발 후 일본에 대한 미·영·중 3개 연합국 최초 전략 토의
- 연합국은 승전하더라도 자국(自國)의 영토 확장을 도모하지 않을 것
- 제2차 세계대전 후 일본이 타국으로부터 약탈한 영토 반환 요구
- 한국을 자유독립국가로 승인할 것을 결의

(2) 1945년 2월 11일, 얄타회담
- 미·영·소 3국의 전후처리문제 협의
- 소련의 대일참전 및 극동지역에서의 소련 권리 회복 약속

(3) 1945년 8월 9일, 대일선전 포고한 소련군이 만주와 한반도로 이동

(4) 1945년 8월 10일, 일본의 무조건 항복

- 38선 이북(以北)은 소련군이, 이남(以南)은 미군이 각각 일본군의 항복과 무장해제 담당

    한반도를 분할하는 편의적 기준선으로 38도선을 삼아 전후 처리한 미국의 방침과 한반도에 위성국가를 건설하려는 소련의 계획적 공작으로 한반도는 38도선을 경계로 분단되었다. 그리하여 남에는 자유민주주의의 대한민국이, 북에는 공산정권의 조선민주주의인민공화국이 수립됨으로써 민족과 국토가 분단되었다.

나. 광복 후 남·북한의 정세

북한	남한
• 1945년 8월 말, 소련군이 북한 전역 장악 및 공산화 추진(8월 13일 청진, 8월 22일 평양)	• 1945년 9월 4일, 미 24군단 도착(김포, 인천)
• 1945년 10월 14일, 김일성 등장	• 1945년 9월 7일, 맥아더 미극동군사령관이 남한에 군정 선포
• 1946년 2월 8일, 북조선 임시인민위원회 구성: "확보된 지역에서 공산주의 구축"	• 1948년 5월 10일, 유엔한국임시위원단의 감시 아래, 제헌국회 구성을 위한 총선거 실시
• 1948년 9월 9일, 조선민주주의 인민공화국 수립 선포: "단일 민주주의 국가와 조국통일과업을 제1차 목표로 삼는다"	• 1948년 8월 15일, 대한민국 정부 수립 선포 • 1948년 12월, 대한민국 정부기능 인수

    여기서 주목할 점은 북한도 "민주주의"라는 표현을 사용하지만, 이는 언어혼란전술의 하나임을 잊지 말아야 한다.

1948년 한반도에 남한과 북한이 각각 수립됨으로써 남·북 간의 긴장과 갈등은 고조되었다. 북은 최고인민회의 간부회의를 통하여 북한에 있는 소련군과 남한에 있는 미군의 즉각적인 철수를 요구하였는데, 이는 무력으로 남을 공격하여 적화통일을 이루기 위한 술책이었다. 빠른 시일 내에 미군을 한반도로부터 철수시킴으로써 남한 지역에 대한 미국의 영향력을 감소시켜 힘의 불균형을 조성한 후, 한반도를 공산화하기 위한 전략적 포석이었다.[5] 소련군은 1948년 12월 시베리아로 철수하였으며, 미군은 이듬해 1949년 6월 29일 남한 정부의 반대에도 불구하고 479명의 군사고문단만 남기고 철수하였다.[6]

다. 소련의 적극적인 북한 지원

제2차 세계대전의 종전과 함께 소련이 유럽에서 공산세력 확대에 주력하는 한편, 중공은 아시아에서의 주도권을 장악할 때까지 조용히 정세를 관망하면서 한반도의 적화통일을 위한 시기를 기다렸다. 1945년 8월 소련의 북한 주둔은 장차 한반도의 적화통일과 남진정책을 위한 군사기지를 확보하는 공산기지화 정책을 추구하기 위한 것이었다. 소련의 북한 점령정책은 북한 지역에 소련식 공산정권을 토착화하기 위한 김일성 중심의 체제 형성에서부터 시작되었다. 소련은 북한으로 진주한 후, 북한 내 민족주의 인사를 숙청하였다. 1946년 2월 8일 북조선인민위원회를 조직하였으며, 1948년 2월 8일 최신 소련장비로 무장한 인민군을 창설하는 등 적화통일을 위한 체제와 무력을 갖추기 시작하였다.

---

5) 지리적인 위치를 고려할 때, 소련은 북한과 인접하여 신속하게 북한을 지원할 수 있는 반면, 미국은 태평양을 건너야 하므로 남한을 지원하는 데 있어서 많은 기간이 소요됨을 노린 것으로 판단된다. 이에 따라 북한이 남침하여 미군이 증원되기 전에 전쟁을 종결시키려고 했던 것이 한국전쟁의 기본방향이라고 판단된다.

6) 1947년 10월 소련은 유엔총회에서 미·소 양국 군대를 1948년 초 동시에 철수하자는 안을 제안하였다. 1948년 9월 12일 북한은 최고인민위원회의 간부회의에서 남북한 점령군의 조속한 동시 철수를 촉구하는 호소문을 채택하여 미국과 소련측에 각각 발송함으로써 소련측의 철수 주장에 명분을 실어 주었다.

북한 정권 수립 이후 북한군의 근대화와 전력보강 작업에 착수하였던 소련의 스탈린은 1949년 3월 모스크바를 방문한 김일성과 함께 북한군의 전력화를 구체화하였다. 1950년 4월 다시 비밀리에 모스크바를 방문한 김일성과 함께 남침계획을 구체적으로 공모하였다.[7] 공개된 구소련의 문서에 의하면, 당시 스탈린은 미국과의 마찰을 우려하여 무력 공격을 기피하였으나, 김일성과 모택동은 대한민국을 무력으로 침략하는 데 매우 적극적이었다. 스탈린은 북한에 강력한 군사원조를 하고 있었지만, 북한이 미국과 대한민국을 상대로 공격하는 것은 시기상조로 판단하였다. 김일성이 수차례 스탈린을 설득하여, 결국 중공이 전쟁원조를 하는 조건으로 김일성의 남침을 승낙받았다.

라. 미국의 소극적인 남한 지원

소련의 적극적인 북한 지원에 반하여, 미국의 한반도 정책은 1947년 미·소 공동위원회의 결렬과 중국 대륙의 국공 간의 사태발전을 계기로, 한국문제와 함께 동북아지역의 전반적 상황을 재검토하였다. 그 결과 종전 후 급속한 감군과 국방예산의 감축으로 미군 전체 지상병력이 부족하게 된 미국은 1947년 5월부터 주한 미군의 철수를 거론하기 시작하였다. 1949년 6월 미군 철수 이후, 날로 심화되어가는 남·북한 군사력 불균형과 북한의 남침 징후에도 불구하고, 미국은 한국군의 증강과 군사원조에 매우 소극적이었다. 이것은 북한의 군사력을 현저하게 증강시킨 소련의 군사정책과 매우 대조적이었다.

당시 미국은, 한반도에서 소련이나 북한이 남한에 대해 간접적인 침투나 교란 활동을 할 수는 있어도 전면적인 무력침공은 불가능한 것으로 낙관하였다. 더구

---

7) 1949년 8월 29일 소련의 원자폭탄 실험 성공과 10월 1일의 중국대륙의 공산화(중공정권 등장)는 제2차 세계대전 이후 한반도를 둘러싼 극동지역의 힘의 균형이 전환점을 맞게 하였다. 공산세력은 극동지역에서 새로운 팽창의 계기를 마련하게 되었으며, 아시아지역에 대한 미·소 대립 면에서 소련의 지위는 더욱 강화되었다.

나 미국은 중국 문제에 대한 불간섭원칙을 견지하면서 일본열도를 미국의 전략적 방어선으로 하는 공산세력의 팽창 저지 방안을 모색하였다. 즉 중국 문제에 관한 불간섭과 일본열도의 확보라는 전략개념 아래, 1950년 1월 12일 애치슨 미 국무장관은 한반도가 제외된 미국의 극동방어선인 애치슨라인을 발표하였다.

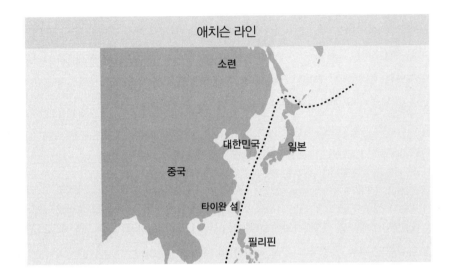

마. 남·북 정세

남·북의 정세는 여러 측면에서 상호 상반된 방향으로 전개되었다. 북한에는 소련의 비호 아래 실권을 장악한 공산당이 북한 사회를 철저하게 공산조직으로 체계화시켰다. 김일성은 일당 독재의 반대파(애국자, 종교인, 기업인을 포함한 상당수의 북한인)의 철저한 숙청을 통해 북한에서의 정치적 입지를 강하게 다졌다. 반면 남한은 공산주의 활동을 허용함으로써 정국이 좌익과 우익으로 분열되었고, 잇단 폭동사건으로 민심의 동요가 극에 달하였다. 박헌영의 좌익정당, 김구의 국내파 민족주의 독립운동가들, 이승만의 해외파 지식인 독립운동가들을 중심으로 하는 여러 개의 정당이 난립하여 심각한 정치적 사회적 문제에 직면하게 되었다.

북한은 모든 주민들에게 한반도 적화통일 사상을 주입시켜 전쟁을 미리 준비하고 있었다. 경제적인 측면에서도 모든 산업을 국유화하여 산업시설을 복구하고, 생산을 증가하기 시작하였다. 1948년부터 2년간의 경제개혁을 착수하여 산업증산에 박차를 가함으로써 남침에 필요한 준비에 주력하였다. 남한은 공산주의 좌익세력의 남한 내에서의 활동 간과와 미성숙한 민주정치의 국론 분열로 인하여 사회가 혼란에 빠졌다.

1949년 9월 12-13일 툰킨(G. I. Tunkin, 평양의 소련 외교대표단 대표)은 김일성과 박헌영(남한지역 공산당활동 지도자. 1950년대 초 월북하여 북한 외무장관 겸 부수상. 이후 일본과 미국의 스파이 혐의로 총살형)을 만났다. 툰킨은 "북한이 전쟁을 개시하기에는 매우 적절하지 않은 시기"라고 규정하였다. 북한측은 충분하고 강력한 상비군을 보유하고 있지 않았기 때문이다.[8] 그러나 툰킨의 보고 자료에 의하면, 김일성의 판단은 아래와 같았다.

(1) "김일성 등은 전쟁이 발발하면 남한 국민은 북한에 우호적으로 접근하여 그들이 남한에 진입할 경우, 지원을 아끼지 않을 것이라는 생각을 가지고 있었다. 또한 최초의 군사작전이 성공하면 김일성은 남한 전 지역에서 다수의 무장봉기가 발생할 것으로 기대하고 있었다."[9]

(2) "빨치산 진압작전 때문에 군과 경찰에 손실이 발생하고 있다…노동당 지령에 의거 국회의원은 국회에서 남한 정부와 미국의 한반도 정책의 권위를 실추시키는 여러 가지 요구를 제기하고 있다. 한반도에서의 미군 철수 요구, [남한]정부에 대한 불신임 결의, 전 각료의 사임요구를 표명하는 62명의 의원에 의한 청원서는 이와 관련되어 있다…미국은 남한정부의 권위실추와 정국 불안정이 국민들 사이에 광범위하게 퍼져나가는 것을 간과하고 있으며 정부에 대한 국민의 지지를

8) Torkunov, Anatoly. 『한국전쟁의 진실: 기원, 과정, 종결』 (The War in Korea 1950-1953: Its Origin, Bloodshed and Conclusion). 허남성, 이종판 역, 국방대학원 안보문제연구소(2002), 404.

9) Ibid., 54.

불러일으킬 수 있는 각종 조치를 강구하고 있다"[10]

1950년 3월 30일부터 4월 25일까지 김일성과 수행원은 모스크바에 체재하였다. 김일성은 이 방문 기간 중에 세 번에 걸쳐 스탈린과 회담을 했다. 1950년 4월 스탈린과 김일성의 모스크바 회담 관련 자료 사본을 읽은 토르쿠노프(Torkunov)는 이에 대한 주요 결과를 아래와 같이 정리하였다.

(1) 스탈린은 국제정세는 변하고 있으며, 한반도 [적화]통일을 위하여 보다 적극적인 행동을 취할 수 있게 되었다고 말했다. 중국과 소련이 동맹조약을 체결하고 있는 지금 미국은 아시아의 공산주의자를 자극하려고 하지는 않을 것이다.

(2) 김일성은 소련과 중국이 동맹을 체결한 모습을 지켜본 미국이 함부로 큰 전쟁에 개입하는 위험한 모험을 저지르지는 않을 것이라고 의견을 피력하였다. 또한 김일성은 "우리의 남침공격은 빨치산을 돕는 결과가 되고, 이어서 빨치산활동이 더욱 격렬해지면 남한당국에 대한 봉기가 일어나고 봉기에는 공산당원 20만명이 참가할 것"이라고 소련지도자들에게 호언장담했다.

(3) 양자는 1950년 여름까지 북한군을 총동원하기로 결정했다. 그 시간에 북한군 총참모부는 소련 군사 고문의 도움을 받아 상세한 공격계획을 작성하고 있었다.[11]

바. 남·북 군사력 차이

이 같은 남·북 간 정치와 경제의 격심한 이질성과 격차가 나타나고 있는 가운데, 1948년 말부터 북한은 군사력 증강에 착수하였다. 이때부터 북한은 소련제 전차와 기계화 부대를 중점적으로 편성하기 시작하였다. 아울러 1949년 초부터는 수시로 38도선 일대의 국군(남한) 진지를 공격하여 탐색전을 벌이기도 하였다. 그

---

10) Ibid., 59-61.

11) Ibid., 84-86.

러나 북한군이 전면 남침을 할 수 있을 정도로 군사력이 증강된 것은 1949년 7-8월부터 소련 장비들이 대규모로 들어오기 시작하고, 중공 팔로군(八路軍)중 한인 출신인 '조선의용군' 3개 사단과 1개 연대, 약 4만 4천 명이 입북하였기 때문이다.

날로 심화되어 가는 남·북 군사력 불균형에도 불구하고, 미국은 한국군의 현대화와 군사력 증강의 요구에 대하여 미온적인 입장을 취하고 있었으며, 군사원조도 지나치게 소극적이었다. 미국은 육군 병력 6만 5천 명을 기준으로 한 소요장비와 소수의 해군 함정을 지원하였으며, 479명의 미 군사고문단을 설치하였을 뿐이었다. 따라서 한국군은 현대전 수행을 위한 필수 장비인 전차나 대전차무기도 보유하지 못한 상태였다. 더구나 1948년 말 이후 남한의 각처에서 출몰하는 공비를 토벌하기 위하여 많은 병력이 전국에 분산되고 말았다. 그 결과 남한의 군사력은 북한에 비해 매우 취약한 상태에 직면하게 되었다.

2. 경과

가. 북한의 전쟁 준비

한국전쟁은 김일성이 구소련 스탈린과 중공 모택동의 지원을 약속받고 도발한 남침이었다. 이는 대한민국과 미국의 기록, 공개된 구소련의 비밀문서에 의해 증명되었다. 소련 공산당 흐루쇼프(Nikita Khrushchyov) 제4대 서기장(1955-1964)은 자신의 회고록에서 한국전쟁은 김일성의 계획과 스탈린의 승인으로 시작되었다는 점을 밝혔다. 베일에 싸여 있던 한국전쟁 관련 비밀문서가 소련의 붕괴 이후 공개되면서, 한국전쟁의 원인은 남조선노동당 박헌영의 설득을 받은 북한의 김일성이 전면적 남침계획을 세우고, 스탈린의 재가를 얻어 개시된 것으로 밝혀졌다.

(1) 소련, 김일성의 군사지원 요청을 90% 이상 들어주다

"스탈린이 김일성의 남침계획을 승인한 1950년 4월 회담 이후, 북한의 남한에

대한 전면적인 공격준비는 급속하게 진척되었다. 북한은 장교, 항공기 조종사, 전차 승무원 양성의 강화를 열망하였으며, 이러한 모든 계획을 실행에 옮기기 위하여 평양은 소련으로부터 충분한 무기와 탄약의 공급을 절실히 필요로 하고 있었다. 김일성의 요청은 매우 다양했으나, 스탈린은 그 요구사항의 90%를 승인해 주었다…북한 정부는 '소련 정부가 출범한 지 얼마 되지 않은 우리나라[북한]의 곤란한 상황을 감안하여 가급적 빠른 시일 내에 모든 군원물자 수송을 완료해 줄 것을 요망한다'는 요청을 하였다…첨부된 문서에는 해군, 공군, 보병, 전차부대 등과 관련된 수백 장의 작전계획 투명도(부대배치 및 공격출발진지의 지도상 위치 표시)가 포함되어 있었다."[12]

(2) 조선의용군 입북

한국전쟁을 앞두고, 김일성의 요청과 모택동의 지시에 의해 중국 공산당의 팔로군(八路軍) 중 한인 출신인 '조선의용군' 3개 사단과 1개 연대, 약 4만 4천 명을 입북시켰다(아래 도표 참조).

입북일	입북한 중공군 소속	특성	병력수	조선인민군 소속
1949. 7. 20	팔로군 4야전군 55군단 164사단	만주지역에 주둔하던 한인으로만 구성된 단일부대	10,821명	조선인민군 5사단으로 개편
1949. 7. 20	팔로군 4야전군 55군단 166사단	한중혼성부대를 조선의용군으로 개편	10,320명	조선인민군 6사단으로 개편
1950. 4월	팔로군 156, 139, 140, 141사단	4개 사단의 한인들을 모아 입북	약 14,000명	조선인민군 7사단 창설, 이후 12사단으로 변경
1950. 4월	중국인민해방군 내 한인들	개인적으로 복무 중인 한인들을 모아 편성	-	오토바이 1개 연대
계	3개 사단과 1개 연대		약 44,000명	

---

12) Ibid., 102-105.

1950년 1월 11일, 평양주재 소련대사 쉬티코프(Terentii Shtykov) 육군대장이 모스크바에 보낸 전문에는 이런 문장이 있다. "김일성은 중국정부에 대하여 당장은 북한지역에 이 부대들을 주둔시킬 수 없기 때문에 1개 사단과 2개 보병연대를 1950년 4월까지 중국 국내에 머물게 해줄 것을 요청할 생각이다."[13]

나. 전쟁 경과

북한은 한국전쟁을 준비하는 데 있어서 남한의 정보를 상당 부분 알고 있었다. 특히 평양에서 발견된 북한군 정보문건에 의하면, 대한민국 각 행정 소재지의 군(郡) 단위까지 1950년도 쌀과 보리 등의 모든 농작물 예상 수확량이 세밀히 기록되어 있었다. 북한군은 이러한 세부 정보를 바탕으로 대한민국에서 1년간 확보할 수 있는 식량의 규모(공출량)를 계산하였다. 여기에는 모든 종류의 주식과 주식이 아닌 깨까지 군(郡) 단위별로 예상 수확량(공출량)을 책정하였다. 북한은 한국전쟁을 준비함에 있어서, 이 정도까지 치밀하게 계획을 하고 있었다. 그리고 당시 남한에 거의 전무했던 전차를 확보하였으며, 일제시대에 개설된 도로의 폭을 2배 이상 넓히기까지 하는 등 철저한 준비를 하였다. 반면에 남한은 한국전쟁 하루 전날 병사들을 휴가 보내는 등 너무나도 허술하였다. 북한의 남침 전쟁을 위한 정보수집이 가능했던 이유는 당시 남한에 있는 남로당 등 불순세력이 남한에서 자유롭게 활동할 수 있었기 때문이다.

(1) 남·북한 군사력 비교(1950년 기준)

1950년 6월 당시 남한과 북한의 전력은 전투병력면에서 1:2, 주요무기면에서는 1:2로부터 1:8까지 북한이 절대 우세를 보였다. 특히 북한은 소련제 T-34전차 242대와 전투기 170대를 보유한 반면에 남한은 전차와 전투기는 없었고, 단지 연

---

13) Ibid., 93.

습기 20대만을 보유하고 있었다. 포병전력도 거의 1:7로 약세하였으며, 포탄마저 부족하였다. 국군(남한) 전체가 겨우 15일간의 전투지속능력만 보유하고 있다했지만, 실상은 더욱 심각하여 개성–문산 축선을 방어하던 1사단이 전투 하루 만에 포탄이 바닥나 버렸다. 한마디로 남·북한의 전투력 비교는 전력지수를 활용하여 분석하지 않더라도, 북한의 전투력 우위가 확실하였다(아래 도표 참조).

구분	남한	북한	비교
장갑차	27대	54대	1:2.3
전차	0대	242대(T-34)	0:242
곡사포	105미리 91문	122미리 172문 76.2미리 곡사포 176문 76.2미리 자주포 242문	1:6.7
대전차포	57미리 140문*	45미리 550문	1:3.9
박격포	60미리 576문 81미리 384문	61미리 1,142문 82미리 950문 120미리 226문	1:2.4
함정	경비함 28척 기타함정 5척	경비함 30척 보조함 80척	1:3.3
군용기	연습기/연락기 22대	전투기/전폭기/기타 등 170대	1:8.5
육군병력	96,140명(보병 8개 사단, 해병 1개 부대, 지원부대 등)	191,680명(보병 10개 사단, 전차 1개 여단, 기계화부대, 경비대, 특수부대 등)	1:2
해군병력	6,956명	4,700명	1:0.5
공군병력	1,897명	2,000명	1:1.1
총병력	105,752명	198,380명	1:1.9
전투경험	대부분 없음(신병)	팔로군 출신 한인 중 일부 국공내전 경험	

*T-34전차를 제압하기 위한 57미리 대전차포는 T-34 전차를 격파시킬 수 없는 무기로 판명되었다. 최초 미군은 한국군의 훈련 부족이라고 평가하였지만, 스미스 대대가 오산 전투에서 패배한 결과를 보고, T-34 전차를 제압할 수 있는 무기가 없음을 인정하게 되었다.

(2) 북한군의 서울 점령

> 1950년 6월 8일 남한에서 연대장과 사단장에 대한 대대적인 인사조치가 있었다. 그리고 6월 23일 전방부대의 비상경계태세가 해제되면서 장병의 1/3에 대한 외출 및 휴가 조치가 이루어졌다. 6월 24일 저녁에는 육군본부 장교클럽이 개관되었는데, 주요 지휘관이 대거 참석하였다. 단지 6사단만이 전방의 사태를 감안하여 사단장의 명에 의거, 외출 대신 경계태세를 유지하였다. 이에 이형근 장군은 자신의 저서 "군번 1번의 외길 인생"에서 한국전쟁 초기의 10대 불가사의를 제기하며, 군 지휘부 안에 적(북한)과 내통한 자가 있다고 주장하였다.
>
> 1949년 9월 12-13일, 평양의 소련 외교대표단 대표 툰킨은 김일성과 박헌영과의 대담 결과에 대해 이렇게 남겼다. "북한군은 남한군 전 부대에 걸쳐 간첩을 배치해 놓고 있으나, 이러한 요원들이 전면전이 발생했을 때 남한군을 내부로부터 붕괴시킬 수 있을지 여부는 단언할 수 없다"(토르쿠노프, 『한국전쟁의 진실: 기원, 과정, 종결』, 52).

6월 25일 새벽 4시 북한군은 242대의 소련제 T-34전차와 SU-76자주포를 앞세우고 전면공격을 하였다. 단 한 대의 전차도 없으며, T-34전차를 격파할 수 있는 대전차무기도 없는 무방비 상태에서 공격을 당한 국군은 북한군에게 밀려 후퇴하였다. 전차의 위력 앞에 많은 국군 장병들은 전의를 상실하였으나, 그냥 바라보고만 있지 않았다. 화염병을 들고 또는 박격포탄을 메고 북한군 전차를 향해 달려들었다. 감히 대적할 상대가 없을 것이라고 방심하여 해치를 열어놓은 채 진격하던 북한군 전차에 올라타 전차의 내부에 화염병을 던지고, 포탄을 등에 맨 채 육탄으로 전차를 향해 돌격하여 산화한 용사도 있었다. 그러나 이러한 헌신의 노력으로도 사전에 철저히 준비된 북한의 남침을 막지는 못했다.

전쟁이 발발하기 전에도 소규모의 충돌이 여러 번 있었기 때문에 북한의 남침이 시작되었는데도 남한 국민은 크게 놀라지 않았다. 그러나 잠시 후 군용차가 거리를 질주하며 "3군 장병들은 빨리 원대 복귀하라"는 마이크 소리가 소란해지기 시작하였다. 오전 7시가 지나서야 북한군 침공에 대한 방송이 전해졌지만, 특별한 내용 없이 "장병들은 누구를 막론하고 빨리 원대 복귀하라"는 공지방송만이 반복되었다.

6월 26일 새벽 3시, 이승만 대통령은 동경에 있는 미 극동군 사령관 맥아더 장군에게 전화로 도움을 요청하였다.[14] 그리고 워싱턴의 장면 대사를 불러 트루먼 미국 대통령의 즉각적인 군사지원을 독촉하라고 지시하였다.[15] 6월 27일 새벽 2시 이승만 대통령은 대전행 특별열차를 타고 대전으로 내려갔다. 서울 시민들은 북한군이 미아리 고개까지 쳐들어 와서야 대피하기 시작하였다. 6월 27일 저녁 서울 근교까지 밀어닥친 북한군과 국군은 육박전을 하였으나, 전세가 워낙 불리하여 남한은 정부를 대전으로 옮겼다.

6월 28일 새벽 2시 30분경 북한군이 한강을 넘어서 진격할 것을 우려하여, 아무런 예고 없이 한강에 있는 유일한 한강철교를 폭파하였다. 이 폭파로 50대 이상의 차량이 물에 빠지고, 최소 5백 명이 죽었다. 서울 시민 144만 6천여 명 가운데 북한군이 서울을 점령하기 전에 서울을 빠져나간 사람은 약 40만 명뿐이었다.

6월 28일 새벽 북한군의 전차가 서울 중앙에 목격되었다. 그런데 북한군은 전세가 유리함에도 불구하고, 6월 30일까지 한강을 건너지 않았다. 추측 가능한 이유는 (1) 춘천전투의 패전으로 한국군 주력에 대한 포위계획 실패(당시 한국군 6사단의 방어 성공)[16], (2) 도하장비 부족, (3) 전쟁 발발 시 남로당 박헌영과 20만 명의

---

14) 프란체스카 도너 리, 『6·25와 이승만: 프란체스카의 난중일기』 (서울: 기파랑), 2010, 23-24. "오늘 이 사태가 벌어진 것은 누구의 책임이오? 당신 나라에서 좀 더 관심과 성의를 가졌다면 이런 사태까지는 이르지 않았을 것이오. 우리가 여러 차례 경고하지 않습니까? 어서 한국을 구하시오"라며 무섭게 항의했다.

15) Ibid., 24. "장 대사! 트루먼 대통령을 즉시 만나 이렇게 전하시오. 적은 우리 문전에 와있다고. 미 의회가 승인하고 트루먼 대통령이 결재한 1천만 달러 무기지원은 어떻게 된 것이오?"라며 강력하게 요청하라고 지시하였다.

16) 6월 23일 비상경계태세가 해제되고, 토요일을 이유로 전방부대 병력의 1/3 병력이 외출 또는 휴가 조치되었다. 그러나 6사단만은 사단장의 단독 명령에 의하여 외출이 금지되고 병력이 그대로 전선을 지켰다. 이러한 6사단의 방어 성공으로 북한군의 최초 포위 섬멸계획은 이루지 못하였다.

남로당원이 공산주의로 봉기하여 남한의 체제가 조기에 붕괴될 것이라고 기대한 것 등이다.

북한군이 서울을 점령하자, 이승만 대통령은 대전에서 3일간을 머무른 다음, 7월 1일 새벽에 열차편으로 대전을 떠나 이리에 도착하였다. 7월 2일에는 다시 목포에 도착하였고 배편으로 부산으로 옮겼다. 그리고 7월 9일에는 대구로 옮겨 갔다.

(3) 미국의 신속한 대응

한국 정부는 북한의 전면남침전쟁이 일어나자, 주미 한국대사에게 긴급 훈령을 내려 미 국무부에 사태의 긴급성을 알렸다. 당시 소련의 지원을 받을 수밖에 없는 상황에서 일어난 북한의 남한 침략이 유엔과 미국의 권위를 위협하고 있었기 때문에, 미국은 극동과 일본에서 미국의 국익을 위해 단호한 조치를 취해야 한다는 데 의견의 일치를 보았다.

미국의 입장

1. 한국에 대한 공산 침략을 방관하지 않겠다.
2. 한국 정부를 탄생시킨 유엔을 통하여 대처하겠다.
3. 향후 같은 종류의 공산침략 행위를 예방하며, 한국 정부를 탄생시킨 미국과 유엔의 권위에 대한 직접적인 도전을 결코 용납할 수 없다.

이에 6월 26일 오전 4시에 유엔 안전보장이사회가 소집되었으며, 미국의 제안을 받아들여 "북한군의 즉각적인 침략 중지 및 38도선 이북으로의 철수"를 요구하는 결의안을 채택하였다. 유엔은 결의안을 북한에 통고하였으나, 북한은 이에 응하지 않았다. 이어서 유엔 한국 임시위원단은 "북한이 유엔의 결의안을 준수할 가능성이 전혀 없으며, 조기에 한국 정부가 전복될 수 있다"는 보고서를 제출하였다. 이에 유엔 안보리는 "그들[북한]의 침략을 격퇴하기 위해 모든 지원을 제공하자"는 내용의 6·26결의안을 통과시켰다. 6·26결의에 따라, 미국의 육·해·공군이

본격적으로 참전하게 되었다.

6월 27일 다시 안전보장이사회를 열어 "회원국들에게 북한의 군사공격을 격퇴하고, 그 지역의 국제평화와 안전을 회복하는 데 필요한 원조를 남한에 제공할 것"을 결의하였다. 이날 트루먼 미 대통령은 맥아더 장군에게 "한국에 대한 해·공군의 지원을 즉각 개시하라"는 명령을 내렸다. 6월 29일 맥아더 장군은 비행기로 하네다에서 수원으로 와 한강 방어선 지역을 시찰하고 미국에 지상군 투입을 요청하였다.

이에 미국을 비롯한 영국, 프랑스, 콜롬비아, 터키 등 전투부대 16개국, 의료지원부대 5개국, 물자지원 20개국의 회원국들이 유엔군을 조직하여 한국전쟁에 참전하게 되었다.

구분	국가
전투부대 (16개국)	미국, 영국, 오스트레일리아, 네덜란드, 캐나다, 뉴질랜드, 프랑스, 필리핀, 터키, 태국, 그리스, 남아프리카공화국, 벨기에, 룩셈부르크, 콜롬비아, 에티오피아
의료지원부대 (5개국)	스웨덴, 인도, 덴마크, 노르웨이, 이탈리아
물자지원 (20개국)	아르헨티나, 볼리비아, 브라질, 칠레, 코스타리카, 쿠바, 에콰도르, 엘살바도르, 아이슬란드, 이스라엘, 레바논, 리베리아, 멕시코, 니카라과, 파키스탄, 파나마, 파라과이, 페루, 우루과이, 베네수엘라
계	41개국

그 동안 대전까지 내려온 북한군은 호남, 경북 왜관(낙동강), 영천, 포항 등으로 육박하였다. 한국은 다시 정부를 부산으로 이동하였으며, 한국군은 맥아더 유엔군사령관의 지휘 하에 편입되었다. 그리고 낙동강선을 최후 방어선으로 결정하고 반격작전에 돌입하였다.

6월 30일 투루먼 미 대통령은 맥아더 장군에게 지상군 투입과 38선 이북의 군사

목표를 폭격할 수 있는 권한을 부여함에 따라, 7월 1일 미 육군 24사단 21연대(스미스 부대)가 부산에 상륙하였다. 7월 5일 스미스 부대는 오산 북쪽 죽미령에서 북한군과 첫 교전(오산 전투)을 하여 큰 피해를 입었다. 스미스 부대의 패배로 미군의 전선 투입이라는 위세만으로 북한군의 남침이 중단되리라는 기대는 사라졌다.[17] 비록 스미스 부대는 오산 전투에서 패배하였으나, 미군에게 10일의 시간을 벌어주었다는 측면에서 긍정적으로 평가된다.

7월 1일 영국과 프랑스는 "유엔군사령부의 설치와 유엔회원국들의 무력 원조를 미국 정부의 단일 지휘 아래 둔다"는 공동결의안을 유엔 안보리에 제출하여, 7월 7일 가결되었다. 이에 미국, 오스트레일리아, 벨기에, 캐나다, 콜롬비아, 프랑스, 그리스, 에티오피아, 룩셈부르크, 네덜란드, 뉴질랜드, 필리핀, 태국, 터키, 영국, 남아프리카공화국 등 16개국의 군대로 유엔군이 편성되었다.

스미스 부대의 패전 이후, 미군은 24사단(윌리엄 F. 딘 소장)을 대전에 투입하였다. 딘 사단장은 대전에서 적의 선봉을 꺾고, 한강까지 북상하여 방어선을 구축하겠다고 하였다. 그러나 북한군의 T-34 전차에 대적할 화기가 없어, 7월 20일 후퇴할 수밖에 없었다. 그리고 딘 소장마저 북한군의 포로로 잡혔다.

(4) 인천상륙작전과 서울수복

1단계 작전은 월미도의 점령으로 시작되었다. 9월 15일 새벽 5시 공격준비사격에 이어 미 5해병연대 3대대가 전차 9대를 선두로 월미도 전면에 상륙하였다. 월미도는 2시간 만에 미군에 의하여 완전 장악되었다. 2단계 작전은 국군 17연대, 미군 7사단, 1해병사단의 주도로 인천반도 공격으로 이어졌다. 북한군 18사단과 경비 병력에 대하여 미 1해병사단과 국군 해병 1연대가 인천 장악에 성공하였다. 그 후 서울을 빼앗긴 지 3개월만인 9월 28일에 서울을 수복하였다.

이어 후퇴하는 북한군을 뒤쫓아 38선을 돌파, 10월 10일에는 원산, 10월 19일

---

17) 맥아더의 후임 유엔군 사령관인 리지웨이 장군은 그의 회고록에서, "맥아더는 북한군의 세력을 잘못 판단하였다. 북한군 10개의 정예사단 앞에 1개 특수임무부대를 투입한 것은 맥아더의 지나친 오만이었다"고 지적하였다.

에는 평양을 점령하였다. 더 나아가 10월 26일에는 서부 청천강 북부와 압록강 초산까지, 중부 장진호까지, 동부 압록강 혜산진까지, 11월에는 두만강 일대까지 진격하였다. 한편 김일성은 북한 정부와 북한군을 10월 9일 거의 모두 철수시킨 다음, 10월 12일 평양에서 철수하였다. 북한은 지금의 자강도의 중심지인 강계를 임시수도로 정했다.

(5) 중공의 참전과 1·4 후퇴

유엔군에 의한 한반도의 통일을 눈앞에 두고, 북한의 김일성은 중공의 모택동을 만났다. 모택동은 미국이 북한을 이기면 머지않아 중공도 공격할 것이고, 미국이 중공을 공격하기 시작하면 대만도 중공을 공격할 것이라고 판단하였다. 그래서 모택동은 한반도에서 미국과 싸워 중공과 북한의 공산주의 혁명을 지키는 것을 목표로 삼았다.

중공군은 사단급 병력으로 전쟁에 개입하여 반격해 왔다. 당시 중공은 국공내전이 갓 끝난 상황으로,[18] 대부분의 인민이 극심한 빈곤에 시달리던 시기였으므로 식량을 얻기 위하여 참전자가 많았다. 아울러 중공이 전쟁에 개입할 당시, 소련은 많은 무기를 지원하였다. 중공군은 미군의 압도적인 화력에 노출되지 않기 위하여 주로 야간이동을 하였으며, 요란한 악기 소리와 함께 어둠을 틈 타 기습하는 등 인해전술로 공격해 왔다.

예상치 못한 중공군의 반격으로, 한국군과 미군은 38도선 이북에서 대대적인 철수를 할 수밖에 없었다. 12월 4일 평양에서 철수, 12월 14일부터 24일까지 동부전선의 한국군 12만 명과 피난민 10만 명이 흥남 부두에서 철수하였으며, 1951년 1월 4일에는 서울을 다시 내주었으며, 1월 7일에는 수원이 함락되었다.

---

18) 1945년 8월 일본 항복 이후, 국민당의 장개석과 공산당의 모택동은 상호 기도하였던 국공합작협정이 파기되자, 1946년부터 전면적인 내전으로 돌입하였다. 장개석은 4:1의 우세한 군사력으로 출발하였으나, 모택동의 유인 각개격파 작전, 세력권 내의 토지개혁으로 중국 인민의 지지를 받아 정치와 군사적 기반을 구축하였다. 또한 '인민민주통일전선'을 결성하여 국민당을 고립시키는 전략과 전술을 전개하였다. 그 결과 국민당 정부는 민중의 지지를 얻지 못하여 대만으로 이동하였으며, 공산당은 1949년 10월 1일 중화인민공화국을 수립하였다.

1월 12일 일본군의 참전설이 나오자, 이승만 대통령은 강력히 반대하였다. 2월 이승만 대통령은 38선은 공산군의 남침으로 이미 없어진 것이므로, 북진 정지는 부당하다고 선언하였으며, 2월 15일 한반도 통일을 전쟁 목표로 분명히 밝히고 미국에도 통보하였다. 3월 2일 유엔군이 한강을 넘어 14일 다시 서울을 되찾았다.

3월 24일 이승만 대통령은 한만(韓滿, 한국과 만주)국경까지 진격하기 전에 정전을 해서는 안 된다는 담화문을 발표하였다. 6월 9일 38선 정전의 결사반대를 선언하고, 6월 27일 소련의 정전안을 거부하였다. 7월 정전회담이 개시되고, 9월 20일 이승만 대통령은 휴전수락의 전제조건으로 중공군 철수, 북한군 무장해제, 유엔 감시 하 총선거를 요청하였다. 군사분계선 문제는 1952년 1월 27일에 타결되었으며, 5월에 이르러 포로교환 문제를 제외하곤 거의 모든 의제가 합의되었다.

1953년 3월 5일 스탈린의 죽음으로 정전회담은 새로운 국면을 맞게 되었다. 3월 19일 소련은 한국전쟁을 정치적으로 마감한다는 결정을 중공과 북한에 통보하면서, 부상포로의 우선 교환에 동의하도록 요청하였다. 5월 30일 이승만 대통령이 아이젠하워 미국 대통령에게 다시 한미상호방위조약을 요구하여, 10월 1일 조인되었다. 이로써 미국의 직접 개입을 통한 한반도의 평화유지와 한국의 안전을 보장받게 되었다.[19]

북한은 소련을 통하여 휴전을 제의하였고, 유엔군측의 승인으로 휴전이 되었다. 1953년 7월 27일에 판문점에서 휴전협정이 조인됨으로써 3년 1개월간의 한국전쟁은 휴전으로 매듭이 지어졌으며, 현재까지 남북은 휴전상태에 있다.

---

19) 온창일, "전쟁지도자로서의 이승만 대통령", 『이승만 대통령 재평가』(서울: 연세대학교출판부, 2006), 233, 236-237. "이로써, 미국은 어렵게 확보한 휴전을 지키기 위하여 이대통령의 요구를 수용함으로써 한국의 안정을 보장해 주는 역할을 사실상 떠맡게 되었다…한반도의 평화유지와 한국의 안정을 보장하기 위하여 가장 효과적이라고 판단한 미국의 직접 개입을 끌어낸 그이승만 대통령의 외교와 전쟁지도는 가히 일품이었다…이승만 대통령은 절묘한 수완을 발휘한 전쟁지도자였다."

다. 전쟁 피해

(단위: 명)

한국군 및 유엔군 피해				
구분	계	전사	부상	실종/포로
계	776,360	178,559	555,022	41,769
한국군	621,479	137,889	450,742	32,838
유엔군	154,881	40,670	104,280	9,931

※ 공산군 피해: 2,035,000

남·북한 민간인 피해							
계	남한						북한
	소계	사망	학살	부상	납치	행불	
2,490,968	990,968	244,663	128,936	229,625	84,532	303,212	1,500,000

※ 피난민(320만), 전쟁미망인(30만), 전쟁고아(10만)

3년간에 걸친 한국전쟁으로 한국군, 유엔군, 공산군, 민간인 모두 5백만 명 이상의 사상자가 발생되었음은 물론 한반도 전체가 폐허화되었다. 전쟁밀도(피해)로 보면, 한국전쟁은 동일 기간에 제1차 세계대전보다 약 21배, 제2차 세계대전보다 약 27배 더 심각한 피해를 낳은 최악의 전쟁이었다.[20]

---

20) 전쟁밀도를 분석하려면, 전쟁 기간, 투입 전투력(인원+재정), 피해 정도 등이 종합적으로 분석되어야 한다. 자료 획득의 제한으로 공개된 자료(Wikipedia)를 토대로 전쟁 기간과 사상자의 수만을 비교하였다. 면적 면에서, 제1차 세계대전의 전장은 주로 유럽(약 10백만 km²)과 러시아(약 17백만 km²)로서 한반도(약 0.22만 km²)의 약 123배이다. 제2차 세계대전의 전장은 주로 유럽(약 10백만 km²), 러시아(약 17백만 km²), 아시아(약 17백만 km²) 등으로 한반도의 약 200배이다. 면적, 사상자, 기간을 고려한다면, 한국전쟁은 제1차 세계대전보다 약 21배, 제2차 세계대전보다 약 27배의 전쟁 밀도(피해)가 높다(도표 참조).

구분	기간	사상자	사상자 비교(한국전쟁=1)
제1차 세계대전	1914-1918(4년)	38,880,500명	8
제2차 세계대전	1939-1945(6년)	73,000,000명	15
한국전쟁	1950-1953(3년)	5,000,000명	1

III. 남·북한의 교회[21]

1. 북한의 교회

한국전쟁 이전의 한반도 내 교회와 성도의 대부분은 북한에 있었다. 1938년에는 80%, 1945년에는 기독교 신자 60만 명의 75%가 각각 북한에 있었다. 1945년 일본의 항복 이후 엄청난 수의 사람들이 기독교로 개종하였다는 북한 난민들의 진술에 의하면, 광복 이후 한국전쟁이 발발한 1950년까지 기독교 신자의 수는 그 이상일 것으로 추정된다.

공산당은 이러한 교회 부흥을 중지시켰다. 북한 피난민들의 진술에 의하면, 남침을 시작하기 전, 대부분의 교회에서 집회는 허용되었으나 전도는 허용되지 않았다. 일부 지역에서는 정기적으로 목사들이 감옥에 투옥되었고, 새로운 요구사항들이 강요되었으며, 학교 어린이들은 주일학교에 가지 못하게 되었다. 그리고 총회도 열릴 수가 없게 되었다. 하지만 그럼에도 불구하고 교회들은 넘친다고 보고되었다.

1945-1950년, 5년간 2-3백만 명의 사람들은 북한에 있는 모든 것을 다 버리고 자유를 위하여 북한을 떠나 남한으로 넘어 왔다. 많은 피난민들은 크리스천으로서 목사와 교회 사역자들이었다. 그 결과 많은 크리스천이 남한으로 이동하게 되었다. 이로 인하여 남한에 새로 세워지는 교회의 수가 많았으며, 남한 사람들 중에서도 회심자의 수가 많아졌다.

당시 평양을 40일 동안 방문했던 6명의 선교사들은 "평양 시내 교회의 목사와 지도자들 중 80%가 사라졌다. 일부 큰 교회의 직분자들이 없어져 교회 조직이 무너져버렸다. 그러나 교회는 계속 존속되었다"라고 증언하였다. 선교사들을 영접했던 장로는 "무례한 러시아인들의 점령으로 많은 수의 성도들의 가족이 사라졌

---

21) Harry A. Rhodes and Archibald Campbell, ed., *History of the Korea Mission Presbyterian Church in the U. S. A. Volume II 1935-1959* (New York : United Prebyterian church in the USA, 1964), 209-218.

다. 우리 손자는 3달 동안 집 지붕 밑에 숨어 있어야만 했다"라고 전하였다.

교회에서 예배를 드리는 것은 허용되었으나, 성도들은 교회에 가는 것조차도 두려워하였다. 노회는 열렸으나 참석자가 거의 없었다. 옥호열(Harold Voelkel) 선교사(11월 15일 함흥에서 복귀한 최초 선교사)에 의하면, 1941년 현재와 비교하여 교회의 수가 183개에서 80개로, 목사의 수는 45명에서 23명으로 각각 줄어들었다고 하였다.[22] 노회는 스탈린과 김일성의 사진을 교회에 붙이라는 요구를 거절하였다. 주일학교는 크리스마스 프로그램 진행이 허락되지 않았다.

감리교 선교사 A. K. 젠슨(A. K. Jensen)은 1950-1953년간 북한 내의 감옥을 순회한 후 다음과 같이 회고하였다. "38도선 이북에 있는 교회에는 지도자들이 대부분 없었다. 순교를 당하거나, 투옥되거나, 남한으로 피난 갔기 때문이다. 북한의 공산주의자들에 의해 수감된 감옥들을 다니면서, 수백 명의 북한 크리스천들을 만나 이야기를 나누었다. 감옥에 있는 그들은 우리[선교사들]를 위하여 기도하고 있다고 항상 전하였다. 항상 우리[선교사들]가 고통 중에 있다는 사실에 대하여 연민의 정을 가지고 있다고 말하였다. 그리고 자신들과 함께 사역을 하던 선교사들의 안부를 항상 물었다. 그들은 더 이상 공적 예배를 드릴 수 없었다. 공적으로 자신들의 신앙을 고백한다는 자체가 위험하였다. 그들은 자신들이 가지고 있는 성경을 읽으면서, 진정한 해방의 날을 기다리고 있었다. 그들은 하나님의 선하신 때에 하나님께서 구원해 주실 것이라고 믿었다. 그들은 극히 어려운 상황에 처해 있었다. 의심의 여지도 없다. 이 세상에서 가장 교만한 적그리스도의 선전이 매일 매일 학교의 학생들의 귀에 퍼부어지고 있었다…우리는 38도선 이북에 있는 교회의 용감한 성도들이 받고 있는 고통을 덜어 줄 수가 없었다. 그러나 나는 그들이 가지고 있는 주님에 대한 충성심을 확신한다."[23]

"1965년 현재 소식에 의하면, 북한에서는 기독교 예배가 더 이상 허용이 되지

---

22) Ibid., 210. "Harold Voelkel 선교사는 11월 15일 함흥에서 복귀한 최초 선교사로서, 당시 만난 2명의 한국 목사로부터 1941년부터 교회의 수가 183개에서 80개로, 목사의 수는 45명에서 23명으로 각각 줄어들었다고 들었다."

23) Ibid., 211. A. K. Jensen은 감리교회 선교사로서, 1950-1953년(3년간) 북한 내의 감옥을 순회하였다.

않는다. 많은 교회 건물은 파괴되었으며, 파괴되지 않은 건물은 정부나 기타 용도로 사용되고 있다."[24]

2. 남한의 교회

일제강점기 특히 진주만 습격 이후 본국으로 돌아갈 수밖에 없었던 선교사들이 1946-1947년 한국으로 복귀하였다. 이때 그들은 한국인들의 뜨거운 환영을 받았을 뿐만 아니라, 선교사로서 해야 할 일이 전보다 훨씬 많아졌음을 실감하였다. 왜냐하면 과거보다 선교사의 수가 줄어들었기 때문이다. 예를 들어, 1941년 전에는 67명의 선교사들이 있었는데, 1949년 12월 동일한 지역에 39명의 선교사들만 있었다.

일제강점 기간에 남한 지역 내의 많은 교회 건물이 파괴되었고, 많은 목사와 교회 지도자들이 숙청을 당하고 수천 명의 크리스천들이 집을 잃어버리는 고통이 있었지만, 광복 이후 남한의 교회는 부흥하였다. 공산당을 피해 북한에서 남한으로 피난 온 이북 크리스천들은 일제강점기 때에는 경험하지 못한 종교의 자유를 만끽할 수 있었다. 거기에 선교사들이 다시 복귀하였고, 유엔의 지원과 함께 들어온 교회와 국제 사회의 도움이 남한 교회 부흥에 큰 역할을 하였다.

존 피터스(John Peters)는 미국 장로교회 대표로서, 1950년 자신의 한국 교회 방문을 회고하였다. "이 사람들은 매우 흥이 나있다. 그들이 입고 있는 옷도 다양하며, 그들의 얼굴은 은혜와 흥으로 넘쳐 났다. 그들의 행동에도 은혜와 흥이 넘쳐났다. (1) 비록 일제강점기의 파괴로 말미암아 심한 고통 중에 있었지만, 사람들은 결코 실망하지 않았다. 마치 무거운 짐을 벗어 버린 사람들처럼 보였다. (2) 비록 전쟁의 흔적은 있지만, 교회는 전보다 더 큰 힘과 능력으로 다시 일어나고 있

---

24) Ibid., 212.

음을 보았다. (3) 한국은 다시 용감하게 일어날 것이다."[25]

존 스미스(John C. Smith)는 이렇게 기록하였다. "나는 한국 교회의 지속적인 신실함에 대하여 의심하지 않는다. 한국에 있는 60만 명의 크리스천들이 가진 헌신과 복음의 열정은 결코 물러설 줄 모른다…많은 어려움과 위대한 기회가 서로 섞여 있다는 인상을 받았다…대부분의 다른 사람들은 파괴와 넘쳐나는 난민의 수, 나라의 불안정 등으로 인해 좌절에 빠져 있다. 그러나 그와 동시에 재건의 놀라운 소망을 갖게 되었다."[26]

1945-1950년간 이북 출신의 성도들에 의해 새로 건립된 교회가 (종전에는 교회가 없던 지역에) 많아졌다. 그런데 북한군이 1950년 6월 25일 전면 남침을 한 이후 3일 만인 6월 28일에 서울을 점령하였다. 그리고 1950년 7월 23일 북한 공산당은 크리스천 문학회 건물(Christian Literature Building)에 목사와 교회 지도자들을 소집하였는데, 이때 37명이 응하였고, 모두 처형당하였다. 37명 중에는 서대문 장로교회 목사 김영준, 한국 감리교회 양 감독, 평양장로교신학교 교수 남경혁 목사, 고 장로와 그의 딸(한국적십자), 김동원 장로 등이 있었다.[27]

IV. 공산주의는 왜 적그리스도인가?

공산주의는 급속한 산업화로 빈부 격차가 심화되어 가고 있던 19세기 유럽에서 논의되기 시작한 사상으로, 자본주의에서 계급투쟁과 혁명을 통한 노동자계급의 독재 또는 민주를 거쳐 공산주의 사회를 이룬다고 주장하였다. 20세기 초 이후

---

25) Ibid., 213. John Peters(Ph. D., Secretary of Stewardship and Promotion of the Presbyterian Church, U. S. A.)가 1950년에 자신이 한국 교회를 방문하여 경험한 내용을 기록하였다.

26) Ibid., 213. John C. Smith(D. D., Secretary of the Board of Foreign Missions for Japan and Korea)가 한국전쟁 중 후퇴하는 무리들을 보고 뉴욕에 돌아와 쓴 내용이다.

27) Ibid., 213-215.

스스로 공산주의자라고 부르며 막스-레닌이 강력한 세력으로 등장하며 공산주의는 전 세계로 확산되었다.

공산주의의 기본 사상은 무신론과 유물사관이다. 하나님의 존재는 물론 하나님의 창조-섭리-구원의 역사를 부인한다. 공산주의 국가는 종교 특히 기독교를 체제의 반대세력으로 간주하고 박해를 해 왔다. 공산주의 국가의 세력이 약할 때에는 자본주의의 모순이 부의 재분배를 통한 인간의 공평함을 주장하는 광명의 천사로 가장한다(고후 11:14). 반면에 세력을 얻게 되면, 우는 사자 같이 두루 다니며 삼킬 자를 찾는 잔악한 박해의 모습을 드러낸다(벧전 5:8).

공산주의의 모순은 현실적으로 나타났다. 공산주의 국가는 세상의 권세를 가지고 하나님을 향하여 비방하고, 교회를 박해하는 바다에서 올라온 짐승과 같다(계 13:1). 사람의 욕구와 동기 무시로 인한 낮은 생산성으로 야기된 식량난은 물론, 공산주의 국가를 위한 폭력혁명과 개인 독재로 인한 인권유린 등으로 더 이상 공산주의 체제를 지탱할 수 없게 되었다. 마침내 1991년 12월 26일 구소련이 붕괴되고, 중공이 자본주의 체제를 부분 도입함으로 공산주의는 더 이상 영향을 미치지 못할 것으로 예상되었다.

20여년이 지난 현재 자본주의체제 도입으로 경제능력을 얻은 러시아와 중국은 다시 공산주의의 모순인 독재와 국가절대화를 통하여 세계를 공산화하려는 본래 모습을 다시 드러내고 있다. "그의 머리 하나가 상하여 죽게 된 것 같더니 그 죽게 되었던 상처가 나으매 온 땅이 놀랍게 여겨 짐승을 따르고"(계 13:3). 또한 표면적으로는 자국 내 종교의 자유를 인정하지만, 기독교에 대한 박해는 과거와 동일하게 공산주의 국가들에서 현재 진행형이다.

V. 한국전쟁의 성경적 이해

윤용진은 『여호와의 전쟁신학』에서 '여호와 전쟁의 이중성'을 다음과 같이 소개하였다. 여호와의 전쟁은 "승리의 신학으로서 여호와께서 자기 백성 이스라엘을 위하여(for Israel) 싸우시는 전쟁과 징벌의 신학으로서 여호와께서 자기 백성 이스라엘을 대적하여(against Israel) 싸우시는 전쟁을 의미한다. 특히 후자의 경우, 여호와께서 대적을 불러다가 자기 백성을 징벌하신다."[28] 그리고 송제근은 여호와의 전쟁이 갖는 성격상 여호와의 언약전쟁이라고 불러야 한다고 주장한다. 하나님은 "특히 이스라엘이 언약에 불충성할 때에 이스라엘을 향해 전쟁을 수행하시는데, 이스라엘의 대적을 마치 하나님의 연합군처럼 사용하시어 이스라엘을 공격하신다. 왜냐하면 하나님이 이스라엘과 맺은 언약 때문이다"라고 제시하였다.[29]

사도 바울은 "우리의 전쟁(씨름)은 혈과 육에 대한 것이 아니요, 통치자들과 권세자들과 이 어둠의 세상 주관자들과 하늘에 있는 악의 영들을 상대함이라"라고 하였는데(엡 6:12), 67년 전 우리 민족에게 허락된 한국전쟁을 우리는 어떻게 해석해야 하는가? 하나님은 왜 무신론적 유물론의 공산주의를 통하여 한국에 고난을 주시는가? 하나님은 한국(교회)에게 무엇을 요구하시는가?

---

28) 윤용진, 『여호와의 전쟁신학』 (서울: 그리심, 2000), 289, 291.
29) 송제근, "여호와의 언약전쟁", 목회와 신학 통권 168호 2003년 6월, 214.

구분	승리의 신학	징벌의 신학
전쟁의 대상	이스라엘의 대적	이스라엘(언약 백성)
전쟁의 원인	대적의 억압	이스라엘의 언약 파기(불순종)
전쟁의 방법	자연현상 등의 이적적 방법	대적을 통한 인위적 방법
전쟁의 목적	이스라엘의 구속(언약 성취)	언약의 궁극적 성취(징계=사랑)
전쟁의 성격	이스라엘을 위한 전쟁(축복)	이스라엘을 대적하는 전쟁(저주)
여호와의 이미지	용사/왕	용사/왕

1. 하나님은 왜 무신론적 유물론의 공산주의를 통해 한국에 고난을 주시는가?

이 나라와 민족이 하나님 앞에서 해결해야 할 일은 거룩한 나라와 민족이 되는 일이다. 1950년 한국전쟁 발발과 1953년 휴전 이후, 북한의 동포들은 김일성과 김정일의 공산독재에 의해 극심한 굶주림과 추위와 질병과 핍박의 고통 속에 있으며, 남한은 자유민주주의 체제 하에서 눈부신 경제성장과 더불어 번영과 부강을 이룩하고 있다. 그럼에도 불구하고 남한은 여전히 북한 공산당의 적화 통일의 음모에 의해 직간접적으로 위협을 받고 있다. 이것은 우리가 민족의 죄를 회개하고 언약의 길에서 하나님이 기뻐하시는 길로 돌이키도록 섭리하시는 연단의 도구이다.

> "내가 그들을 너희 앞에서 쫓아내지 아니하리니 그들이 너희 옆구리에 가시가 될 것이며 그들의 신들이 너희에게 올무가 되리라…이는 이스라엘이 그들의 조상들이 지킨 것 같이 나 여호와의 도를 지켜 행하나 아니하나 그들을 시험하려 함이라 하시니라"(삿 2:3, 22).

이스라엘은 하나님의 명령에[30] 순종치 않고 가나안 족속들을 다 쫓아내지 않았으며, 그들의 신들을 좇아 여호와 하나님을 저버림으로써 하나님의 진노를 사게 되었다.

오천 년 역사 속에서 우상을 섬겨 오던 우리 민족은 19세기부터 선교사들이 전하는 복음을 받아들였다. 크신 하나님의 은혜는 교회를 통하여 격동기의 우리 민족을 진정한 구원의 길로 인도하셨다. 그런데 일제강점기를 통과하면서 다수의

---

30) "오직 네 하나님 여호와께서 네게 기업으로 주시는 이 민족들의 성읍에서는 호흡 있는 자를 하나도 살리지 말지니, 곧 헷 족속과 아모리 족속과 가나안 족속과 브리스 족속과 히위 족속과 여부스 족속을 네가 진멸하되 네 하나님 여호와께서 네게 명령하신 대로 하라. 이는 그들이 그 신들에게 행하는 모든 가증한 일을 너희에게 가르쳐 본받게 하여 너희가 너희의 하나님 여호와께 범죄하게 할까 함이니라"(신 20:16-18).

교회와 성도들이 신사참배(1938년)[31]와 자유주의 조선신학교 인정(1939년)[32] 등을 행하며, 하나님의 말씀이 가르치는 진리의 길에서 벗어나는 죄를 범하게 되었다. 광복 후에도 한국 교회는 이에 대하여 공적으로 진정한 회개운동을 실천하지 않았으며, 신사참배의 우상숭배를 거부하며 순교의 피를 흘린 참신앙의 성도들이 지켜 온 교회 안에 가시와 올무를 남기는 연약을 다시 범했다.

최근 일부 기독인들이 북한의 공산당과 협력한다는 이유로 방북을 하여 김일성 동상에 절하는 등 우상숭배를 저지르고 있으며, 일부 교회는 범신론적 종교연합운동(WCC)에 가담함으로써 정통 기독교의 신앙을 해하려 하고 있다.[33] 또한 일부 교회의 물질주의(mammonism)로 인하여 세상의 빛과 소금의 역할을 하지 못하고 있다.[34] 그로 인하여 사회의 윤리와 도덕이 추락함으로 동성애가 자연스럽게 우리 사회에 자리를 잡아가고 있으며, 일부 정치인들은 인권이라는 이름으로 동성애를 지지하기에 이르렀다.

음란과 행악으로 이 땅을 더럽혔다(렘 3:2). 이처럼 진리의 말씀을 옳게 분별하지 못하는 어리석은 교회와 신자들이 오늘날 우리 민족에게 있음을 간과하지 말

---

31) 한국 교회 역사상 가장 비극적인 사건 중의 하나는 1938년 9월 10일 평양 서문외 예배당에서 모인 조선예수교장로회 제27회 총회가 일본의 강요에 따라 신사참배를 가결한 일이다. 일본은 "아등은 신사는 종교가 아니요, 기독교 진리에 위반하지 않은 본의를 이해하고, 신사참배가 애국적 국가 의식임을 자각하며, 또 이어 신사참배를 솔선이해하고, 따라서 국민정신 총동원에 참가하여 비상시국하에 총후 황국 신민으로서 적성을 다하기로 기함"이라고 주장하였다. 신사참배 관련하여, 소수의 선교사들은 일어나 반대하였지만, 어떠한 논의도 불허한 채, 통과되었음을 일방적으로 선포하였다. 이어서 모든 노회는 신사참배를 강요당했다. 기간 중 많은 한국인 목사, 장로, 성도들이 반대하였으며, 일부는 감옥에 투옥되고 고문을 당하여 감옥에서 순교를 당하였다. 또 일부는 석방되었으나, 신사참배를 거부하였기 때문에 더 이상 목사나 교사를 하지 못하게 되었다(*History of the Korea Mission Presbyterian Church in the U. S. A. Volume II 1935-1959*, 207).

32) 해방 후 1946년 6월 12일 서울의 승동교회에서 남한지역 장로교회 노회들이 제27회 남부총회로 모여, 신사참배 결의를 취소하고, 일제의 신사참배에 앞장선 자유주의 신학자들에 의해 1939년 설립된 조선신학교를 총회 직영신학교로 인가하였다.

33) "너는 나 외에는 다른 신들을 네게 두지 말라"(출 20:3).

34) "한 사람이 두 주인을 섬기지 못할 것이니 혹 이를 미워하고 저를 사랑하거나 혹 이를 중히 여기고 저를 경히 여김이라. 너희가 하나님과 재물을 겸하여 섬기지 못하느니라"(마 6:24; 눅 16:13).

아야 한다. "무리가 나를 버리고 다른 신들에게 분향하며 자기 손으로 만든 것들에 절하였은즉 내가 나의 심판을 그들에게 선고하여 그들의 모든 죄악을 징계하리라"(렘 1:16). 우리는 이스라엘의 범죄 역사를 말씀을 통해 상고하고 회개하며 진리의 길로 돌아와야 한다. "그러므로 어디서 떨어졌는지를 생각하고 회개하여 처음 행위를 가지라. 만일 그리하지 아니하고 회개하지 아니하면 내가 네게 가서 네 촛대를 그 자리에서 옮기리라"(계 2:5).

> 김일성 북한 공산당의 도발로 발생한 한국전쟁과 현 김정은 공산정권의 북한 독재 및 남한에 대한 위협은, 분명히 우리 민족과 교회가 그리스도 안에서 진리 위에 견고히 서도록 하시는 하나님의 징계 수단이다.

"앗수르 사람은 화 있을진저 그는 내 진노의 막대기요"(사 10:5-7). 하나님은 범죄한 이스라엘을 징계하는 수단으로 앗수르를 사용하셨다. 세상 역사를 주관하시는 하나님은 때로는 악인을 사용하여 자기 백성을 성화의 길로 인도하신다. 한국전쟁으로 5백만 명 이상이 죽고 파괴되는 전쟁의 고통을 겪는 중에, 특별히 공산당에 의해 교회와 성도들이 받은 핍박과 고통과 순교의 피 흘림은 일제강점기의 고난보다 더 심했다.

하나님은 이스라엘이 죄의 수렁에 빠져 있을 때, 앗수르가 이스라엘을 길가의 진흙처럼 짓밟게 하셨다. 하나님의 섭리를 모르는(사 10:12) 앗수르(악인)는 자신에게 허용된 힘의 근원을 모른 채 이스라엘을 막대기로 때리며 몽둥이로 치는 교만을 범했다. 그러나 자기 백성을 향한 하나님의 불변하시는 사랑은 하나님의 뜻을 다 행하신 후에, 악인은 멸하시고(사 10:25) 택한 백성은 평안히 인도하여 기쁨으로 하나님께 나아가게 하신다(사 55:12). 그러므로 우리는 "하나님의 견고한 터"(딤후 2:19)에 서야만 한다.

하나님은 왜 무신론적 유물론의 공산주의를 통하여 한국에 고난을 주시는가? 첫째, 우리나라와 교회와 성도들에게 맡기신 하나님 나라의 일을 능히 감당할 수 있도록, 진리 위에서 온전히 개혁할 것을 요구하시는 것이다.

> "하나님의 뜻대로 하는 근심은 후회할 것이 없는 구원에 이르게 하는 회개를 이 루는 것이요 세상 근심은 사망을 이루는 것이니라"(고후 7:10).

하나님은 순교자의 피 흘림과 성도들의 교회를 향한 수고와 헌신 건너편에, 한국 교회가 해결하지 않고 남겨 놓은 우상숭배와 진리를 왜곡시킨 일에 대하여 지금 우리가 회개하기를 원하신다. 이를 위하여 한국 교회는 북한 공산주의의 핍박과 위협이라는 하나님의 뜻대로 하는 근심 가운데 있다. 진리로 돌아오는 온전한 회개와 개혁은 한국 교회와 성도들이 후회할 것이 없는 구원을 얻는 길이다.

> "내가 이미 얻었다 함도 아니요 온전히 이루었다 함도 아니라 오직 내가 그리스 도 예수께 잡힌 바 된 그것을 잡으려고 달려가노라"(빌 3:12).

둘째, 구소련의 몰락과 중공의 자본주의 경제체제 도입으로, 세상 사람들이 잊어가고 간과하는 공산주의에 대하여 한국 교회와 성도들은 영적 각성을 함으로써, 하나님과 교회를 대적하는 적그리스도 세력을 경계하며 마지막 때를 준비하는 특권을 받은 것이다.

> "근심하는 자 같으나 항상 기뻐하고 가난한 자 같으나 많은 사람을 부요하게 하 고 아무 것도 없는 자 같으나 모든 것을 가진 자로다"(고후 6:10).

한국은 아직도 공산주의에 의해 분단되어 있는 유일한 국가이다. 이것은 우리 민족과 교회에게 영적으로 큰 의미를 주고 있음을 깨달아야 한다. 순교자의 터 위에서 한국의 교회에게 지금까지 허락하신 하나님의 축복 의미를 바로 깨달을 때,

북한 공산독재에 의해 여전히 고통받고 있는 북한 동포와 휴전상태에서 위협을 받고 있는 남한의 현실은, 더 이상 근심이 아니다.

우리 민족은 유구한 역사만큼이나 전쟁과 환란과 가난과 국가위기의 때가 많았다. 그러나 세상의 다른 나라의 역사와 비교해 볼 때, 우리는 그들이 가지지 못한 강인한 인내와 극복과 불굴의 민족역량을 가지고, 위기를 극복하며 우리의 언어와 문화와 국권을 지켜 왔다. 이 나라와 민족을 향한 하나님의 깊은 섭리이다. 세상 역사 속에서 구속역사를 이끌어 가시는 하나님이 우리나라와 민족을 귀하게 사용하고 계신다는 것을 우리는 영의 눈으로 보아야 한다. 그렇게 할 때 우리는 가난한 자 같으나 복음으로 많은 사람을 부요하게 하는 제사장의 나라가 되며, 그리스도 안에서 모든 것을 가진 장자의 나라와 민족이 되는 것이다.

> "지금은 너희가 근심하나 내가 다시 너희를 보리니 너희 마음이 기쁠 것이요 너
> 희 기쁨을 빼앗을 자가 없느니라"(요 16:22).

2. 하나님은 한국(교회)에게 무엇을 요구하시는가?

한국(교회)은 택자의 구원 완성을 위한 구속역사의 주역으로 하나님의 부르심을 받았다. 예수 재림의 때까지 열방을 향하여 구원의 복음을 들고 행진하는 것이 한국(교회)에게 하나님이 요구하시는 것이다.

> "여호와의 말씀을 어기고 선악간에 내 마음대로 행하지 못하고 여호와께서 말씀
> 하신 대로 말하리라"(민 24:13).

민수기 22-24장은 모압 왕 발락이 발람을 시켜 약속의 땅으로 행진하고 있는 하나님의 백성을 저주하고, 그 땅에서 몰아내려고 한 사건을 기록한다. 발락은 발람이 이스라엘을 저주할 수 있도록 세 번이나 장소를 바꾸어 봤지만, 이스라엘을 향

하여 작정된 하나님의 축복을 저주로 바꿀 수는 없었다. 오히려 발람은 축복의 말 뿐만 아니라, '한 별이 야곱에서 나오며 한 규가 이스라엘에게서 일어나서 모압을 이쪽에서 저쪽까지 쳐서 무찌르고 멸하실'(민 24:17) 메시아를 예언하게 된다. 이는 세상 역사를 주관하시는 하나님의 절대주권을 보여 준 사건으로, 어느 누구도 하나님이 택하여 복 주시기로 작정한 백성을 헤칠 수 없음을 알려 준다.

북한 김일성의 남침 도발로 인한 한국전쟁은 동족상잔이라는 초유의 참사로 기록되었다. 3년간의 한국전쟁으로 한반도에서 발생한 사상자는 5백만 명을 넘었으며, 물적 피해와 파괴(공공시설 84%, 가옥 60%, 공업 43%, 광업 50%)도 심각한 전쟁이었다. 1950년 한국의 1인당 국내총생산(GDP)은 56달러로 당시 국제사회에서 최빈국에 속했었는데, 한국전쟁으로 말미암아 국가 기반시설마저 잿더미가 되면서 경제 발전은 발목이 잡혔다. 이후 1960년대까지의 국가 정책이 국민들의 굶주림을 면하게 하는 것이 최우선일 만큼 어려운 시기가 이어졌다. 휴전 후에도 북한의 김일성, 김정일, 김정은의 공산독재는 북한 동포를 핍박함은 말할 것도 없으며, 직간접적인 방법으로 끊임없이 한국을 해하려 하고 있다. 그러나 그들의 위협에도 불구하고, 한국 정부 통계청의 2016년 통계자료에 의하면, 국민총소득(GNI)이 한국은 1,565,816십억원이며 북한은 34,512십억원으로 한국이 북한보다 약 45배가 많았다. 1인당 국민총소득에서도 한국은 3,094만원, 북한은 139만원으로 한국이 북한보다 22배 이상 많았다.[35] 가시적인 원인은 이념적으로 경제적으로 북한을 지원하던 구소련의 몰락과 중공의 자본주의 경제체제 도입으로 인한 북한 공산정권의 경제체제 몰락이다. 반면에 한국은 한미 동맹관계의 안보 위에 자유민주주의 체제를 통한 경제 발전을 이유로 들 수 있다. 그러나 이 모든 원인의 뒤에는 하나님의 자기 백성을 위한 절대주권이 역사하고 있음을 깨달아야 한다. 한국전쟁 이후 한국은 정치적으로 격동기를 지나면서도 결국 사회 전반에 걸쳐 발전하고 번영된 국가의 모습을 다져 21세기 글로벌시대의 주도국으로 자리 잡고 있다. 하나님께서 한국의 교회와 성도들을 이 시대의 요셉으로 세우시어, 축복과 보호와 도

---

35) 『2016 북한의 주요통계지표』, 통계청, p. 100.

우심의 은혜를 한량없이 베풀고 계심을 우리 눈으로 확인하고 있다.

민수기 22-24장에서 얻을 수 있는 또 다른 교훈은 하나님의 백성을 저주하기 위하여 집요하게 음모를 꾸미는 대적들과 하나님께서 이스라엘을 대신하여 직접 싸우셨다는 사실에 대해 이스라엘은 알지 못했다는 것이다. 오히려 그 하나님께 대하여 불만과 불평을 일삼는 것이 당시 이스라엘의 모습이었다. 하지만 이스라엘이 어떠한 반응을 보인다 하더라도, 하나님은 신실하신 언약과 한량없이 큰 사랑과 은혜로 자기 백성을 지키시고 축복하셨다.

우리나라 역사 중 가장 큰 격동기였던 1885년(최초 목사 선교사 도착)부터 1953년(한국전쟁 휴전)까지 우리나라 장로교회의 성도 수를 보면 다음 도표(연도별 성도현황)와 같다.[36] 이 도표를 보면 한국 장로교회는 계속해서 성장해 왔음을 알 수 있다. 그 중 2개의 기간이 주목된다. 첫째는 1905-1910년으로, 을사조약으로 조선의 외교권이 상실되고 한일합방으로 역사에서 대한제국이라는 이름이 사라진 기간이다. 둘째는 1945-1953년으로, 일제로부터 광복은 하였으나 남과 북으로 나뉘고 이어서 동족상잔의 비극인 한국전쟁으로 국가 존망의 위기를 당한 기간이었다.

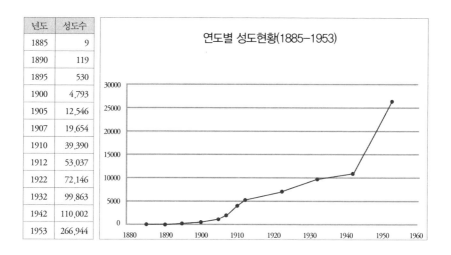

년도	성도수
1885	9
1890	119
1895	530
1900	4,793
1905	12,546
1907	19,654
1910	39,390
1912	53,037
1922	72,146
1932	99,863
1942	110,002
1953	266,944

36) 1885-1910년은 김진성의 "Discovering Prospective Meta-Cultural Principles of Missional Transitions From Korean Presbyterian Church Historical Context" 117쪽을, 1910-1953년은 박용규의 "한국장로교 총회 100년, 역사적 개관"을 참조하였다. 제시된 현황은 한국장로교만을 제한한 자료이다.

나라가 일본의 노예가 되었고, 공산주의자들(무신론자, 적그리스도)로 인하여 국가 존립의 문제가 민족 앞에 대두되었던 그 위기의 기간에 교회는 급성장하였다. 특히 한국전쟁을 통하여 한반도에서 5백만 명 이상의 사상자가 발생하였음을 고려할 때, 교회 성도수의 증가는 성령의 역사이며, 하나님의 섭리라는 설명 외에는 달리 설명할 길이 없다. 또한 2015년 12월 말 현재 우리나라에서 해외로 파송한 선교사는 27,205명으로 미국에 이어 세계 2위의 해외선교사 파송국이 되었다.[37]

일반적으로 한국전쟁을 이념전쟁, 동족상잔 등으로 설명하지만, 사실은 하나님과 사탄의 전쟁이었다(엡 6:12). 이스라엘을 모압 왕 발락의 저주로부터 보호하심 같이, 하나님은 우리 민족과 교회와 성도들을 공산주의의 음모와 침략으로부터 지켜 주고 계신다. 특히 교회와 성도들은 도우심이 여호와 하나님께로부터 온 것임을 깨달아야만 한다. "우리의 도움은 천지를 지으신 여호와의 이름에 있도다"(시 124:8).

> 한국의 교회와 성도들은 우리에게 남아 있는 가시와 올무를 제하는 온전한 개혁을 통하여 하나님이 주신 번영과 평화축복을 선용해야 한다.

"이스라엘이 싯딤에 머물러 있더니 그 백성이 모압 여자들과 음행하기를 시작하니라. 그 여자들이 자기 신들에게 제사할 때에 이스라엘 백성을 청하매 백성이 먹고 그들의 신들에게 절하므로, 이스라엘이 바알브올에게 가담한지라. 여호와께서 이스라엘에게 진노하시니라…제사장 아론의 손자 엘르아살의 아들 비느하스가 보고 회중의 가운데에서 일어나 손에 창을 들고…죽이니 염병이 이스라엘 자손에게서 그쳤더라"(민 25:1-3, 7, 8).

민수기 25장에서 이스라엘 백성들은 하나님께서 그들을 대신하여 발락과 싸우

---

37) 한국선교 KMQ vol.15 Issue 3, 2016 통권 57호, 130-139.

심으로 모압의 공격을 받지 않고 평안히 요단 건너편 싯딤에 머물게 된 것을 깨닫지 못하였다. 아울러 이스라엘 백성들은 하나님의 명령에 불순종하여 모압 여자들과 음행을 하며 바알을 섬기는 죄를 범했다. 이에 하나님의 진노는 이스라엘에게 염병이 있게 하셨다. 이로 인해 이스라엘 온 회중이 회막문에서 회개기도를 하고 있을 때, 시므온의 남자가 미디안 여자를 데리고 공공연하게 이스라엘을 대적하였다. 이에 제사장 아론의 손자 비느하스가 이스라엘의 죄악을 간과하지 않고 하나님을 위하여 하나님의 질투심으로 음행하는 남녀를 현장에서 죽임으로써 백성 중에 염병이 그치게 하였다.

이스라엘 자손의 영적 음행(바알브올에 대한 우상숭배)과 육적 음행(모압 여자들과의 음행), 그리고 비느하스의 의로운 행동은 우리에게 영적 교훈을 준다. 평화와 번영과 축복과 도우심이 하나님께로부터 온 것인지 깨닫지 못하고 싯딤에 머무는 이스라엘이 되어서는 안 된다. 그들에게 있는 평화가 이방의 우상인 바알브올을 섬기며 음행을 하라고 베푸신 것이 아니기 때문이다. 우리나라의 현실은 어떠하며 한국교회의 영적 주소는 어디에 있는가?

1950년 한국전쟁 이후 70년 가까이 휴전상태에서 남한은 번영과 평화의 시대를 살아가고 있다. 이는 하나님께서 이유와 목적이 있기에 허락하신 축복의 결과이다. 지금도 여전히 북한의 김정은 공산당은 호시탐탐 적화 야욕을 불태우고 있다. 동시에 한국의 사회 내부에는 민주주의 체제를 음해하려는 반정부 및 종북 이적세력이 공공연히 활동하고 있으며, 일부 국민들은 이러한 위기현상에 대해 느끼지 못하는 불감증에 빠져 있기도 하다. 1950년 한국전쟁 직전의 비참한 현실을 벌써 잊었단 말인가!

하나님의 구속 계획은 우리나라와 민족과 교회를 끊임없는 환란과 고난 속으로 통과시키고 있다. 우리의 연약과 죄악이 사탄의 올무에 걸리게 되었을 지라도, 하나님은 사탄의 궤계마저도 하나님의 영광을 위하여 사용하시고, 궁극적 승리를 우리에게 가져다 주신다.

한국(교회)은 김정은 공산독재정권에 시달리며 핍박과 굶주림과 추위와 질병의 고통 중 신음하고 있는 북한의 동포를 위하여 무엇보다도 먼저 기도해야 한다. 더 나아가 북한의 지하교회와 성도들이 당하는 환란이 그치고 하나님의 구원의 때가 속히 올 것을 확신하며 낙심하지 말아야 한다.

그러므로 북한 공산정권을 도구로 사용하시는 하나님의 크신 경륜을 깨닫고, 한국의 교회와 성도들은 우리에게 남아 있는 가시와 올무를 제하는 온전한 개혁을 통하여 하나님이 주신 번영과 평화축복을 선용해야 한다.

바벨론 포로시대가 막을 내리고, 이스라엘 백성은 예루살렘으로 복귀하였으나, 예루살렘 성은 여전히 훼파된 상태이며 성문들은 소화되어 있는 그대로 있다는 소식을 들은 느헤미야는 울고 수일 동안 슬퍼하며, 하늘의 하나님 앞에 금식하며 기도하였다.

하나님은 지금 한국(교회)이 느헤미야처럼 민족의 죄를 회개하고 깨어 기도할 것을 원하신다! 하나님은 지금 한국(교회)이 비느하스처럼 하나님의 질투심으로 하나님의 나라를 훼파하려는 악의 무리들을 향하여 의의 깃발 들기를 원하신다!

"하늘의 하나님 여호와! 크고 두려우신 하나님이여! 주를 사랑하고 주의 계명을 지키는 자에게 언약을 지키시며 긍휼을 베푸시는 주여! 간구하나이다. 이제 종이 주의 종 대한민국 자손을 위하여 주야로 기도하오며 대한민국 자손의 주 앞에 범죄함을 자복하오니, 주는 귀를 기울이시며 눈을 여시사 종의 기도를 들으시옵소서. 나와 나의 아비 집이 범죄하여, 주를 향하여 심히 악을 행하여 주께서 명하신 말씀을 지키지 아니하였나이다. 옛적에 주께서 주의 종 모세에게 가라사대 만일 너희가 범죄하면 내가 너희를 열국 중에 흩을 것이요. 만일 내게로 돌아와서 내 계명을 지켜 행하면 너희 쫓긴 자가 하늘 끝에 있을지라도 내가 거기서부터 모아 내 이름을 두려고 택한 곳에 돌아오게 하리라 하신 말씀을 이제 청컨대 기억하옵소서. 이들은 주께서 일찍 큰 권능과 강한 손으로 구속하신 주의 종이요, 주의 백성이나이다. 주여 구하오니 귀를 기울이사 종의 기도와 주의 이름을 경외하기를 기뻐하는 종들의 기도를 들으시고, 오늘날 종으로 형통하여 이 사람 앞에서 은혜를 입게 하옵소서"(느 1:5-11).

아멘!

4장

엘렝틱스를 통한
성경적 선교의 방법

상세 목차

라. 평가

III. 엘렝틱스(Elenctics)

  1. 개념

        가. 구약

        나. 신약

  2. 엘렝틱스는 인간이 '하나님께 무슨 죄를 범했는가?'를 일깨워 준다

        가. 죄인식

        나. 거짓 종교

        다. 변증학적 특성

        라. 고백 신앙

        마. 죄의 고백과 회개

        바. 복음 선포

        사. 적극적 복음 전파

        아. 엘렝틱스의 기초

  3. 바빙크의 5대 자력점(Bavinck's Five Magnetic Points)

        가. 나와 우주는 어떤 관계에 있는가?

        나. 나와 규범은 어떤 관계에 있는가?

        다. 나와 나의 존재는 어떤 관계에 있는가?

        라. 나와 구원은 어떤 관계에 있는가?

        마. 나와 신(神)은 어떤 관계에 있는가?

  4. 엘렝틱스와 선교

        가. 일반계시

        나. 타종교와의 대립

        다. 선교지 종교와 문화 파악

        라. 죄 문제 인식

        마. 회개

        바. 죄의 개념

I. 서론

선교란 하나님의 뜻에 따라 보내진 시간과 공간 속에서 하나님의 말씀을 선포하고 삶을 통해 증거하는 것이다. 또한 선교란 주님의 권능으로 하나님의 사람들(교회)이 모든 나라와 족속에게 가서 예수 그리스도를 증거하는 하나님의 일이다.

이를 위하여 선교사는 현지어로 복음을 전해야 한다. 선교사가 가는 선교지는 문화가 공백 상태에 있는 곳이 아니라, 이미 역사와 지리적 여건을 바탕으로 한 현지인 고유의 문화와 종교가 존재하는 지역이다. 그러므로 선교사는 선교의 대상인 현지인들의 언어와 문화와 종교를 알아야 한다. 특히 그들의 문화(전통적 가치관, 의식주, 가족관계, 사회생활, 노래, 결혼, 장례 등)와 종교에 의해 구원의 진리가 어떻게 왜곡되고 차단되어 있는지 파악하여[1] 이러한 복음의 장벽을 극복할 수 있어야 한다. 이것은 결코 쉬운 일이 아니다. 오직 하나님의 특별계시인 성경말씀을 통하여, 도우시는 성령의 역사하심에 의해 가능한 일이다. 그렇다면 선교지에 도착한 선교사는 현지인들의 전통신앙, 관습, 문화 등을 보고 어떻게 대응해야 복음을 효율적으로 전할 수 있을까?

폴 히버트(Paul G. Hiebert)의 연구에 의하면, 1850년부터 1950년까지 대부분의 기독교 선교사는 현지인의 관습과 전통신앙을 무시하고 관심을 갖지 않았다. 더 나아가 현지인의 비기독교 문화는 무가치한 것이며, 기독교 문화가 전달되기 전에 있던 현지인의 모든 전통문화는 파괴되어야 한다는 주장이 지배적이었다. 다시 말해, 복음만이 위대한 것이므로 현지인의 전통신앙과 비기독교 사고방식은 뿌리째 뽑혀야 한다고 생각했다. 그런데 이러한 견해로 인해 현지인들에게 '복음은 자신들의 것이 아니라 외부로부터 들어온 침략이며, 외국 선교사의 것이고, 자신들과는 관계가 없는 것'이라는 인식이 심어지게 되었다.[2]

그러므로 현지인이 기독교인이 되기 위해서는, 먼저 자신의 전통문화를 버리

---

1) 롬 1:18-23.

2) Paul G. Hiebert, *Anthropological Reflections on Missiological Issues* (Grand Rapids: Baker Books, 1994), 76, 81.

고 선교사의 문화를 수용해야만 했는데, 이것은 선교사의 문화가 자신의 것보다 우월하다는 생각을 갖게 하여, 문화의 식민지 현상으로 나타나게 되었다. 선교사가 전하는 복음을 선교사 문화의 식민지 현상으로 인식하는 결과가 발생함에 따라, 1850년대부터 선교학에서는 선교사보다는 현지인 위주의 선교 개념을 강조하는 현지토착화(indigenization) 개념이 활발하게 논의되었다. 이어서 1970년대부터 복음은 현지인들이 이해할 수 있는 방법으로 전달되어야 한다는 상황화(contextualization) 이론이 선교사역에 많은 영향을 주게 되었다. 상황화 이론은 선교사와 현지인 사이에 있는 문화적 차이를 신중하게 인식함으로써 선교사 중심의 단일문화적 일방 접근을 지양하는 것이다 .

그러나 선교지의 문화적 요소를 지나치게 배려하거나 중요시한 결과, 뿌려진 복음의 씨가 제대로 뿌리를 내리기보다는 현지인의 기존 문화와 복음이 혼합되어지는 현상이 나타나게 되었다. 예를 들어 현지인이 복음을 받아들일 때, 자신의 죄에 대한 죄의식이 약화되는 현상이 나타났다. 즉 인간의 문화는 본질적으로 악하지 않고 선하다는 사상에 영향을 받아, 타락한 죄인을 구원하는 복음의 순수성이 손상을 입게 된 것이다. 그러므로 선교사가 미전도지역에 복음을 전할 때는 다음 두 개의 질문이 선교사와 현지인 앞에 제시될 수 있다. (1) 현지인은 선교사가 전하는 것을 그대로 받아들일 것인가? (2) 선교사는 현지인이 자기중심적으로 받아들이는 것을 허용할 것인가?

그렇다면 어떻게 선교를 하는 것이 성경적인가? 본 논문에서는 선교지의 문화를 존중하고 가능한 한 기존 비기독교 문화에 부정적인 자극을 주지 않으면서 복음을 전하려고 하는 현지토착화(indigenization)와 상황화(contextualization) 이론을 비롯한 주요 선교 이론과 이것들의 문제점을 지적하고, 엘렝틱스(elenctics)를 통해 성경적 선교의 방법을 제시하고자 한다. 문화와 사람의 가치관은 시대에 따라 변하지만, 진리인 하나님의 말씀은 변하지 않는다. 변하지 않는 진리의 말씀을 변하는 문화 속에 있는 인생에게 어떻게 전해야 사람들을 구원의 길로 인도할 수 있는가가 본 논문의 주제이다.

II. 주요 선교 이론

현지토착화와 상황화 이론은 다음과 같은 동일한 질문에서 출발한다. 복음을 미전도지역 사람들에게 전할 때, 어떻게 복음을 전해야 (1) 현지인들이 복음을 제대로 받아들일 수 (이해할 수) 있으며, (2) 복음이 기존의 비기독교 신앙과 혼합되지 않을 수 있는가?

1. 현지토착화(Indigenization)

현지토착화(indigenization)는 라틴어 단어 3개(in [within, 안] + de [from, 부터] + gena [to beget, 낳다])로 구성된 복합단어로서, 어느 특정 지역 또는 환경 안에서 자연적으로 생산되고, 자라며, 자연스럽게 생존한다는 뜻이다. 즉 외국 또는 이방과 대조되는 토박 또는 원출생지 등을 의미한다. 현지토착화는 선교지역의 언어와 문화의 틀 안에서 복음을 깨닫게 하고, 외국 선교사를 의지하지 않는 현지인의 자립교회를 세우는 데 주안점을 둔다.

현지토착화 개념은 1850년대부터 기독교 선교학계에서 사용되었으며, 선교지 교회는 개척 단계부터 현지인 중심으로 세워져야 한다는 것을 주장하였다. 세계 각각의 문화의 유형과 특징을 선교 현장의 실정에 맞게 적용시킴으로써 기독교 신앙 원리를 세계화시킨다는 개념이다.[3]

---

3) A. Scott Moreau, ed. *Evangelical Dictionary of World Missions* (Grand Rapids : Baker Books, 2000), 481.

2. 현지토착교회(Indigenous Church)

현지토착교회를 설립하려는 선교사의 노력은 사도 바울이 추진하였던 선교사
역이었다. 바울 사도는 순회 선교사로서 선교지역을 순회 방문하면서, 주로 도시
지역에 교회를 개척하였다.[4] 또한 개척 교회가 자립하여 스스로 성장해 나아갈 수
있도록 현지인 지도자를 훈련시키고, 그들을 교회 지도자로 임명하였다.[5] 현지토
착교회의 개념은 아래와 같이 발전하였다.

가. 헨리 벤, 러퍼스 앤더슨

헨리 벤(Henry Venn, 1796-1873)과 러퍼스 앤더슨(Rufus Anderson, 1796-1880)은 19세
기 중엽 현지토착교회라는 용어를 처음 사용하였다. 선교사에 의해 세워진 교회
는 3자원리(자립-자전-자치)에 입각한 현지인 중심의 교회로 세워져야 한다고 강조
하였다. 선교사의 주요 임무는 현지교회를 개척하되, 개척된 교회는 순수하게 현
지인에 의하여 움직일 수 있어야 한다는 주장이다.[6]

나. 존 리빙스톤 네비우스

존 리빙스톤 네비우스(John Livingstone Nevius, 1829-1893)는 네비우스 계획(Nevius
Plan)을 다음과 같이 제시하였다. (1) 선교사는 현지교회가 원하고 선교사가 지원
할 수 있는 프로그램 및 교회를 지원하는 기관을 개발해야 한다. (2) 현지교회는
현지인 목사를 직접 청빙하고 사례를 지불해야 한다. (3) 현지교회는 성도들의 헌

---

4) Roland Allen, *Missionary Methods: St. Paul's or Ours* (Grand Rapids: Wm. B. Eerdmans Publishing Co., 2003), 5, 7.

5) 딛 1:5.

6) Venn Henry, *To Apply the Gospel* (Grand Rapids: William B. Eerdmans Publishing Company, 1971), 28, 122-126; J. Verkuyl, *Contemporary Missiology: An Introduction* (Grand Rapids: William B. Eerdmans Publishing Company, 1978), 52-53, 64-65, 185-188; Gerald H. Anderson, Robert T. Coote, Norman A. Horner and James M. Phillips, eds., *Mission Legacies: Biographical Studies of Leaders of the Modern Missionary Movement* (Maryknoll: Orbis Books, 1994), 545, 551.

금과 물자에 의해서 선교지의 건축 양식에 맞게 건립되어야 한다. (4) 집중적인 성경공부를 통하여 현지교회 지도자를 양육해야 한다.[7]

다. 로랜드 알렌

로랜드 알렌(Roland Allen, 1868-1947)은 선교사역에서 성령의 역할을 강조하면서, 선교사는 한 곳에만 머무는 것이 아니라 선교지를 순회하며 교회를 개척해야 한다고 주장하였다. (1) 현지인들에 의해 교회사역이 계속 유지될 수 있도록 관련 지원기관을 설립해야 한다. (2) 현지교회의 재정은 현지교회 성도들에 의하여 운영되어야 한다. (3) 현지교회 성도들이 받은 은사를 행사할 수 있도록 선교사는 권한을 이양해야 한다.[8]

라. 멜빈 하지

멜빈 하지(Melvin Hodges, 1909-1986)는 현지인 사역자를 훈련시켜서, 교회를 돌아볼 책임을 현지인 지도자에게 이양하는 것을 강조하였다. 이렇게 함으로써 이양 이후 선교사는 계속 다른 교회의 개척에 집중할 수 있다.[9]

마. 알랜 티펫

알랜 티펫(Alan Tippett, 1911-1988)은 3자원리(자립-자전-자치)를 발전시켜 현지토착교회의 6가지 모습을 제안하였다. (1) 선교사로부터 독립된 자기 교회의 이미지,

---

7) John L. Nevius, *Methods of Mission Work* (New York: Foreign Mission Library, 1895), 4-5, 17-24; John L. Nevius, *The Planting and Development of Missionary Churches* (Hancock: Monadnock Press, 2003), 14, 37-39, 100-104; Gerald H. Anderson, Robert T. Coote, Norman A. Horner and James M. Phillips, eds., *Mission Legacies: Biographical Studies of Leaders of the Modern Missionary Movement*, 193-195.

8) Roland Allen, *Missionary Methods: St. Paul's or Ours*, 5, 6; J. Verkuyl, *Contemporary Missiology: An Introduction*, 53-54; Gerald H. Anderson, Robert T. Coote, Norman A. Horner and James M. Phillips, eds., *Mission Legacies: Biographical Studies of Leaders of the Modern Missionary Movement*, 385-387.

9) Melvin L. Hodges, *The Indigenous Church* (Springfield: Gospel Publishing House, 1976), 53, 54.

(2) 교회의 정상적인 기능을 발휘할 수 있는 자력 기능, (3) 현지개척교회를 위한 선교사의 헌신과 결심을 통한 자치, (4) 현지인 자체 재정을 통한 자립, (5) 지상명령의 감당을 위한 자전, (6) 현지인의 필요에 따른 현지인 자체 구제사역 등이다.

또한 알랜 티펫은 현지토착교회를 다음과 같이 정의하였다. (1) 현지인 공동체가 그리스도를 외국인의 그리스도가 아닌 자신의 구주로 인정할 때, (2) 현지인의 문화를 충족하고, 현지인이 이해할 수 있는 예배를 드림으로써 주의 일을 감당할 때, (3) 교회가 현지인으로 구성될 때, 현지토착교회라고 할 수 있다.

현지토착교회는 현지 환경에 적합해야 하며, 동시에 선교사를 파송한 파송교회의 복사판이 아닌 현지인 중심의 교회를 의미한다.[10]

바. 평가

토착화 이론에 따른 현지토착교회에 관한 기본적 주장은 타당하지만, 토착화의 시기와 조건을 결정하는 기준이 관건이다. 말씀과 기도를 통한 바른 신앙고백과 성숙한 신앙생활의 훈련이 자리 잡지 못한 상태에서 성급하게 현지토착교회의 건립을 추진할 경우 여러 가지 문제점이 발생할 수 있다. 특히 현지인에게 아직 신학이 정립되지 않은 단계에서 현지인을 교회 지도자로 세우고 선교사가 떠나게 되면, 빈약한 신학과 교리로 인해 바른 신앙교육이 실시될 수 없으며, 기존의 토속종교와 혼합된 비성경적 신앙이 자리 잡게 될 수 있다.

---

10) A. Scott Moreau, ed. *Evangelical Dictionary of World Missions*, 483-485.

3. 상황화(Contextualization)

가. 선교학 백과사전의 정의

『선교학 백과사전』(*Evangelical Dictionary of World Missions*)에 의하면, 상황화란 용어는 1971년 8월 스위스의 보시(Bossy, Switzerland)에서 개최되었던 WCC 에큐메니컬기구(Ecumenical Institute of the World Council of Churches)에서 상황화 신학 또는 교리(Dogmatic or Contextual Theology)를 새로운 신학개념으로 선보임으로써 등장하였다. 그리고 1972년 '현지 상황을 고려한 목회'(Ministry in Context)라는 제목으로 신학교육기금(TEF : Theological Education Fund) 관련 문헌에서 공식적으로 사용되기 시작하였다.[11]

상황화란 '어떤 상황의 틀 안에서 복음을 위하여 의미 있게 적응하는 능력'이라는 개념으로 정의되었다. 다시 말해, 신학적인 반응과 접근 내용을 선교사의 문화틀 안에서만 고집한다면, 선교지의 어떤 특정 상황에서는 예수 그리스도의 복음을 전하는 선교사역이 성공할 수 없다고 보는 견해이다.

상황화 이론은 말씀이 성육신된 것 같이 복음도 어떤 상황에 적합하도록 적용되어야 한다는 것을 골자로 하고 있다. 상황화 과정에서 성령에 의하여 교회는 그리스도의 권위 아래에서 지속적으로 현지 문화에 대하여 도전하고 협조하며 그문화를 변화시킨다는 것이다. 즉 어느 지역과 문화이든지, 현지인 성도의 입장에 맞게 하나님의 말씀을 전한다는 것이다.

'현지인들의 문화와 마음을 이해하지 못한 상태에서 어떻게 복음을 전할 수 있겠는가!'라는 견해와 함께 상황화 이론은 선교지에서 설득력이 있는 것으로 여겨지고 있다.

브루스 니콜스(Bruce J. Nicholls)는 상황화를 하나님 나라 복음의 변하지 않는 내용을 현지 언어로 번역하여 고립된 문화 및 특정 상황 안에 있는 현지인들에게 전

---

11) Ibid., 225.

하는 것이라고 정의를 내렸다.[12] 조지 피터스(George W. Peters)는 주어진 상황 안에 정통적으로 포함되어 있는 복음을 발견하는 수단으로 상황화를 적용하는 개념을 제시했다.[13] 즉 상황화란 두 개의 실체, (1) 성경은 우주적이며 불변의 진리라는 사실과 (2) 문화는 계속 변한다는 사실에 대한 긴장구도를 해결하려는 선교적 노력이라고 정의하였다.

나. 로마 가톨릭의 정의

기독교 선교학계에서 상황화를 주장한 1970년대보다 20년 먼저 로마 가톨릭에서 상황화라는 용어를 사용하였다. 1951년 6월 2일 교황 비오 12세(Pius XII)는 교황교서 "복음의 선포자들"(Encyclical Letter Evangelical Praecones)에서 상황화 원리를 사용하였다.[14] 이어서 상황화 개념을 1959년 11월 28일 교황 요한 23세가 자신의 교황교서 "사목자들의 원리"(Encyclical Letter Princeps Pastorum)에서 "각 국가 문화의 특수성은 선교적 상황 안에서 반드시 고려되어야 한다"고 상황화를 구체화하였다.[15]

로마 가톨릭의 상황화 교리는 선교칙령(Missionary Decree Ad gentes)에서 "그리스도의 진리가 비그리스도의 문화에 성육신(incarnation)처럼 적용되는 것"이라고 제시되었다.[16] 또한 "복음이 전파되기 이전의 특정 고대 문화 내에도 하나님에 의하여 뿌려진 씨가 있으므로 이것은 기독교로 통합될 수 있다.…비기독교인들에게도 있는 하나님의 주권과 사랑에 대한 증거가 종교적 전통으로 본래 사람들에게 주어졌고 그것이 선교지역 내에 종교기구가 설립될 때 나타나고 있다. 신생 교회

---

12) Bruce J. Nicholls, *Contextualization: A Theology of Gospel and Culture* (Vancouver : Regent College Publishing, 2003), 66-69.

13) David J. Hesselgrave and Edward Rommen, *Contextualization: Meanings, Methods, and Models* (Pasadena : William Carey Library, 2000), 149.

14) Timothy G. McCarthy, *The Catholic Tradition: Before and After Vatican II 1878-1993* (Chicago : Loyola University Press, 1994), 110.

15) Ibid., 111 : "the peculiarities of national cultures should be taken into consideration in the missionary situation."

16) Ibid., 111 : "contextualization concerns the incarnation of the truth of Christ into the reality of non-Christian cultures."

는 자신의 문화에 세계적 교회(Universal Church, 로마 가톨릭 교회를 의미함)의 요소를 이식시켜야 한다."[17]

즉 로마 가톨릭의 상황화 개념은 '선교지역 현지의 관습, 생활, 사회 구조 등을 신의 계시에 의해 제시된 도덕 기준과 화해시키는 방법을 연구하는 것'이라는 주장이다. 아울러 복음의 빛이 선교 현지의 문화적 요소들 위에 비추어진 후, 그 국가나 종족의 문화적 요소를 로마 가톨릭교회에 통합하는 절차라고 한다.

지금까지의 천주교(로마 가톨릭)의 주장을 종합하면, 모든 인간은 선교사가 가기 전에 이미 복음의 씨를 받았음으로 선교사가 할 일은 새로운 복음의 씨를 뿌리는 일이 아니라, 이미 뿌려져 있는 복음의 씨를 현지인들이 깨달을 수 있도록 돕는 일이라는 것이다. 따라서 선교사의 신앙을 선교지에 일방적으로 주장하고 심는 일이 아니라, 이미 현지인들이 가지고 있는 신앙을 존중하면서 천주교의 지침을 전함으로써 천주교의 세계교회화를 이루는 것이 그들의 주장이다. 한마디로 종교혼합주의가 천주교의 선교전략이다.

로베르토 벨라르미노 주교(1524-1621)는 칼빈과 개혁주의 기독교회가 선교 활동을 하지 않았다고 비판하였는데, 그는 "선교"라는 동일한 용어를 사용하고 있으나, 기독교에서 사용하는 의미로 사용하지 않았다. 기독교에서 사용하는 선교와 천주교에서 사용하는 선교는 그 내용과 의미가 다르다는 사실을 분명히 알아야 한다.

다. 기독교의 선교

기독교의 선교는 "내[예수 그리스도]가 곧 길이요 진리요 생명이니 내[예수 그

---

17) Ibid., 112: "the seeds of which have been sown by God in certain ancient cultures before the preaching of the gospel." "might be incorporated into the Christian religious life."···When religious institutes are established in missionary territories, a witness among non-Christians to the majesty and love of God is given" in a manner adapted to the genuinely religious traditions of the people." The young churches must graft elements of the universal Church onto their own culture.

리스도]로 말미암지 않고는 아버지께로 올 자가 없느니라"[18]는 진리의 말씀을 미전도지역이나 교회가 연약한 선교지역에 구원의 복음으로 전하는 일이다. 반면에 천주교의 선교는 "로마 가톨릭의 세계교회를 이루는 것"이다.

칼빈은 "그리스도 예수께서 그의 교회를 모으고 이끌었던 그 복음을 선포할 때에만 그리스도의 나라를 논할 수 있는 것이다"[19]라고 했다. 율법과 선지자들의 예언은 그리스도 안에서 완성되었다. 그리스도만이 살아계신 하나님의 아들이시며, 하나님이 약속하신 구원자이심을 전달할 때 선교의 목적과 기능이 올바르게 이루어진다.

라. 평가

상황화 이론에 영향을 끼친 로마 가톨릭의 배경을 제대로 파악하지 못한 상태에서 상황화 개념을 선교 현장에 사용함으로써, 선교 현장은 혼합주의의 위험에 휩싸이게 되었다. 간단히 말해, 상황화 이론은 선교 현지에 맞도록 복음을 수정하고 적응시키는 과정이다. 이러한 신학의 입장은 혼합주의를 조장함은 물론, 교회가 당면한 세속문화 안으로 융화되어 버리는 위험을 안고 있다. 이렇게 로마 가톨릭의 영향으로 선교가 혼합주의의 성향으로 변질되어 감에 따라, 다양한 문화와 다른 종교의 지역에서 효율적으로 복음을 전하기 위한 초기의 노력인 현지토착화와 상황화의 이론도 변색되고 말았다. 기독교의 신앙과 다른 종교의 신앙이 적응하고 혼합되면, 성경이 가르치는 진리의 말씀은 점차적으로 비기독교의 전제와 교리로 대체될 수밖에 없다. 결과적으로 상황화 이론에 따른 혼합주의는 교회를 서서히 소멸시키고, 전도와 선교의 목표를 잃어버리게 만든다.

---

18) 요 14:6.

19) John T. Calvin, *Calvin: Institutes of the Christian Religion, Volume XXI* (Philadelphia: The Westminster Press, 1960), 148.

4. 비평적 상황화(Critical Contextualization)

폴 히버트는 복음의 혼합을 예방하기 위하여 '비평적 상황화' 개념을 제시하였다. 어떤 문화와 역사의 틀 안에 있는 교회는 성경 말씀을 그 문화와 역사의 내용 안에서 해석하고 적용하며, 이에 대한 권한과 책임을 인식함으로써 선교의 상황화가 시작된다는 입장이다. 히버트는 비평적 상황화 이론을 4단계로 정립하였다.

가. 성경 해석

성경은 현지 언어로 번역되어야 하는데, 이는 현지 문화 속에 내재된 현지인의 세계관이 그들의 언어에 내재되어 있기 때문이다.

나. 문화 해석

현지의 옛 관습을 반드시 고려해야만 한다. 현지인의 기존 문화를 판단하는 것이 아니라 이해해야 하며, 크리스천은 항상 현지 문화를 지킬 수 있어야 한다.

다. 비평적 대응

현지인의 기존 세계관과 관습에 대하여 성경적인 이해를 기준으로 평가한다. 이를 통하여 교회는 새로운 사회와 문화의 질서를 인도하여, 현지 사회와 문화 속에서 하나님 나라를 점진적으로 나타낸다.

라. 새로운 상황화의 틀 실천

사회-문화 틀 안에서 교회는 매일 직면하고 있는 문제에 성경 진리를 적용시킴으로써, 종전의 방법이 아닌 성경적 대체방법을 만든다. 즉 자기 신학(self-theology)을 발전시켜야만 한다.[20]

---

20) Paul G. Hiebert, *Anthropological Reflections on Missiological Issues*, 88-92, 101-102.

마. 평가

히버트의 비평적 상황화 이론에서 혼합주의의 위험을 예방하려는 노력이 있음을 볼 수 있으나, 근본적으로 상황화 이론이 가지고 있는 혼합주의 성향을 제거할 수는 없다. 특히 복음을 전하는 일에 있어서 인간의 죄 문제에 대한 지적과 회개의 단계를 거치지 않고, 단지 선교지에 있는 현지인들의 상황(context)만을 이해하고 복음을 전한다면, 혼합주의라는 근본적인 문제가 해결되지 않은 상태로 남아 있을 따름이다. 이는 진정한 죄 의식과 죄에 대한 회개 없이는 복음을 진실로 받아들일 수 없기 때문이다. 선교에서 가장 중점을 두어야 하는 것은 죄인을 향한 그리스도 구원의 복음 선포 자체이다. 그 어떤 이유도 예수 그리스도와 그의 구속 사역을 전하는 일을 양보하게 할 수 없다.

5. 종족별 해석학(Ethno-hermeneutics)

월터 카이저(Walter C. Kaiser)는 성경 기록 당시의 문화와 현재의 성경 독자 시대의 문화의 차이를 연결시키는 수단으로써 종족별 해석학을 강조하였다. 그는 문화교차의 해석에 대한 3개의 관점 (1) 성경의 문화, (2) 성경 해석자의 문화, (3) 성경 수신자의 문화를 제시하였다.[21]

가. 성경의 문화 관점

성경은 어느 특정 문화와 시대를 국한하여 기록되었다. 성경이 말하고자 하는 내용이 기록되었음에는 분명하지만, 그 기록 자체도 어떤 특정 틀과 문화 안에서 기록되었다.

---

21) Walter C. Kaiser and Moises Silva, *An Introduction to Biblical Hermeneutics* (Grand Rapids: Zondervan Publishing House, 1994), 189.

나. 성경 해석자의 문화 관점

성경 해석자 자신도 자신의 문화 안에 있다는 사실을 잊어서는 안 된다. 이것은 어떤 분야는 다른 사람들에게 답을 줄 수 없는 질문이 되고 있음을 의미한다. 그러므로 자기 자신의 평가를 통하여 성경을 해석하는 데 영향을 주는 여러 가지 사안들로부터 자유로워야 한다.

다. 성경 수신자의 문화 관점

복음을 읽고, 듣고, 받아들이는 사람은 자신의 문화와 자기만이 수행하는 환경 안에 속해 있다. 일부 선입견이 들어 있으며, 이에 따른 그릇된 행위가 예상된다.[22] 성경 번역이 진실하다면, 해석도 진실해야 한다. 그러므로 해석자는 성경 내에 존재하는 문화적 요소를 설명해야 하며, 해석자 자신의 문화적 상황도 인지하고, 성경의 본래 메시지를 해석자 시대의 문화로 전환시켜야 한다.

종족별 해석학은 위에서 설명한 3개의 관점을 고려하여, 하나님의 말씀이 과거와 같이 현시대에도 선교지에서 적합하게 해석되어 전달될 수 있도록 노력한다는 것이다. 하나님의 말씀이 바르게 해석되고 선포되어 하나님의 뜻이 이루어지도록 하자는 입장이다.

라. 평가

종족별 해석학은 문화와 시간의 차이를 극복하기 위한 과학적인 방법으로 인식되기 싶다. 그러나 성경의 절대 가치를 인간의 상대 가치와 동일시하였다는 큰 오류를 범하였다는 사실을 간과해서는 안 된다. 아울러 성경의 핵심 주제인 인간의 죄와 죄에 대한 예수 그리스도의 구속역사를 전하기 위한 것보다는 성경을 하나의 문학작품으로 생각하여 성경이 가르치는 복음의 핵심을 놓치고 있다.

결론적으로 최근의 선교 이론들의 사조는 하나님 중심이 아니라, 타문화권 이

---

22) Ibid., 189.

해에 지나치게 중점을 둔 인간 중심의 이론이다.

III. 엘렝틱스(Elenctics)[23]

엘렝틱스라는 용어를 가장 먼저 연관시키는 분야가 '비교종교학'이다. 그러나 엘렝틱스는 결코 비교종교학이 될 수 없다. 비교종교학이란, 세계 모든 종교를 동등한 것으로 전제하고 비교 분석하는 학문으로, 모든 종교에 대해 중립적인 입장을 취한다. 그러나 엘렝틱스는 오직 기독교만이 진정한 종교라는 믿음 아래, 하나님의 말씀을 기준으로 다른 종교를 분석한다. 더 나아가 인간이 죄로 인하여 억누르고 있는 (깨닫지 못하는, 의도적으로 부정하는) 진리를 전하고, 모든 인류가 공통적으로 고민하고 있는 삶과 고통과 죽음의 문제를 통해 기독교의 복음을 제시하는 전도학이다.

선교학의 토대를 세운 바빙크 박사가 최초로 제시한 용어이기 때문에, 전호진은 엘렝틱스를 "선교적 변증학"이라고 번역하였다. 그러나 엘렝틱스가 단지 문화와 역사와 지리적 환경이 다른 선교지에서만 적용된다고 생각해서는 안 되며, 동질의 문화와 역사와 지리적 환경에서도 동일하게 적용해야 한다는 것을 알아야 한다. 또한 변증학은 비기독교인(불신자)이 기독교에 관하여 물을 때 방어적 입장으로 답하는 것이다. 그러나 엘렝틱스는 구령의 목적을 가지고 능동적으로 먼저 불신자에게 다가가서 그들의 죄를 깨닫게 하는 공격적 자세를 가지고 있다. 그러므로 궁극적인 목적이 영혼을 구원하기 위한 전도라는 차원에서, 엘렝틱스를 '엘렝틱스' 또는 '전도학'이라고 명명하는 것이 의미 전달에 도움이 된다고 본다. 본 논문에서는 기존에 사용하고 있는 전도학과 예상되는 혼란을 예방하기 위하여 원

---

23) 본 내용은 엘렝틱스에 관한 바빙크(Bavinck)의 *An Introduction to the Science of Missions*, *The Church between Temple and Mosque*과 하비콘(Horvie Conn)이 필라델피아 소재 웨스트민스터 신학교 목회학 박사과정에서 강의한 자료를 기초로 하여 정리한 것이다.

어 그대로 '엘렝틱스'라고 사용한다.

엘렝틱스는 비기독인과 직접 접촉하는 인격적인 접촉을 통하여 그들로 하여금 죄를 깨닫게 하는 것이다. 불신자들을 이해하고, 그들이 하나님을 직접 만날 수 있는 방향으로 이끌어갈 때 엘렝틱스는 가능해진다. 그러므로 우선 그들과 친교를 가져야 하며, 그들과 하나의 공동체가 되어야 엘렝틱스가 가능하다. 제삼자의 다른 종교에 관하여 심취할 필요는 없으나, 그들(엘렝틱스의 대상)과 그들의 종교에는 관심을 가져야 한다.

1. 개념

엘렝틱스는 헬라어 엘렝코우(ἐλέγχω)라는 동사로부터 유래되었으며, "꾸짖다, 훈계하다, 징계하다, 납득시키다, 유죄를 입증하다" 등의 뜻을 내포한다.[24] 구약과 신약에서 엘렝틱스의 의미가 사용된 예를 다음과 같이 소개한다.

가. 구약

(1) 잠언 3장 12절: "대저 여호와께서 그 사랑하시는 자를 징계하시기를 마치 아비가 그 기뻐하는 아들을 징계함 같이 하시느니라."

(2) 욥기 5장 17-18절: "볼지어다 하나님께 징계 받는 자에게는 복이 있나니 그런즉 너는 전능자의 징계를 업신여기지 말지니라. 하나님은 아프게 하시다가 싸매시며 상하게 하시다가 그의 손으로 고치시나니."

나. 신약

(1) 누가복음 3장 19절: "분봉 왕 헤롯은 그의 동생의 아내 헤로디아의 일과 또 자기가 행한 모든 악한 일로 말미암아 요한에게 책망을 받고."

---

24) J. H. Bavinck, *An Introduction to the Science of Missions* (Phillipsburg: P&R Publishing, 1960), 221.

(2) 요한복음 16장 8절: "그가 와서 죄에 대하여, 의에 대하여, 심판에 대하여 세상을 책망하시리라."

(3) 디모데후서 3장 16절: "모든 성경은 하나님의 감동으로 된 것으로 교훈과 책망과 바르게 함과 의로 교육하기에 유익하니."

(4) 히브리서 12장 5-6절: "또 아들들에게 권하는 것 같이 너희에게 권면하신 말씀도 잊었도다 일렀으되 내 아들아 주의 징계하심을 경히 여기지 말며 그에게 꾸지람을 받을 때에 낙심하지 말라. 주께서 그 사랑하시는 자를 징계하시고 그가 받아들이시는 아들마다 채찍질하심이라 하였으니."

(5) 디모데전서 5장 20절: "범죄한 자들을 모든 사람 앞에서 꾸짖어 나머지 사람들로 두려워하게 하라."

(6) 디도서 1장 13절: "이 증언이 참되도다 그러므로 네가 그들을 엄히 꾸짖으라 이는 그들로 하여금 믿음을 온전하게 하고."

(7) 디도서 2장 15절: "너는 이것을 말하고 권면하며 모든 권위로 책망하여 누구에게서든지 업신여김을 받지 말라."

(8) 히브리서 12장 5절: "또 아들들에게 권하는 것 같이 너희에게 권면하신 말씀도 잊었도다 일렀으되 내 아들아 주의 징계하심을 경히 여기지 말며 그에게 꾸지람을 받을 때에 낙심하지 말라."

2. 엘렝틱스는 인간이 '하나님께 무슨 죄를 범했는가?'를 일깨워 준다[25]

가. 죄 인식

엘렝틱스는 인간에게 죄가 있음을 입증하는 성령의 역사이다. "그가 와서 죄에 대하여, 의에 대하여, 심판에 대하여 세상을 책망하시리라."[26] 그러므로 인간이 자

---

25) 하비 콘의 강의 CD를 듣고 요약한 내용을 기초로 한 것임.

26) 요 16:8.

기 죄를 인식하도록 하는 엘렝틱스의 실행자는 성령이다.

나. 거짓 종교

엘렝틱스는 거짓 종교가 범하고 있는 하나님께 대한 죄의 옷을 벗김으로, 그들로 하여금 유일하신 하나님을 인정하고 고백하게 하는 것이다. 그러므로 '다른 종교에도 믿을 만한 종교적 진리가 있다'는 중립적인 입장에서 다른 종교와 화해하기 위하여 대화를 시도하는 것이 아니다. 즉 엘렝틱스는 기독교를 제외한 모든 종교가 거짓이라는 사실을 밝힌다.

다. 변증학적 특성

이러한 면에서 엘렝틱스는 변증학적 특성을 가진다. 기독교 신앙이 유일한 참 신앙이요, 기독교만이 참 종교라는 사실을 알리고, 다른 모든 종교는 하나님께 배도하는 것임을 지적한다.

라. 고백 신앙

철학적 이성과 토론으로도 비기독교(다른 종교) 신앙을 포기시킬 수 있겠으나, 예수 그리스도를 구주로 고백하는 신앙을 심어 줄 수는 없다. 그러므로 엘렝틱스는 서로 다른 종교 사상을 가진 사람들 사이의 단순한 토론이 아니다.

마. 죄의 고백과 회개

엘렝틱스는 사람들을 창세기 3장에 기록된 대로 아담의 타락으로 인한 인간의 원죄를 깨닫는 곳으로 돌아가게 하며, 회개와 함께 예수 그리스도를 자신의 구주로 고백하는 신앙으로 돌아가게 하여, 유일하신 하나님을 섬기도록 한다. 그러므로 엘렝틱스는 인간의 죄 문제를 심각하게 다루고, 죄를 회개하는 일이 반드시 시행되게 한다.

바. 복음 선포

엘렝틱스는 하나님의 특별계시인 성경을 통하여 삼위 하나님의 경륜과 복음을 선포함으로써 전도하는 일이다. 또한 죄로 인해 하나님과의 관계가 단절된 인간에게 앞으로 다가올 죄에 대한 심판을 전함으로써, 구원의 복음을 듣고 회개하여 예수 그리스도를 믿도록 한다.

사. 적극적 복음 전파

그러므로 엘렝틱스는 기독교를 증거하는 방법인 변증학과 구별된다. 변증학은 "너희 마음에 그리스도를 주로 삼아 거룩하게 하고 너희 속에 있는 소망에 관한 이유를 묻는 자에게는 대답할 것을 항상 준비하되 온유와 두려움으로"[27]하는 수동적 자세를 취하는데, 엘렝틱스는 "너희가 십자가에 못 박은 이 예수를 하나님이 주와 그리스도가 되게 하셨느니라"[28]고 하여 불신자들에게 마음이 찔려 회심할 수밖에 없도록 하는 적극적 자세를 취한다. 변증학과 엘렝틱스 모두 성령이 역사하는 복음의 수단이지만, 변증학은 상대의 질문에 대한 소극적인 복음 전파인 반면에, 엘렝틱스는 상대에게 나아가 죄인 됨을 지적하고 그리스도께로 회개하고 돌아오게 하는 적극적인 복음 전파이다. 이러한 적극적인 자세로 인하여 바빙크는 엘렝틱스를 "공격"(offense)이라고 표현한다.

아. 엘렝틱스의 기초

엘렝틱스의 기초는 예수 그리스도가 성취한 하나님의 계시이며, 그리스도 안에서 이뤄질 믿음의 역사에 대한 강력한 확신이다. 따라서 성령은 엘렝틱스의 유일한 기관이며, 성령만이 사람을 죄의 인식과 회개로 인도할 수 있다.

---

27) 벧전 3:15.

28) 행 2:36.

3. 바빙크의 5대 자력점(Bavinck's Five Magnetic Points)

그렇다면, 선교사는 복음을 듣지 못한 비기독 현지인과 듣기는 했지만 아직 거듭나지 못한 불신자에게 어떻게 복음을 전할 것인가? 복음을 전하기 위해서는 신자와 불신자 사이에 공통적으로 서로 알고 있는 어떤 부분, 접촉점(points of contact)을 활용해야 한다.

반틸(Cornelius Van Til)은 기독인과 비기독인 사이에는 공통부분이 없기 때문에 서로 공통부분을 찾거나 의견을 함께 하는 것은 불가능하다고 주장하였다. 그렇기 때문에 복음을 전하기 위한 접촉점은 불신자(비기독인) 안에서 찾아야만 한다. 모든 사람은 마음속 깊이 자신이 하나님의 피조물이라는 사실과 하나님께 대한 어떤 본분이 있다는 사실을 갖고 있다(종교성). 다시 말해서, 모든 사람은 자신이 하나님과의 '언약을 파기한 자'라는 사실을 마음속 깊이 갖고 있으나, 마치 그렇지 않은 것처럼 말하고 행동한다. 이러한 마음을 '내적인 암'이라고 할 수 있다. 내적인 암을 그대로 놔두거나 가시적인 부분만을 제거한다면, 그는 살아 있으나 여전히 언약의 파기자로서 남아 있을 수밖에 없다. 그러므로 두려워하지 말고, 그 내적인 암을 완벽하게 뽑아내야 한다.[29]

모든 사람은 하나님의 형상으로 지음을 받았으며, 하나님의 법에 항상 영향을 받고 있다는 사실이 접촉점이 된다. 이 접촉점을 통하여 언제나 하나님께로 나아가게 할 수 있다. 양심은 이미 진리와 접촉되어 있다고 보아야 할 것이다. 사람이 이 사실로부터 숨으려고 한다면, 그 자체가 그를 파멸시킬 따름이다. 다시 말하면, 인간의 양심 밑에 내재되어 있는 하나님의 형상(거룩함, 의로움, 하나님을 아는 지식)으로 말미암아, 인간은 성경의 진리와 인간의 이성 앞에서 존재할 수 있다. 그리고 이것이 접촉점이 된다.[30]

---

29) Cornelius Van Til, *Christian Apologetics* (Phillipsburg : P&R Publishing, 1976), 57.

30) Ibid., 58.

	변증학	엘렝틱스
성경 본문	"너희 마음에 그리스도를 주로 삼아 거룩하게 하고 너희 속에 있는 소망에 관한 이유를 묻는 자에게는 대답할 것을 항상 예비하되 온유와 두려움으로 하고"(벧전 3:15).	"회개하라. 천국이 가까이 왔느니라"(마 4:17). "나는 의인을 부르러 온 것이 아니요, 죄인을 부르러 왔노라"(마 9:13; 막 2:17). "불의로 진리를 막는 사람들"(롬 1:18).
개념	믿음(신앙)의 방어(Defense of faith) • 묻는 사람에게 수동적으로 대답 • "누가 묻거든…답하라" • 기독교 신학 전체에 대한 방어[1] • 증거나 이성을 기초로한 이성적 방어[2] • 기독교의 삶을 비기독교 삶의 형태에 대하여 입증(변명)[3] ——————— 1) Thom Notaro, *Van Til & the Use of Evidence*, 23. 2) Ibid., 17. 3) Ibid., 22.	믿음(신앙)의 공격(Offense of faith)[1] • 능동적으로 만나서 적극적으로 죄를 지적 • "회개하라" ——————— 1) J. H. Bavinck, *An Introduction to the Science of Missions*, 232.
접촉점	하나님의 형상과 인간의 이성	5대 자력점

바빙크는 인간이라면 공통적으로 가지고 있는 5개의 근원적인 문제, 곧 아픈 곳(sore spot)을 통하여 기독인과 비기독인과의 접촉점을 찾았다. (1) 나와 우주는 어떤 관계에 있는가(I and the Cosmos), (2) 나와 규범은 어떤 관계에 있는가(I and the Norm), (3) 나와 나의 존재는 어떤 관계에 있는가(the Riddle of My Existence), (4) 나와 구원은 어떤 관계에 있는가(I and Salvation), (5) 나와 신(神)은 어떤 관계에 있는가(I and the Supreme Power)의 질문을[31] 5대 자력점으로 설정하였다.

이것은 마치 자석이 쇠붙이를 잡아당기듯이, 인간이라면 언젠가는 직면할 수밖에 없는 질문이다. 또한 인간은 하나님의 형상을 가진 동시에 하나님의 피조물로

———————

31) J. H. Bavinck, *The Church between Temple and Mosque* (Grand Rapids: William B. Eerdmans Publishing Company, 1981), 32–34.

서 자연세계와 연관된 세계관과 신앙을 발견할 수 있게 된다.

가. 나와 우주는 어떤 관계에 있는가?

창조질서를 통하여 인간은 창조세계 안에서 독립적인 존재가 아니라 다른 창조물들과 연합되어 있다는 사실을 깨닫게 해 준다. 이러한 인간과 창조세계와의 연합은 인간의 죄와 소명과 구속언약 등에 대한 증거가 된다. 나와 우주의 관계를 생각할 때, 인간은 하나님의 창조물이며, 하나님의 형상을 지닌 존재라는 것에 뿌리를 두게 한다. 인간 중심의 사고만으로는 가치 기준을 잃어버린 혼돈과 불안과 상실감과 무력감 등의 아픈 곳만을 발견할 수밖에 없음을 깨닫게 하고, 그리스도가 창조세계의 회복을 가져왔다고 가르치는 성경을 알게 해 준다.[32]

나. 나와 규범은 어떤 관계에 있는가?

인간은 원시종교와 연관되어 있다. 예를 들어, 물활론(animism, 物活論, 목석같은 것에도 영혼이 있다고 생각하는 신앙), 정령신앙(spiritualism, 精靈信仰, 영혼·천사의 존재를 믿는 신앙), 활력설(vitalism, 活力設, 영혼이 생명·건강의 원천이라는 설) 등이다. 이런 것들은 물질적 요소보다는 정신적인 요소를 강조한다. 사람들은 알지 못하는 힘에 대한 두려움을 해소시키기 위하여 마술이나 만들어진 우상을 믿거나, 질서를 깨뜨리는 자에 대한 심판을 단행하는 사회의 전통도 행한다. 이에 대하여 성경을 통해 위와 같은 것들은 십계명 중 1, 2, 3계명을 어기는 행위라고 가르친다.[33]

다. 나와 나의 존재는 어떤 관계에 있는가?

인생은 무엇인가? 인간은 자신의 정확한 위치를 찾기 위하여 운명과 행위 사이에서 갈등한다. 인생을 운명적이라고 생각하여, 자신의 행동에 대하여 책임을 느끼지 않는 경우도 있다. 이에 대하여 성경은 인생은 오직 예수 그리스도를 통해

---

32) Ibid., 37-52.

33) Ibid., 53-66.

구원받아야만 하는 존재로서 하나님과 새로운 관계를 맺어야 하고, 세상의 역사는 모두 하나님의 섭리 안에 있음을 가르친다.[34]

라. 나와 구원은 어떤 관계에 있는가?

왜 인간은 구원이 필요하며, 어떻게 인간은 구원을 얻을 수 있는가? 원시종교의 영향을 받은 인간은 자연의 힘을 신적 존재로 인정하고 각종 신과 연합함으로써 죽음의 공포를 제거하려고 한다. 이에 대해 성경은 그리스도의 십자가를 통해서만 단절된 하나님과의 관계를 회복시킬 수 있음을 가르친다.[35]

마. 나와 신(神)은 어떤 관계에 있는가?

초월적인 힘을 가진 신은 인격적인가 아니면 비인격적인가? 인간과 가까이에 있는가 아니면 멀리 있는가? 하나인가 다수인가? 남성인가 여성인가? 성경은 하나님은 창조주이시며, 죄인 중에 택자를 구원하시기 위하여 독생자까지 이 세상에 보내신 사랑의 하나님이신 동시에, 죄를 반드시 벌하시는 공의의 하나님이라고 가르친다. 인간은 오직 유일하신 하나님만을 섬기며 하나님의 영광을 위하여 사는 것이 인간의 목적이라고 가르친다.[36]

---

34) Ibid., 67-80

35) Ibid., 81-94

36) Ibid., 95-106.

바빙크의 5대 자력점(Bavinck's Five Magnetic Points)[37]

	다른 종교	기독교
나와 우주	1. 인간은 우주의 한 세포이다. 인간은 자연법칙과 조화되고 자연에 복종해야 한다. 인간을 하나의 사물로 착각한다. 2. 인간은 우주의 중심이다. 자신을 신적 존재로 착각한다. 인간의 본래 위치를 망각한다.	1. 본래 인간은 하나님의 형상으로 지음을 받아, 우주를 다스리는 통치권을 받았다(창 1:26-28). 2. 그러나 하나님처럼 되고자 하는 죄로 말미암아, 하나님과의 관계가 단절되고 우주도 고통 받는 세계가 되었다(창 3:17-19; 롬 8:22). 3. 인간은 피조세계인 우주와 함께 심판을 받고, 함께 구속을 받는다(롬 8:18-25).
나와 율법	1. 인간은 항상 율법과 만난다. 2. 인간은 그 율법에 복종해야만 한다. 3. 인간은 자신의 법과 신의 법 사이의 갈등관계에서 신의 법을 억누르거나 자신의 법으로 바꾼다.	1. 율법은 하나님의 언약을 토대로 세워지며, 천국과 연관된다. 2. 하나님과 인간, 인간과 인간의 관계는 사랑의 율법이다. 3. 인간은 죄로 인해 율법을 어기게 되었다. 4. 하나님의 은혜로 그리스도 안에서 하나님과의 관계가 회복된다.

---

37) Ibid., 32-113을 요약하여 도표화하였음.

나와 존재	1. 인생은 운명이다. 아무것도 우리 것이 될 수 없다(무능, 수동, 공포, 허무). 2. 인생은 내가 결정한다.	1. 인간은 하나님의 대리인이었으나, 스스 로 하나님처럼 되려는 죄로 말미암아, 하나님과의 관계가 단절되었다. 2. 인간은 죄에 대한 심판을 받아야 하며, 자력으로 구원을 얻을 수 없다. 3. 인간은 평안이 없는 세상 풍속을 좇지 만, 하나님께서는 여전히 주님이시다 (책임/인격). 4. 인간은 그리스도 안에서 회개하고 중생 을 받음으로써 하나님과의 관계가 회복 된다.
나와 구원	1. 인간은 어떻게 구원을 얻을 수 있 는가? 숙명인가? 행위인가? 2. 인간은 무언가를 해야만 하지만, 충분하지 않다. 3. 인간은 무언가에 좇기며, 끊임없 이 새로운 구원의 가능성을 추구 한다.	1. 인간은 예수 그리스도를 통해서만 구원 을 받을 수 있으며, 인생은 하나님이 계 획하신 구속역사 속에서 살고 있다. 2. 인간은 죄 문제를 먼저 해결해야 하지 만, 자기 자신을 스스로 구원할 수 없다. 3. 만유가 그리스도 안에서 하나로 연합 된다. 4. 구원인은 그리스도의 재림과 함께 새 하 늘과 새 땅의 새 예루살렘에서 영원토 록 천국시민으로 살게 된다.
나와 신 (神)	1. 신은 초자연적 능력을 가지고 있 다. 2. 신에 대한 생각(신앙)이 마음속 깊이 뿌리 박혀 있으나, 혼돈 속 에 있다. 3. 인간의 종교적 환상과 함께 신에 대해서는 모호성, 비현실성, 비인 격성 등을 가지고 있다. 4. 자신의 신을 임의로 상상한다.	1. 하나님은 성부, 성자, 성령의 삼위일체 하나님이시다. 2. 말씀이신 예수 그리스도 안에서만 하나 님의 음성을 듣고, 하나님의 얼굴을 볼 수 있다. 3. 하나님과 인간은 인격적 관계에 있다. 4. 신앙의 본질은 하나님의 사랑이다.

4. 엘렝틱스와 선교

가. 일반계시

선교사가 타문화권의 선교지에서 복음을 전하기 전에 하나님은 일반(자연)계시를 통하여 스스로를 계시하셨다. 이러한 하나님의 일반계시로 인하여 기독교와 다른 종교 사이에 유사한 점들을 발견할 수 있다.

나. 타종교와의 대립

엘렝틱스는 선교지의 현지인을 향한 접근 이론 중의 하나이다. 또한 기독교가 아닌 다른 종교에는 특별계시가 있다는 것을 부정한다. 다시 말하면, 구원에 이르는 회개와 관련하여 엘렝틱스는 다른 종교와 대립관계에 있다.

다. 선교지 종교와 문화 파악

선교사는 엘렝틱스를 위하여 선교지의 문화와 선교사역의 내용을 정확하게 파악하는 것이 중요하다. 선교지의 종교와 신앙에 대하여 충분히 이해하고, 선교지 현지 언어로 표현하여 복음의 의미를 정확하게 전달할 수 있어야 한다. 그렇지 않으면 복음의 메시지를 전하고 듣는 과정에서 오해 또는 혼합될 우려가 있다.

라. 죄 문제 인식

엘렝틱스의 최우선 과제는 사람의 죄 문제를 인식시키는 것이다. 이를 위하여 성경에서 가르치는 죄와 선교사의 문화 안에서 인식되는 죄, 그리고 선교지 문화 안에서 인식되는 죄의 의미에 대해 구별된 이해를 해야 한다.

마. 회개

이러한 죄에 대한 이해와 함께, 선교사는 보다 적극적(공격적)으로 선교지 문화에 내재되어 있는 죄에 대한 인식과 회개를 불러일으킴으로써, 선교를 위한 하나님의 도구로 사용되어야 한다. 인간이 자신의 문화적 이해와 개념 속에서 죄를 인식하는 출발이 없다면, 죄에 대한 진정한 인식도 회개도 있을 수 없다.

바. 죄의 개념

그러므로 선교 초기에 선교사는 성경에서 의미하는 죄의 개념과 선교지 문화 안에서 인식되는 죄의 개념 차이를 정확하게 이해해야 한다. 이러한 이해를 토대로 죄와 회개에 대한 선포에 선교사역의 초점을 두어야 한다. 성경의 가르침을 토대로 죄에 대하여 선포하면, 성령은 현지인들에게 죄를 인식시킴으로써 그들이 구원에 이르는 회개로의 부름을 듣고 깨달을 수 있도록 역사한다.

사. 공의, 거룩하심, 사랑

엘렝틱스에서 성령의 구원역사가 현지인들에게 적용되기 시작하면, 선교사는 그들이 (1) 죄를 심판하시는 공의의 하나님과 대적관계에 있다는 두려움과 (2) 지금까지 자신들이 대적하였던 하나님의 거룩하심에 대하여 수치심이 민감하게 일어나도록 해야 한다. 그렇게 할 때 성령을 통하여 그들이 죄를 인식하고 회개하여, 선교지의 구속역사가 완성되어 나아간다. 이와 동시에 선교사는 하나님의 용서하심과 영원한 사랑을 가지고 인생에 관하여 상담할 수 있게 된다.

아. 혼합 불허

선교학에서 최근에 많은 영향을 미치고 있는 상황화 이론과 선교지에서 발생하는 종교혼합 문제에 관하여, 엘렝틱스는 더욱 중요한 위치를 지키고 있다. 엘렝틱스는 죄에 대한 회개와 살아계신 하나님과 예수 그리스도를 구주로 고백하는 문제에 있어서, 어떤 경우의 상황적 양보나 혼합이나 실수를 허용하지 않는다.

자. 선교사 자신의 확고한 믿음

그러므로 선교사는 선교지에 존재하고 있는 다른 종교에 관하여 숙지하고 있어야 한다. 그런데 더 중요한 것은 하나님의 말씀을 통한 예수 그리스도의 구속역사에 대한 확고한 믿음이 선교사에게 있어야 하는 것이다. 이는 하나님의 진리를 통해서만 선교지의 다른 종교에 있는 거짓을 지적하고 참 믿음을 세워 줄 수 있기 때문이다.

차. 엘렝틱스의 5가지 특성(하비콘)

하비 콘이 설명하는 엘렝틱스의 5가지 특징은 다음과 같다.[38]

(1) 엘렝틱스는 인격적인 접근방법이다. 하나님은 살아 있는 사람을 통하여 살아 있는 사람에게 복음을 전하도록 명하셨다. 사도 바울이 복음을 전하기 위하여 복음의 대상(사람)에게 다가가 직접 만난 것이 인격적인 접근이다. 그렇게 해서 바울은 자신이 전한 복음을 듣고 회심하여 개종한 사람들의 영적 아버지가 되었다. 이렇게 인격적인 방법으로 복음을 전한 바울의 인생은 영적 자녀들을 낳았으며, 그들에게 영적인 힘과 선한 영향력을 주었다.

(2) 엘렝틱스는 말과 행위로 실천하는 삶 속에서 추구하는 접근방법이다. 선교사는 선교지역의 사회와 공동체의 일부가 되어야 한다. "데오빌로여 내가 먼저 쓴 글에는 무릇 예수께서 행하시며 가르치시기를 시작하심부터 그가 택하신 사도들에게 성령으로 명하시고 승천하신 날까지의 일을 기록하였노라."[39] 예수 그리스도는 죄인들과 함께 식사를 하셨으며, 사마리아 여인과 대화를 하셨다. 엘렝틱스는 실천하는 목회이며 삶을 통한 설교이다. 말과 행위가 함께 나아가야 한다.

(3) 엘렝틱스는 선교지의 문화, 종교, 신앙체계 등을 충분히 이해하여, 현지인들이 얻고자 하는 내용이 무엇인지를 알고 시도하는 접근방법이다. 선교사는 선교지의 문화와 종교체계에 관하여 민감해야 한다. 엘렝틱스는 고정관념에 빠지지 않고, 인내 속에서 복음의 대상인 현지인들의 삶의 체험과 욕구에 관한 것들을 들음으로써 그들을 이해해야 한다. 이것을 위하여 현지인들을 대할 때 공정과 상호 존중과 상호 민감성이 있게 해야 한다. 더 많은 사람을 얻기 위하여, 복음의 대상자들과 같이 되려고 노력하였던 사도 바울의 선교방법이 엘렝틱스이다.

---

38) 하비 콘의 강의 CD를 듣고 요약한 내용을 기초로 하였음.

39) 행 1:1-2.

"유대인들에게 내가 유대인과 같이 된 것은 유대인들을 얻고자 함이요 율법 아래에 있는 자들에게는 내가 율법 아래에 있지 아니하나 율법 아래에 있는 자 같이 된 것은 율법 아래에 있는 자들을 얻고자 함이요. 율법 없는 자에게는 내가 하나님께는 율법 없는 자가 아니요 도리어 그리스도의 율법 아래에 있는 자이나 율법 없는 자와 같이 된 것은 율법 없는 자들을 얻고자 함이라. 약한 자들에게 내가 약한 자와 같이 된 것은 약한 자들을 얻고자 함이요."[40] 복음의 대상자들이 복음을 이해할 수 있는 상황적 욕구가 느껴지도록 직접 설교해야 하지만, 복음의 기본 내용이 결코 변경되어서는 안 된다. 사도 바울이 여러 사람에게 여러 모양이 된 것은 "아무쪼록 몇 사람이라도 구원하고자 함이니 내가 복음을 위하여 모든 것을 행함은 복음에 참여하고자 함"[41]이기 때문이다.

(4) 엘렝틱스는 예수 그리스도를 구주로 고백하는 인격적인 관계를 갖는 결단을 지향하는 접근방법이다. 엘렝틱스의 목표는 죄인인 인간을 예수 그리스도와의 살아 있는 관계 속으로 불러들이는 것이다. 다시 말해 믿음과 회개로 인도하는 소명을 전하는 일이다. 오순절 성령 강림 직후 베드로의 설교에 마음이 찔려 괴로워하는 백성들에게 베드로는 "너희가 회개하여 각각 예수 그리스도의 이름으로 세례를 받고 죄 사함을 받으라…너희가 이 패역한 세대에서 구원을 받으라"고 하였고 베드로의 말을 받은 사람들이 세례를 받고 삼천 명이나 되는 제자의 수가 더하게 되었다.[42] 이것은 죄의 분명한 인식과 회개의 확실한 표징과 죄사함의 역사가 일어난 엘렝틱스의 좋은 예이다.

그러나 스데반의 경우는 정반대의 현상을 보여 주었다. 사도행전 7장에서 스데반은 "목이 곧고 마음과 귀에 할례를 받지 못한 사람들아 너희도 너희 조상과 같이 항상 성령을 거스르는도다. 너희 조상들이 선지자들 중의 누구를 박해하지 아니하였느냐 의인이 오시리라 예고한 자들을 그들이 죽였고 이제 너희는 그 의인을 잡아 준 자요 살인한 자가 되나니, 너희는 천사가 전한 율법을 받고도 지키

---

40) 고전 9:20-22a.

41) 고전 9:22b-23.

42) 행 2:37-41.

지 아니하였도다"고 그의 마지막 설교에서 동족인 이스라엘 백성에게 책망(엘렝틱스)을 하였다. 베드로의 설교와 마찬가지로 듣는 자들의 마음이 찔린 것은 동일하였으나, 그들의 반응은 다르게 나타나 스데반을 향하여 이를 갈며 달려들어 돌을 던졌다.[43]

여기에서 엘렝틱스 이후의 결과는 오직 하나님의 뜻에 달려 있음을 볼 수 있다. 엘렝틱스 이후 베드로는 살아서 회개한 자들에게 세례를 주고 초대교회를 세우는 근간을 이룬 반면에, 스데반은 첫 순교자의 이름으로 남아 영원한 엘렝틱스의 본이 되었다.

(5) 엘렝틱스는 예수 그리스도 안에서 하나님과의 화해를 확신하는 하나님 중심의 접근방법이다. 그리스도 밖에 있던 불신자를 하나님께 예배드리는 사람들로 변화시키는 일이 엘렝틱스의 목표이다. 바나바와 바울은 루스드라에서 자신들에게 경배하려는 사람들에게 강력하게 대응하였다. "여러분이여 어찌하여 이러한 일을 하느냐 우리도 여러분과 같은 성정을 가진 사람이라. 여러분에게 복음을 전하는 것은 이런 헛된 일을 버리고 천지와 바다와 그 가운데 만물을 지으시고 살아 계신 하나님께로 돌아오게 함이라"[44]고 하며 자연을 통하여 계시하신 하나님의 존재하심을 알릴 기회로 적극 사용하였다.

엘렝틱스에서 반드시 잊지 말아야 할 점은 성령의 역사이다. 성령은 엘렝틱스의 위대한 시행자이며, 성령의 역사로 불신자들의 눈과 귀가 열리고 그리스도를 믿는 마음이 열린다는 사실을 잊지 말아야 한다.

---

43) 행 7:51-59.
44) 행 14:15.

5. 엘렝틱스 관점[45]

가. 하나님의 계시

신앙의 신비와 복음의 비밀을 전하는 데 있어서, 선교사는 하나님의 계시(성경)에 호소해야 한다.

> "또 어려서부터 성경을 알았나니 성경은 능히 너로 하여금 그리스도 예수 안에 있는 믿음으로 말미암아 구원에 이르는 지혜가 있게 하느니라. 모든 성경은 하나님의 감동으로 된 것으로 교훈과 책망과 바르게 함과 의로 교육하기에 유익하니, 이는 하나님의 사람으로 온전하게 하며 모든 선한 일을 행할 능력을 갖추게 하려 함이라"(딤후 3:15-17).

아브라함 카이퍼(Abraham Kuyper)는 "엘렝틱스는 심리적이며 변증법적인 방법으로 잘못된 것의 내적인 거짓성을 드러내어, 진리와 대조시키는 최선의 길을 제시해야 한다"[46]고 개념을 세웠다. 반면에 바빙크는 "엘렝틱스는 다른 종교의 모순을 폭로하는 논증이 아니라, 죄를 인식시키고 죄의 가면을 벗김으로써 죄에 대한 책임을 지도록 요구하는 것이다"[47]고 정의를 내렸다.

성경말씀 외에는 다른 종교(불신자)의 거짓과 죄를 드러나게 할 방법이 없음을 확신하고 말씀의 능력을 신뢰하는 것이 엘렝틱스의 능력이다.

나. 죄를 시인

"빛으로 나오는 것"은 철학적 논증에 굴복하는 것이 아니라, 불신앙 뒤에 숨어 하나님으로부터 도망치는 죄를 시인하는 것이다.

---

45) 하비 콘의 강의 CD를 듣고 요약한 내용을 기초로 하였음.

46) J. H. Bavinck, *An Introduction to the Science of Missions*, 242.

47) Ibid., 242.

"그 정죄는 이것이니 곧 빛이 세상에 왔으되 사람들이 자기 행위가 악하므로 빛보다 어둠을 더 사랑한 것이니라. 악을 행하는 자마다 빛을 미워하여 빛으로 오지 아니하나니 이는 그 행위가 드러날까 함이요. 진리를 따르는 자는 빛으로 오나니 이는 그 행위가 하나님 안에서 행한 것임을 나타내려 함이라 하시니라"(요 3:19-21).

"우리가 그에게서 듣고 너희에게 전하는 소식은 이것이니 곧 하나님은 빛이시라 그에게는 어둠이 조금도 없으시다는 것이니라. 만일 우리가 하나님과 사귐이 있다 하고 어둠에 행하면 거짓말을 하고 진리를 행하지 아니함이거니와"(요일 1:5-6).

그러므로 엘렝틱스는 죄를 시인하고 빛으로 나아온 사람에게 하나님의 사랑을 전하고 실천함으로써 그들을 그리스도 안에서 안위해야 한다.

다. 우상숭배

우상숭배는 유일하신 하나님에 대한 배도이며, 사탄적인 자랑이요, 자기 숭배, 자기 신성화이다. 이것은 하나님을 세상으로 끌어내리어, 인간의 종으로 만들려는 배도 행위이다.

"우상을 만드는 자는 다 허망하도다 그들이 원하는 것들은 무익한 것이거늘 그것들의 증인들은 보지도 못하며 알지도 못하니 그러므로 수치를 당하리라"(사 44:9).

"그들이 알지도 못하고 깨닫지도 못함은 그들의 눈이 가려서 보지 못하며 그들의 마음이 어두워져서 깨닫지 못함이니라"(사 44:18).

"내가 두루 다니며 너희가 위하는 것들을 보다가 알지 못하는 신에게라고 새긴 단도 보았으니 그런즉 너희가 알지 못하고 위하는 그것을 내가 너희에게 알게 하리라…알지 못하던 시대에는 하나님이 간과하셨거니와 이제는 어디든지 사람에게 다 명하사 회개하라 하셨으니, 이는 정하신 사람으로 하여금 천하를 공의로 심판할 날을 작정하시고 이에 그를 죽은 자 가운데서 다시 살리신 것으로 모든 사람에게 믿을 만한 증거를 주셨음이니라 하니라"(행 17:23-31).

"그 중에 이 세상의 신이 믿지 아니하는 자들의 마음을 혼미하게 하여 그리스도의 영광의 복음의 광채가 비치지 못하게 함이니 그리스도는 하나님의 형상이니라"(고후 4:4).

라. 그렇다면 어떻게 그들에게 복음을 말할 것인가?
(1) 하나님의 일반은혜를 통하여 설명한다.

"이는 하나님을 알 만한 것이 그들 속에 보임이라 하나님께서 이를 그들에게 보이셨느니라. 창세로부터 그의 보이지 아니하는 것들 곧 그의 영원하신 능력과 신성이 그가 만드신 만물에 분명히 보여 알려졌나니 그러므로 그들이 핑계하지 못할지니라"(롬 1:19-20).

일반(자연)계시는 선교사가 복음을 전하지 않는 한 죄인에게 구원의 길을 알려주지 못한다. 그러나 절대자(하나님)가 존재함을 알리는 데는 충분하다. 특히 죽음과 같이 절대자에게 굴복할 수밖에 없는 순간을 경험할 때마다, 하나님으로부터 자신을 숨기려 할 때마다, 막연하게나마 절대자의 존재를 인식하고 있다.

(2) 신중하게 접근하여 설명한다. 다른 모든 종교도 '하나님'이나 '신'의 이름으로 진리의 자리에 위치하려 하지만, 그들이 생각하고 말하는 '하나님'이나 '신'은 우리 기독인이 믿고 전하는 '유일하신 참 하나님'이 아니다. 그리고 다른 종교에서 말하는 '죄', '은혜', '구속', '기도', '희생' 등의 개념도 성경에서 의미하는 것과 다르다. 피상적으로는 비슷한 것 같지만, 실은 그 유사성 뒤에 숨어 있는 매우 큰 차이점을 발견할 수 있다. 그러므로 복음의 진리와 맞지 않는 사상이나 개념에 대

하여 경계해야 한다. 특히 우상숭배는 그 배후에 하나님께 대항하는 숨은 반역이 있는 공허한 허상이요, 자기 기만이기 때문에 경계해야 한다.

"하나님을 알되 하나님을 영화롭게도 아니하며 감사하지도 아니하고 오히려 그 생각이 허망하여지며 미련한 마음이 어두워졌나니"(롬 1:21).

"그 중에 이 세상의 신이 믿지 아니하는 자들의 마음을 혼미하게 하여 그리스도의 영광의 복음의 광채가 비치지 못하게 함이니 그리스도는 하나님의 형상이니라"(고후 4:4).

"내가 내 포도원을 위하여 행한 것 외에 무엇을 더할 것이 있으랴 내가 좋은 포도 맺기를 기다렸거늘 들포도를 맺음은 어찌 됨인고"(사 5:4).

(3) 성령에 의지한다. 성령만이 믿지 아니하는 자들을 회개로 인도할 수 있으며, 우리는 그의 수단이다. 성령은 전도자(설교자)의 말씀을 사용하시고, 듣는 이의 심령을 두드려서 말씀이 접근할 수 있게 하신다. 즉 깨워서 깊이 숨어 있는 죄를 깨닫게 하신다. 그렇다고 하여 우리의 책임이 없는 것은 아니다. 오히려 우리는 성령에 붙잡히어 그의 도구로서 적극적으로 사용되어지도록 기도한다. 우리의 약함에 의존하지 않고, 그리스도 안에서 능력을 주시는 성령에 의지해야 한다.

"내 말과 내 전도함이 설득력 있는 지혜의 말로 하지 아니하고 다만 성령의 나타나심과 능력으로 하여"(고전 2:4).

(4) 선교사의 인격 자체가 접촉점이요 출발점이다. 선교사는 비기독인들과 살아 있는 인격체로서의 접촉을 하여 그들이 죄를 깨닫도록 한다. 인간이면 누구도 하나님을 모른다고 할 수는 없으며, 반드시 하나님을 인정할 수밖에 없다.[48] 원

---

48) 롬 1:19-21.

죄로 말미암아 하나님에 관한 지식을 억누르고 있는[49] 불신자에게 선교사의 경건과 사랑의 실천은 죄로부터 자유함을 받은 구원인의 삶을 증거하는 인격적 접촉의 출발이다.

(5) 하나님의 말씀에 기초하여 전한다. 엘렝틱스가 철학적 합리성에 의존한다면, 심각한 위험에 빠지게 된다. 철학적 합리성으로 미신을 추방시킬 수는 있지만, 하나님의 존재를 추상적인 개념으로 받아들이는 위험에 빠지게 할 수 있다. 다시 말하면, 복음을 전하는 데 있어서 하나님의 말씀을 기초하지 않고, 추상적이며 철학적으로 말하는 것은 미련한 일이다. 만약 그렇게 한다면 언제든지 우리의 논증을 이기고 이전의 비기독 신앙으로 되돌릴 사람이 올 수도 있기 때문이다.

"너희 믿음이 사람의 지혜에 있지 아니하고 다만 하나님의 능력에 있게 하려 하였노라"(고전 2:5).

"우리가 이 보배를 질그릇에 가졌으니 이는 심히 큰 능력은 하나님께 있고 우리에게 있지 아니함을 알게 하려 함이라"(고후 4:7).

우리에게 예수 그리스도 안에 나타난 하나님의 계시(성경)보다 더 좋은 선교의 기초는 없다.

IV. 결론

1986년 10월 27일 이탈리아 성 프란시스 대성당 광장에 세계종교지도자들이 한자리에 모였다. 여기서 교황은 모든 종교는 "동일한 하나의 신에게 기도하며,

---

49) 롬 1:18.

새로운 토양의 평화(new climate of peace)를 위하여 노력하고 있다"[50]고 주장하였다. 2000년 8월 20일 CNN 방송국의 건립자인 테드 터너(Ted Turner)는 세계종교의 명예회장 자격으로 "우리는 각기 다른 신들을 섬기고 있는데, 아마도 하나의 신이 각기 다른 모습으로 각기 다른 백성들에게 나타났을 것이다…천국에 이르는 길은 많다"[51]고 자신의 입장을 발표하였다. 오프라 윈프리(Oprah Winfrey)도 "예수만이 구원의 유일한 길이 아니다"[52]라고 공공연히 자신의 프로그램에서 주장하고 있다. 더 나아가 미국 레이크우드교회의 담임목사인 조엘 오스틴(Joel Osteen)은 "예수 그리스도만이 유일한 길이 아니다…나는 내 길을 믿는다…하나님이 심판하실 것이다…오직 하나님만이 아실 뿐이다"[53]고 하며 구원의 확신이 없음을 밝혔다. 빌리 그레이엄(Billy Graham)은 "과거에는 이방종교를 믿는 자들은 구원을 받지 못한 자들이라고 믿었지만, 이제는 더 이상 그렇게 믿지 않는다"[54]고 자신의 입장을 밝혔다.

　미국 하버드대학 철학교수인 윌리엄 어니스트 호킹(William Ernest Hocking)은 "오늘날 선교는 무엇보다 주변의 종교들에 관하여 알고 이해하며, 그 종교들에게 있는 동질의 요소라면 무엇이든지 그 자체를 인식하고 함께 합치는 긍정적인 노력을 해야 한다. 무엇이든지 가장 잘 들을 수 있도록 기독교가 반드시 말해야 하는 것은 비기독 종교 안에 있는 강하고 건전한 것인데, 이것은 약하거나 오염된 것이 아니다. 다른 사람들의 종교가 기독교가 아니라는 사실을 공격하는 것이 선교사의 본분은 분명히 아니다. 선교사의 최우선 본분은 인생의 길에 대한 개념을 긍정적으로 형성하도록 제시하고, 그것이 스스로 말하게끔 허용하는 것이다. 그 길은 멀고, 새로운 인내심이 요구된다. 그러나 그것이 그 자체 진리의 내용에 남아 있는 것까지 내놓을 때까지 다양한 종교적 경험이 사라지지 않도록 바랄 수 있다. 그러

---

50) http://www.youtube.com/watch?v=Rrz55xh7cXI&feature=related.

51) http://www.youtube.com/watch?v=Rrz55xh7cXI&feature=related.

52) http://www.youtube.com/watch?v=oFDKwvBxv4Q&feature=related.

53) http://www.youtube.com/watch?v=KwL1DThtxYg&feature=related.

54) http://www.youtube.com/watch?v=2cTr34ZnGG0&feature=related.

므로 기독인은 사람들이 의를 위하여 만들고 있는 각 종교 체계 안에서 그들의 힘과 함께 협력하는 협력자로 자신을 여겨야 한다"[55]고 결론을 맺었다.

이상에서 보듯이, 이 세계를 소위 이끌고 나간다는 각계의 지도자들이 서슴없이 예수를 부정하거나, 예수만이 구원의 길이라는 사실을 부정하고 나선다. 예수 그리스도를 구주로 고백함으로써 구원을 얻는다는 진리를 부정하며, 다른 종교에도 동일한 구원의 길이 있다고 주장한다. 이것은 로마 가톨릭의 주장과도 일치한다.

이러한 세계종교일치운동의 흐름이 기독교 선교에도 영향을 미치어, 상황화가 마치 선교의 기본 방법인 것처럼 소개되고 있다. 선교지 내에 존재하는 이방종교나 문화에 하나님의 복음의 씨가 이미 뿌려져 있다는 주장은 하나님의 일반계시와 특별계시를 바로 깨닫지 못하여 혼동하는 전형적인 로마 가톨릭의 오류이다.

기독교 선교학의 많은 부분은 로마 가톨릭의 선교학에 의존하고 있는 것이 현실정이다. 역사적으로 선행한다는 이유 때문에 로마 가톨릭의 선교학에 의존하다 보면, 경계심 없이 로마 가톨릭의 신학으로 빠져 들어가는 위험에 노출되기 쉽다. 그렇기 때문에 현지토착화, 상황화, 종족별 해석학 등 여러 가지 선교 이론을 선교 현장에서 활용하지만, 정작 진리의 복음을 바르게 전하는 일을 두려워하여 다른 것들과 타협하려는 경우가 발생한다.

이런 선교 현실을 볼 때, 엘렝틱스는 신앙과 신학이 혼잡한 이 시대에 꼭 필요한 전도학이요 선교학이라고 강조하고자 한다. 엘렝틱스는 성경의 교훈으로 하

---

55) William Ernest Hocking, *Re-Thinking Missions – A Laymen's Iniquity after One Hundred Years* (New York: Harper & Brothers, 1932), 326–327: "The mission of today should make a positive effort, first of all to know and understand the religions around it, then to recognize and associate itself with whatever kindred elements there are. It is not what is weak or corrupt but what is strong and sound in the non-Christian religions that offers the best hearing for whatever Christianity has to say. It is clearly not the duty of the Christian missionary to attack the non-Christian systems of religion – it is his primary duty to present in positive form his conception of the way of life and let it speak for itself. The road is long, and a new patience is needed; but we can desire no variety of religious experience to perish until it has yielded up to the rest of its own ingredient of truth. The Christian will therefore regard himself as a co-worker with the forces within each such religious system which are making for righteousness."

나님을 찾게 하는 동시에, 하나님으로부터 멀어져 가려는 죄의 악한 시도에 대하여 성경으로 책망한다. 그러므로 성경을 근거로 인격적인 접촉을 통한 엘렝틱스가 선교 현장에서 요구된다.

이 세상의 역사는 예수 그리스도께서 완성하신 예수 그리스도의 구속역사이며, 종말을 향하여 달려가는 교회를 통한 선교역사이다. 선교는 하나님의 말씀을 통한, 하나님의 사람들(교회)에 의한 것으로, 예수 그리스도 안에서, 하나님의 영광을 그 목적으로 하며, 예수 재림의 때까지 쉬지 않고 현재진행형이다.

5장

선교지 개척교회 목회승계

선교지 개척교회 목회승계를 위한
문화초월적 예상원리 발견:
초기 한국 장로교회 역사적 분석을 기초

본 장은 저자의 박사 논문 Discovering Prospective Meta-cultural Principle of Missional Transitions from Korean Presbyterian Church Historical Context를 요약 정리한 소논문입니다.

상세 목차

I. 개요

1. 연구 질문

선교사의 선교지 교회개척 이후, 목회사역의 현지 지도자 승계 조건, 시간대, 관계성은 무엇인가?

2. 연구 절차

가. 역사 연구(Historiacal Reserach Methodology): 초기 한국 교회사 연구

- 기간: 1884-1907년
- 내용: 네비우스 방법에 의한 3자원칙(자립-자전-자치)
- 자료: 미국 선교부 보고서(1차 자료), 한국 교회 자료(2차 자료)
- 방법: 역사자료 분석을 통한 미국 선교사와 한국 교회 지도자의 목회사역 승계 절차 분석

나. 에스노 그래픽 연구(Ethnographic Reserch Methodology): 인터뷰를 통한 현대 실태 연구

- 대상: 선교사, 선교부 대표, 파송교회 목사, 선교지 현지인 목사
- 부가적인 문제 또는 의문의 제기가 발생하지 않는 시점까지 결론을 제시하는 방법(세츄레이션, saturation)

다. 설문조사 연구(Survey Reserch Methodology)

- 상기 연구 절차 결과를 기초로 설문지 준비
- 한-미 장로교회 선교사, 파송교회 목사, 선교부 대표, 선교지 현지인 목사 등에게 설문 조사
- 통계 컴퓨터 프로그램을 통한 자료 분석

라. 연구 결과

- 상기 설문 조사 연구 결과를 기초로 선교지 교회 지도력 승계 모델 제시

II. 관련 문헌 연구

1. 초기 한국 교회

2. 선교 토착화(Indigenization) 및 상황화(Contextualization)
- 토착화 이론
- 현지 토착교회
- 상황화 이론
- 토착화 이론과 상황화 이론 비교
- 비판적 상황화(Critical Contextualization) 이론과 민족 해석학(Ethno-hermeneutics)
- 신학화(Theologizing) 이론 및 자기 신학화(Self-Theologizing) 이론

3. 선교 협력(Partnership)
- 협력에 관한 성경적 이해(Fellowship, Koinonia, Interdependence)
- 협력을 위한 요구조건

III. 연구 방법

1. 연구 질문
선교사의 선교지 교회개척 이후, 목회사역의 현지 지도자 승계 조건, 시간대, 관계성은 무엇인가?

2. 연구 세부 질문
가. 이론 연구: 교회 성장에 있어 토착화, 상황화 이론과 파트너십 이론의 관계성
나. 역사 연구(과거): 초기 한국 교회(1884-1907) 역사 속, 미국 장로교회 선교사의

개척교회 내 한국인 목사로의 목회 승계 사례

다. 에스노그래픽 연구(현재): 현대 문화적 입장에서 본 한-미 선교지 교회의 목회 사역 승계 관련 인터뷰

3. 연구 절차

질적 및 양적 연구를 통한 신뢰도 있는 결과를 발견하고, 역사적 연구와 인터뷰 조사를 통하여 약 100년의 시간대 간격의 최소화

가. 역사 연구: 역사적 자료 자체 내 오류의 최소화를 위한 다중자료 확보 분석
- 선교사 서신, 보고서 및 한국 선교팀의 공식 보고서
- 선교사의 선교경험을 토대로 발간된 도서
- 후대 선교학자의 연구 도서 및 보고서
- 후대 한-미 역사학자의 연구서(emic 및 etic 관점)

나. 에스노그래픽 연구: 1 포커스 그룹(Focus group), 1 패널 디스커션(Panel discussion), 53명 인터뷰
- 대상: 선교사, 파송 교회/기관 대표, 현지교회 지도자
- 방법: 최소 40명 이상의 인터뷰 대상자를 대상하여, 1인당 1시간 이상의 인터뷰 진행, 인터뷰 내용 전문 작성 및 세츄레이션 결론법을 도입한 내용 분석
- 연구자료 구분: 7가지(아래 도표 참조)

대상 소속	한국 장로교 20명, 미국 PCA 28명, 현지인 지도자 5명
사역 형태	현역 51명, 퇴역 2명
성별 구분	남성 47명, 여성 6명
선교 지역	아프리카 8명, 미주 12명, 아시아 17명, 유럽 16명
사역 기간	5년 미만 4명, 5-10년 14명, 11-15년 8명, 16-20년 12명, 20년 이상 15명
경험 형태	교회개척 및 승계 직접 경험 47명, 참관 2명, 미경험 4명
자체 평가	성공 21명, 실패 2명, 불분명 22명, 성공과 실패 8명

다. 설문조사를 통한 연구: 대상 93명

- 질문내용: 목회의 현지인 승계 조건과 시간대, 그들의 관계성, 승계 이후 방안
- 방법: 자료의 신뢰도를 고려, 최소 80명 이상의 설문 대상자를 대면 또는 이메일을 통하여 설문조사
- 연구자료 구분: 5가지(아래 도표 참조)

지역 구분	한국 장로교 37명, 미국 PCA 42명, 현지인 지도자 14명
성별 구분	남성 72명, 여성 21명
선교 지역	아프리카 16명, 미주 13명, 아시아 39명, 유럽 24명
사역 기간	5년 미만 30명, 5-10년 22명, 11-20년 29명, 20년 이상 12명
경험 형태	교회개척 및 승계 직접 경험 46명, 참관 23명, 미경험 18명, 현재경험 4명, 무응답 2명

IV. 연구 결과

1. 승계의 필요성

가. "승계는 불필요하다"

100년 전과 비교할 때, 선교 환경이 변화되었다. 대부분의 나라에 이미 복음이 전파되었다. 또한 목회승계 시 선교사와 현지목사 간의 갈등 초래 또는 심화의 가능성이 있다. 일부 선교제한국가에서는 선교사의 직접 교회개척이 법적으로 제한을 받고 있다.

(1) 현지 정부의 강제조치로 인한 승계 발생

현지 정부는 선교사가 자국에 존재하는 사실 자체가 정부의 주권에 위협을 줄

수 있다고 판단한다. 일부 국가에서는 모든 선교사 주도의 사업을 자국화한다는 방침에 따라 선교사가 선교지를 떠나야 했던 사례도 있다. ① 나이지리아의 경우, 1970년대 자국화 방침으로 인해 선교사가 국가 압력에 의해 현지목회자에게 승계를 하고 선교지를 떠나야만 했다. 선교사의 부재현상은 오히려 현지교회의 자립이라는 결과를 가져왔다. ② 우즈베키스탄은 기존등록교회를 통해서만 목회가 가능하며, 새로 개척된 교회는 미등록된 지하가정교회로서 생존이 곤란하다. ③ 중국의 경우, 선교사의 직접 교회개척은 불가능하다. 대신 현지 지도자와 접촉, 신학훈련을 통하여 현지 지도자들을 통한 교회개척만이 가능하다. 선교사의 활동이 제한된 지역에서는 현지 지도자를 통한 교회개척이 처음부터 가능하기 때문에 목회승계가 불필요하다.

비록 중국과 우즈베키스탄 양국은 동일하게 선교사의 활동이 제한된 지역이지만, 교회 성장은 서로 다른 양상을 나타내고 있다. 우즈베키스탄은 신(新)교회등록법에 따라 교회의 수가 감소되어가고 있는 반면, 중국의 교회 수는 증가하는 추세에 있다. 그 이유는 ① 중국은 가정교회를 중심으로 시작하였으나, 우즈베키스탄은 서구식 교회 형태로 시작하였기 때문이다. 가정교회는 정부의 통제 하에서도 전국적으로 자발적 확산이 진행되고 있다. 그러나 서구식 교회 형태는 외국 선교사를 중심으로 한 조직적인 형태로 형성되었기 때문에, 정부의 외부압력을 받을 경우 교회 자체 존립에 위협이 되어 교회의 수가 감소되고 있다. ② 중국은 정부통제방식이 지방행정단위 위주로 동일한 법안이 다양하게 적용되고 있는 반면, 우즈베키스탄은 중앙정부 중심의 통제방식으로 동일한 법안이 동일하게 적용되고 있다. 따라서 중국의 경우 통제가 약한 지방에서는 교회의 수가 증가하지만, 우즈베키스탄의 경우는 교회의 수가 증가할 수 있는 기회가 없다. ③ 이슬람권에 속한 우즈베키스탄은 기독교에 대한 탄압의 강화로 교회의 수가 날로 줄어들고 있다.

(2) 승계 절차의 어려움

목회승계가 이루어지는 과정이 너무 힘들다. 선교부와 현지교회 간에 다양한 갈등이 존재한다. 그리고 목회승계를 위해서 선교사는 주도적인 역할에서 지원하는 역할로 변경되어야 한다. 이를 위해서 현지교회의 인적 물적 자원이 충분하게 구축되어야 한다.

승계 기간 또한 현지교회의 자립이 가능하도록 충분한 기간이 필요하지만, 동시에 선교사에게 무조건적으로 의존하려는 타성에 빠지지 않도록 짧은 기간 내에 진행되어야 한다. 선교사가 너무 오랫동안 현지교회에 관여하게 되면, 자립교회로의 성장에 어려움이 생기며, 계속적으로 선교사에게 의존하려는 미자립교회로 남게 된다. 이러한 모든 관련사항을 고려할 때, 목회승계는 어려움을 겪는다.

미국 장로교(PCA: Presbyterian Church in America)의 선교부(MTW: Mission to the World)는 선교정책을 ① 1974-1989년 선교사의 직접 교회개척에서 ② 1989년 이후 현지지도자들과의 협력사역(partnership)으로 수정하였다. 현재 미국 MTW 소속 선교사의 주임무는 교회개척보다는 현지 기존 교회를 지원하는 데 있다.

(3) 교회개척자가 아닌 기존 교회의 협력자로서의 선교사

선교지 교회는 해당 선교지역에서 성장한 목회자가 사역하는 것이 가장 바람직하며, 선교사의 교회라기보다는 현지인의 교회이다. 그러므로 선교사는 협력자로서 현지목회자가 교회를 개척하고 목회를 할 수 있도록 돕는 것이 타당하다. 또한 선교사가 현지교회의 목회를 제외한 다른 협력사역을 하는 것이 실질적이다.

① 선교 활동이 자유로운 지역(나이지리아, 독일, 멕시코, 일본 등)에는 대부분 기존 교회가 존재하고 있으므로, 선교사의 직접 교회개척보다는 현지인들의 교회개척을 돕는 협력사역이 보다 효과적이다.

② 선교 활동이 제한된 지역(베네수엘라, 중국 등)에서는 선교사의 공적 활동이 불가능하므로, 가능한 지역(현지 또는 현지 인접국가)에서 현지인 지도자에게 신학교육을 시킨 후 자국으로 보낸다.

나. "승계는 필요하다"

비록 크리스천이 대부분의 국가에 존재하지만, 선교사의 직접 교회개척은 여전히 필요하다. 지역에 따라 기존 교회를 지원하는 사역도 필요하지만, 선교사의 교회개척과 승계가 여전히 필요하다.

(1) 선교사는 기존 교회만을 뒤에서 지원하는 그림자가 아니다

선교지에 필요한 것은 참고문헌이 아닌 선교사다. 물론 승계 절차 자체가 쉽지 않지만, 이 절차는 선교사의 직접 교회개척을 통하여 현지인에게 좋은 모범이 될 뿐만 아니라, 현지교회의 성장에 기여함은 분명한 사실이 있다. 선교사가 한 특정 지역에서의 담임목회만을 고집하는 것은 적합하지 않으며, 현지목회자를 돕는 단순한 그림자 역할만을 하는 것 또한 바람직하지 않다.

(2) 교회개척자이며 기존 교회를 지원하는 협력자로서의 선교사

교회개척과 협력은 다소 상이한 분야임에도 불구하고, 선교사의 교회개척사역과 협력사역은 병행되어야 한다. 선교사가 교회를 직접 개척하지 않고는 현지교회를 효과적으로 지원할 수 없기 때문이다. 선교사 스스로 직접 교회개척의 경험이 없는 상태에서 현지인에게 교회개척을 요구하는 것은 설득력이 부족하다. 선교사는 그리스도의 군사로서 현지인들과 함께 교회를 개척하고 세우는 일을 통해, 현지인이 실질적으로 자립할 수 있도록 훈련시키는 일을 가능하게 한다.

다. 분석

현지목회자로의 승계는 목회의 승계보다 선교사의 사역 초기 단계부터 현지인 참여를 통한 교회개척을 인도하는 것이 실질적이며 이상적인 방안임이 분명하다. 그러나 이 방안은 선교사의 선교지 도착 전 현지인 지도자의 존재여부에 따라 일반화시킬 수 없다는 어려움이 있다. 이러한 어려움의 극복을 위해서 MTW와 관계를 맺고 있는 대부분의 미국 선교사들은 기존 현지교회를 돕는 협력사역이 현실적으로 적합함을 주장한다. 또한 선교사로부터 현지목회자로의 목회승계 절차의 복잡함과 상호갈등의 문제 제기와 함께 목회승계에 대해 부정적인 입장을 보인다.

첫째, 선교사의 협력 위주 사역은 주로 미국인 선교사에 의해 진행된다. 현지목회자와의 협력사역이 선교사의 부담과 현지인과의 갈등을 최소화시킬 수 있다는 이점이 있지만, 선교사가 협력자로서 현지교회 또는 현지목회자에게 분명하고 선한 영향력을 줄 수 없다는 부정적인 사례도 나타났다(독일, 영국, 스코틀랜드, 멕시코 등).

둘째, 선교사의 직접 교회개척은 주로 한국인 선교사에 의해 진행된다. 앞에서 언급된 여러 가지 갈등요소가 발생한다는 문제점이 있지만, 선교사의 선한 모범을 통하여 현지교회가 보다 견고하게 성장, 자립, 자전하는 긍정적인 사례가 발견되었다(러시아, 키르기스스탄, 필리핀, 니제르, 파키스탄 등).

결론적으로 역할 면에서 차이가 있지만, 변화하고 있는 선교환경 내에서 변함없는 지상명령의 수행을 위해, 선교사의 교회개척과 협력사역은 지속적으로 병행, 상호보완되어 가야 한다.

2. 승계의 조건

가. 목회자 양성

선교사의 교회개척 이후, 목회승계를 위하여 가장 중요한 요소는 현지목회자를 훈련시키는 일이다. "너희는 가서 모든 민족을 제자로 삼아"(마 28:19).

(1) 초기 한국교회사 연구결과

한국 교회를 설립하는 데 적용되었던 네비우스 방법의 핵심은 "성경은 하나님의 말씀이다"라는 진리로부터 시작한다. 이 진리를 토대로 선교사들은 한국인을 대상으로 체계적인 성경공부를 통한 지도자 훈련 및 양성을 실시하였다.

구분	대상	시기	장소	기간
일반성경공부	전교인	겨울, 여름	지역 내 중앙지역	7-10일
지역별 성경공부	전교인(전도)	필요 시, 가능 시	개교회 또는 그룹	3-5일
성경학교	교회 직분자	여름	-	2-4주
신학교	목사 후보생	겨울	평양신학교	5년 (1년에 3개월)

1897년부터 선교사들은 체계적이며 집중적인 성경공부를 시작으로 한국인 성도들의 신앙의 뿌리를 성경에 두고 견고하게 성장해 나갈 수 있도록 지도하였다. 성경공부로부터 신학교에까지 이르는 체계적인 신학교육은 한국 교회의 지도자들을 양육, 배출하였다. 이 과정을 통하여 1901년 평양신학교 개교 이후, 1907년 최초 대한민국 장로회와 1912년 총회가 설립되었다.

(2) 에스노그래픽[1] 연구결과

베트남 교회는 공산주의 정부 하에 있을 때 성장하였다. 1975년 선교사의 전면 철수 당시 5만 명이었던 성도 수는 2007년 현재 1백만 명으로 증가하였다. 이러한 놀라운 결과의 원인은 선교사의 철수 직전까지 이루어졌던 성경대학과 신학교의 성경을 중심으로 행한 현지인 지도자 교육이었다.

반면에, 스코틀랜드 교회가 쇠퇴해 가는 이유는 표본으로 삼을만한 교회 지도자가 없다는 사실에 있다. 다른 교회 지도자(목사, 장로) 청빙은 자체적으로 양성된 자원이 아니라는 사실에서 그 교회를 실질적으로 성장시키는 데 기여하지 못한다.

---

1) 질적 평가방법(qualitative method)인 에스노그래픽(ethnographic) 연구법은 대량 샘플을 통해 객관적 데이터를 얻는 양적 평가방법(quantitative method)과 다르게, 인터뷰를 통해 공통적인 대답 또는 결과가 도출, 발견될 때까지 계속적으로 진행하는 방법이다.

아프리카 대륙 내 일부 교회는 성경에 관한 지식이 부족하여 혼합주의 경향이 심하게 나타나는 지역도 있다(작은 교황, 新 중보자 등). 비록 교회의 외적(수적) 성장은 있어 보이지만, 신학의 기초가 없기 때문에 교회의 참 모습을 잃어 가고 있다.

유럽 내 교회는 성경을 하나님의 말씀으로 믿지 못하는 불신앙이 뿌리를 내리고 있다. 이로 인하여 바른 신앙의 계승은 찾기 힘들며, 교회의 수는 점차 줄어들어 가고 있다. 이제는 역으로 유럽이 선교지라는 일부 의견과 함께 선교사 파송을 요청하고 있다(스코틀랜드, 영국, 독일 등).

개혁주의에 입각한 교회론이 교회의 영적 성숙에 긴요하다. 현재 교회는 수적인 급성장을 경험하고 있지만, 개혁주의 신학과 신앙의 부족으로 대다수의 교회가 변질되어 가고 있다(카자흐스탄, 러시아, 중국, 사하라 이남 아프리카 지역 등).

결론적으로 현지인 성도와 지도자를 위한 성경공부가 무엇보다 시급하며, 이러한 신학교육은 체계적인 과정을 통하여 현지 신학교의 설립 수준까지 향상되어야 함이 필요하다. 또한 결과적으로 현지인의 자체적 신학교수진 양성의 필요성을 제시한다.

(3) 설문 연구결과

"목회승계를 위해 현지목회자 양성이 가장 중요하다"라고 답한 설문 응답자 분석결과는 다음과 같다.

구분	총계	세부결과
설문 대상	86.0%	한국인(91.9%), 미국인(81.0%), 현지인(85.7%)
사역 기간	86.0%	5년 미만(86.7%), 5-10년(90.9%), 11-20년(86.2%), 20년 이상(75.0%)
승계 경험	86.0%	경험(87.0%), 관찰(73.9%), 미경험(94.4%)

인종, 지역, 사역 기간, 승계 경험 등의 결과를 종합 분석한 결과, 목회승계를 위한 가장 중요한 조건은 현지목회자 양성이다.

(4) 소결론

① 목회승계를 위한 최우선 조건은 현지목회자 양성이다.

② 목회자 양성을 위한 핵심은 "성경은 하나님의 말씀이다"라는 진리를 가르치는 일이다.

③ 목회자 양성은 개교회 단위로부터 노회에 이르기까지 점진적으로 발전 확대시켜야 하며, 그 방법은 선교사 주도 → 선교사와 현지인 협력 → 현지인 주도 순의 과정이다.

④ 선교 활동이 제한된 지역에 대한 신학교육이 시급하며, 한국 선교사의 열정과 미국 선교사의 전문성 및 경험이 합쳐진다면 승수효과(synergy effect)를 얻을 수 있다고 판단한다.

나. 자립(Self-Support)

교회는 스스로 자립할 수 있어야 한다. 자립은 교회의 생명이며, 교회의 영적 성장 면에서 필수적이다. 교회가 자립을 해야 받은 사명(증인)을 감당할 수 있다.

(1) 한국 초대교회사 연구결과

당시 미국의 북장로교 선교부는, 극동지역 내의 한국은 최빈국으로 네비우스 방법을 적용하기에 어렵다고 예측하였다. 그러나 결과는 그와 정반대로 나타났다. 성도들의 자발적인 교회 건물 건축, 선교사의 교육에 대한 적극적인 수용 등으로 한국 교회의 자립은 초기 단계부터 가능하였다. 더 나아가 한국 교회의 급성장에 주요 요인이 되었다.

(2) 에스노그래픽 연구결과

본 연구는 영적 자립을 배제, 물질적 자립 분석을 중점으로 하였다. 또한 현지 교회의 물질적 자립 기준은 현지목회자의 사례비와 교회 운영비 충당을 기준으로 고려한다.

대부분의 연구 참여자는 자립이 목회승계에 긴요한 요소라는 데 의견을 같이 하였다. 그러나 물질적인 자립에 관하여 선교사의 입장(etic)과 현지인의 입장(emic)에는 다소 이견(異見)이 있음을 발견하였다. 최단기 내 자립을 선호하는 선교사의 입장과는 달리, 현지인은 물질적 자립이 교회의 '뿌리'라는 입장과 함께 최장기간 선교사의 지원을 선호하였다.

연구 참여자 중 케냐의 한 목사는 국가 전체의 경제적 궁핍으로 인해 교회의 자립에 큰 어려움이 있음을 주장하였다. 또한 한 순회 선교사는 힌두교나 이슬람교가 지배적인 국가 내에서의 사회로부터 고립된 기독교인의 자립이 현실적으로 불가능함을 설명하였다.

일본과 같이 경제적으로 안정된 나라도 교회 자립이 힘들다는 분석 결과가 나왔다. 한 일본 목회자는 헌금에 대한 잘못된 인식을 다음과 같이 설명하였다. 일본의 많은 성도는 헌금의 의미를 목사에 대한 성의의 표시로 이해하고 있거나, 헌금을 통해 최소한의 성의를 표시하는 정도로 생각하고 있기 때문에 교회의 재정 약화를 야기하고 있다고 설명하였다. 따라서 현지교회의 재정적 빈약이 자립의 근본적인 어려움이라는 결론은 성급한 결정이라 판단한다.

교회가 재정적으로 자립할 수 있도록, 현지인들에게 하나님의 말씀과 선교사의 삶으로 헌금에 대한 성경적 원리를 가르쳐야 한다. 현지교회의 재정적 자립은 선교사의 이러한 교육을 통하여 초기 단계부터 지도되어야 한다.

(3) 설문 연구결과

"목회승계를 위해 현지교회 자립이 가장 중요하다"라고 답한 설문 응답자 분석결과는 다음과 같다.

구분	총계	세부결과
설문 대상	31.2%	한국인(45.9%), 미국인(16.7%), 현지인(35.7%)
		무응답: 한국인(5.4%), 미국인(35.7%), 현지인(57.1%)

사역 기간	31.2%	5년 미만(16.7%), 5–10년(50.0%), 11–20년(37.9%), 20년 이상(16.7%)
		무응답: 5년 미만(40.0%), 나머지(17.2–25.0%)
승계 경험	31.2%	경험(34.8%), 관찰(17.4%), 미경험(27.8%)
		무응답: 경험(26.1%), 관찰(34.8%), 미경험(27.8%)

인종, 지역, 사역 기간, 승계 경험 등의 결과를 종합 분석한 결과, 교회자립은 목회승계를 위한 두 번째로 중요한 조건이다. 설문대상자의 인종별로 자립에 대한 질문에 대해 상이한 응답을 보였다. 한국 선교사는 자립이 중요하다고 인식하는 반면, 미국 선교사와 현지인은 중요하게 여기지 않는 것이 주목되었다. 또한 사역 기간이 5년 미만인 자(무응답 40%)의 응답 또한 자립에 대한 중요성을 인식하지 않고 있음이 주목되었다.

교회개척과 목회승계를 경험한 선교사(주로 한국 선교사)는 교회자립의 중요성을 인식하고 있는 반면에, 미국인 선교사와 현지인 그리고 사역 기간이 5년 미만인 사역자는 자립을 중요한 요소로 고려하고 있지 않았다.

(4) 소결론

① 현지의 경제적 안정성 여부가 교회자립에 심각한 영향을 미치는가? 동부유럽과 아프리카 지역의 현지인들은 경제적 불안정으로 인하여 교회자립 달성에 어려움이 있음을 주장한다. 그러나 경제적인 안정과 발전이 보장된 일본의 경우도 동일하게 교회자립의 어려움을 주장한다. 따라서 교회자립이 반드시 경제적인 문제만은 아니라고 판단한다.

② 현지교회가 자립할 수 있도록 선교사는 어떤 조치를 취해야 하는가? 파키스탄과 러시아 지역의 선교사에 의해 개척된 교회들의 자립 실례는, 종교적인 탄압과 경제적인 어려움 속에서도 교회자립이 가능하다는 점을 설명하고 있다. 그러므로 현지교회의 자립은 성도 각자의 구원확신을 바탕으로 하는 신앙고백과 헌

신으로 가능하다.

다. 자전(Self-Propagation)

자전은 교회에 생명이 있음, 곧 살아 있는 교회임을 나타내는 표징이다. 생명과 말씀에 의하여 기독교가 확산되는 것은 모든 그리스도인의 자연스러운 모습이다. 초대 예루살렘 교회의 급성장은 성령의 감동을 받은 사도들의 설교, 교육, 증거 등으로 변화된 성도들이 전도하기 시작한 데 기인한다. 스데반 순교 이후 기독교 박해로 흩어진 성도들이 가는 곳마다 복음을 전하여 교회가 설립되었다. 그리스도 복음을 자기 민족에게 설교하고 교육하는 자전의 노력 없이는 교회의 성장을 기대할 수 없다.

(1) 한국 초대교회사 연구결과

선교사들은 한국인 성도들에게 복음적 사명인 전도를 강조하였다. 즉 성도로서 다른 사람을 전도해야 하는 의무를 가르쳤으며, 세례를 받으려면 최소한 1명은 전도해야 한다고 교육하였다.

1907년 최초 7명의 목사 장립 시, 그중 1명인 이기풍 목사는 제주도 선교사로 자원하였다. 일부 선교학자들은 한국인의 단순성이 교회가 급성장하는 데 기여하였다고 다소 부정적인 평가를 하기도 하지만, 한국 교회의 성장은 오직 예수 그리스도의 보혈을 믿는 어린아이와 같은 신앙과 자전의 효과라고 평가한다.

자전을 통한 한국 교회의 급성장은 현지인이었던 한국인에게 교회의 개척과 설립의 역할을, 선교사들에게는 교회의 편성과 조직의 역할을 각각 나누어 감당하는 결과를 나았다.

(2) 에스노그래픽 연구결과

자전은 현지인이 스스로 교회를 세울 수 있는 열쇠이다. 자전을 가능케 하는 요인은 복음에 대한 바른 이해와 성경적 교회론의 정립이 그 기초가 된다. 자전은 단지 현지 자국민만이 아니라 타국민 전도도 포함한다.

유럽과 일본에서는 주로 자기중심적인 신앙으로 인해 자전이 힘들다고 말한다. 전도하기보다는, 교회 프로그램에 대한 수동적 참여와 기독교 복음의 핵심에 대한 무지에서 오는 결과라고 평가한다. 자전은 교회의 자연스러운 모습이요 교회 성장의 비밀이다.

(3) 설문 연구결과

"목회승계를 위해 현지교회자전이 가장 중요하다"라고 답한 설문 응답자 분석 결과는 다음과 같다.

구분	총계	세부결과
설문 대상	31.2%	한국인(40.5%), 미국인(28.6%), 현지인(7.1%)
		무응답: 한국인(13.5%), 미국인(35.7%), 현지인(71.4%)
사역 기간	31.2%	5년 미만(23.3%), 5-10년(27.3%), 11-20년(41.4%), 20년 이상(25.0%)
		무응답: 5년 미만(50.0%), 나머지(13.8-36.4%)
승계 경험	31.2%	경험(28.3%), 관찰(30.4%), 미경험(33.3%)
		무응답: 경험(30.4%), 관찰(39.1%), 미경험(22.2%)

인종, 지역, 사역 기간, 승계 경험 등의 결과를 종합 분석한 결과, 교회자전은 목회승계를 위한 세 번째로 중요한 조건이다. 설문 대상의 인종별 차이와 무응답이 주목된다. 특히 현지인과 사역 기간이 5년 미만인 자가 자전에 대하여 중요하게 여기지 않는 점이 주목된다.

인종, 지역, 사역 기간 면에서 자전에 대한 중요성 인지도가 각각 상이하게 나타났으나, 승계경험 면에서는 거의 대동소이하게 나타났다. 한국 선교사들과 11-20년 사역 기간이 있는 사역자들은 자전이 중요하다고 평가하는 반면에, 미국 선교사들과 현지인들 그리고 5년 미만 사역자들은 자전을 중요하게 여기지 않는다. 한국 선교사들은 교회개척을 중요시하는 반면에 미국 선교사들은 현지 기존 교회와의 협력에 주안점을 두고 있기 때문이라고 평가한다.

(4) 소결론

① 자전은 기독인의 자연적인 신앙의 표현이요, 성령의 인도하심에 의한 강력한 교회의 모습이다. 자전을 통하여 선교사는 교회개척자에서 협력자로 전환된다. 자전은 말씀과 삶을 통하여 복음을 전해야만 하는 교회의 특성이다.

② 자전은 교회개척 또는 부흥의 잣대이다. 많은 현지인들이 자전에 대하여 무응답(71.4%)한 것은 선교지에서의 교회개척과 교회성장에 대한 적신호이다. 자전이 부족하다는 것은 전도나 선교의 마음이 부족하다는 의미로서, 교회의 성장을 기대하기 힘들다.

라. 분석

목회승계를 위해 가장 중요한 조건은 현지목회자 양성이다. 목회자 교육의 핵심은 '성경은 하나님의 말씀'이라는 개혁주의 신앙과 신학이다.

한국에 복음을 가져 온 선교사들은 개혁주의 신학을 기치로 교회를 세웠다. 1907년 9월 13-19일에 있었던 제1차 대한민국 장로회 회의록은 당시 선교위원회의 존립목적을 "대한민국에 개혁주의 신앙을 견지하고 장로교 정치제도의 한국인 교회를 세우는 데 있다"라고 기록하고 있다.

한국 교회를 세우는 데 직접 참여하였던 선교사들은 하나님의 말씀을 중심으로 하는 개혁주의 신앙을 토대로 자립교회를 세워 나갔다. 이와 함께 개교회의 성경공부를 시작으로 평양신학교에 이르기까지 체계적인 신학교육을 통하여 일반 성도로부터 목회자까지 하나님의 말씀으로 무장케 하였다.

현지목회자 양성이 최우선의 조건이라는 결론은 에스노그래픽 연구를 통해서도 나타났다. 대부분의 한국 선교사들은 교회개척의 초기 단계부터 성경공부를 시작하여, 지속적인 신학교육을 통한 현지목회자 양성에 중점을 두고 있다.

1980년대 후반부터 수정된 미국 장로교(PCA) 선교정책에 의하여, 대부분의 미국 선교사들은 기존의 현지교회를 돕는 협력자로 활동하고 있다. 특히 선교 활동이 제한된 선교지일 경우에는 기존의 지하연결망(network)을 통하여 현지의 목회 지도자들을 안전한 지역으로 초청하여 교육을 시키는 방안을 택하고 있다. 이 과정에서 미국에 거주하고 있는 현지인들 또한 중요한 역할을 한다. 예를 들어, 중국 선교일 경우에는 미국 시민권을 지닌 중국인 목회자(선교사)를 통하여 연결망을 구축하고, 홍콩 또는 미국 내에서 신학교육을 실시한다.

신학 교육면에서 한국 선교사들은 과감하고 신속하게 추진하는 반면에, 미국 선교사들의 경우는 시간적인 여유를 가지고 자국에서 팀을 구성하여 신학교를 세운다. 양측 모두 장단점이 있으므로 협력한다면 승수효과를 얻을 수 있으리라 판단한다.

3. 승계를 위한 시간대

승계를 위한 시점은 앞에서 언급한 승계 조건이 우선 충족되어야 한다. 선교사는 선교지에 영원히 존재할 수 없다는 점에서 현지목회자에게의 승계 문제가 발생하며, 그 시기가 언제인가 하는 것에 대한 질문이 발생한다. 만약 선교사가 교회를 너무 오랫동안 관여할 경우, 현지목회자나 성도들 스스로 교회를 운영할 수 있는 자생력을 잃어버릴 가능성이 있을 뿐 아니라 스스로 교회를 개척할 수 있는 능력 또한 잃게 될 수 있다.

가. 초기 한국 교회사 연구결과[2]

구분	기간	선교 활동
최초 선교단계	1883-1892	1. 로스(John Ross)의 신약성경 번역(1883-1887) 2. 알렌(H. N. Allen)과 언더우드(H. G. Underwood) 도착(1884-1885) 3. 교회개척 및 순회 목회(1886-1892) 4. 네비우스 방법 채택(1891) 5. 4개 선교부 연합: 미국 북장로교(1884), 호주(1889), 미국 남장로교(1892), 캐나다(1898)
선교위원회	1893-1900	1. 선교위원회에서 개혁주의 신앙을 견지하고, 교회정치 형태를 장로교로 하여 한국 교회를 설립할 것을 결정(1893) 2. 매년마다 선교위원회 정기회의 진행
연합선교위원회	1901-1906	1. 2개의 위원회로 구성: 영어와 한글 2. 한국 독립장로교회 조직, 한국 기독인 신학교육을 위한 협력
한국장로회	1907-1911	1. 1차 한국장로회 개최(1907): 참석자 69명(선교사 33명, 한국 장로 36명)
한국총회	1912	1. 1차 한국장로교 총회 개최: 참석자 221명(선교사 44명, 한국 목사 52명, 한국 장로 125명)

나. 에스노그래픽 연구결과

선교사와 현지인 모두 "빠르면 빠를수록 좋다"라는 답변을 하였으나 판단 기준에는 다소 차이가 있다. 현지인들(케냐, 일본, 러시아, 스코틀랜드)은 자립할 때까지 또는 승계 이후의 지속적인 재정지원을 선호하였다. 미국 선교사들의 경우 기존의 현지교회 목회자가 지향하는 방향에 따라 선교사의 철수 시기를 처음부터 정한다. 또한 기존의 현지목회자를 지원하는 역할을 수행한다. 반면에 한국 선교사들은 먼저 자신이 교회를 개척하고, 처음 개척된 교회를 토대로 교회를 더 개척하면

---

2) 곽안련(Charles Allen Clark)의 *Digest of the Presbyterian of Korea (Chosun)*, 1-53페이지를 요약하여 도표화하였다.

서 훈련된 제자들에게 교회를 승계시킨다. 이러한 목회승계를 통하여 현지인의 교회설립운동을 촉진시킨다.

승계 기간의 결정은 승계의 조건에 따라 다양하다. 목회승계는 사전계획에 의한 작전이 아니라, 현지목회자와 교회의 영적 성숙, 준비, 마음의 자세에 달려 있기 때문이다. 그러나 연구목적을 위하여 세 가지 기간을 설정하였다. ① 5년 이내, ② 5-20년, ③ 20년 이상.

(1) 5년 이내(몽골, 모잠비크, 멕시코 등)

선교사가 교회 목회권을 오랫동안 유지하는 경우, 현지교회는 자립하기보다는 선교사에게 의지하려는 경향이 생긴다. 목회승계에 필요한 현지목회자 양성에는 3-4년이 소요되므로 5년 이내가 적합하다. 5년을 기준으로 현지교회의 재정지원을 매년 조금씩 감소시켜 나감으로써 점차적으로 현지교회의 재정적 자립을 도울 수 있다.

(2) 5-20년

현지교회는 영적으로, 물질적으로 자립할 수 있어야 한다. 신학교육을 통한 영적인 성숙을 이루며, 재정적인 자립이 가능해야 한다. 아울러 개교회가 설립된 이후, 노회를 조직할 수 있는 능력을 갖추어야 한다.

(3) 20년 이상

일부 개교회에서 20년 이상 선교사의 지원을 받고 있는 사례가 관찰되었다. ① 선교사 본인이 현지인에게 자립 동기를 부여하지 않는다. ② 결과적으로 현지인들의 적극적인 마음의 자세가 부족하다. ③ 그 외의 관찰 사례로는 고립된 교회의 위치로 인한 젊은 성도 인구의 감소와 함께 구조적으로 재정자립이 곤란했다.

성급한 결론에는 무리가 있으나, 승계 기간이 20년 이상이 되는 경우에도 교회의 자립이 어려우며, 선교사에게 의지하려는 의존심리가 너무 깊이 뿌리내릴 수 있다.

다. 설문 연구결과

(1) 인종별 조사결과: 인종의 차이가 결과에 영향을 미치지 않았다.

구분	5년 이내	5-10년	11-20년	20년 이상	무응답
총계	28.0%	35.5%	18.3%	3.2%	15.1%
한국 선교사	24.3%	37.8%	21.6%	2.7%	13.5%
미국 선교사	33.3%	33.3%	14.3%	4.8%	14.3%
현지목회자	21.4%	35.7%	21.4%	0.0%	21.4%

(2) 사역 기간별 조사결과: 사역기간의 차이가 결과에 영향을 미치지 않았다.

구분	5년 이내	5-10년	11-20년	20년 이상	무응답
총계	28.0%	35.5%	18.3%	3.2%	15.1%
5년 미만	20.0%	43.3%	10.0%	6.7%	20.0%
5-10년	31.8%	36.4%	22.7%	0.0%	9.1%
11-20년	37.9%	27.6%	20.7%	3.4%	10.3%
20년 이상	16.7%	33.3%	25.0%	0.0%	25.0%

(3) 목회승계 경험별 조사결과: 경험의 유무가 결과에 영향을 미치지 않았다.

구분	5년 이내	5-10년	11-20년	20년 이상	무응답
총계	28.0%	35.5%	18.3%	3.2%	15.1%
목회승계경험	23.9%	39.1%	26.1%	2.2%	8.7%
관찰	34.8%	34.8%	13.0%	4.3%	13.0%
무경험	33.3%	27.8%	5.6%	5.6%	27.8%

조사결과, 인종, 지역, 사역 기간, 경험 여부는 목회승계 시간대에 영향을 미치지 않으며, 상황에 따라 결정될 수 있음이 분석되었다. 적합한 승계의 시기는 5-10년, 5년 이내, 11-20년 순이다. 문화를 초월한 상황에게 고려하여 볼 때, 가장 적합한 시기는 20년 이내(66.7%)이며, 20년 이상은 바람직하지 않다는 결과로 평가

되었다. 즉 교회가 개척된 이후 20년 이내에 현지목회자에게 승계되는 것이 바람직한 방안이다.

라. 분석

1885-1907년의 초기 한국 교회의 성장은 교회역사상 매우 드문 사례로 판단되어, 본 분석의 절차에 포함시키지 않았다.

(1) 5년 이내

현지목회자의 양성 기간을 신학교 교육과 목사 안수 기간으로 고려할 때, 목회승계 기간은 최소 5년이 소요될 것으로 판단한다. 그러나 이 기간은 선교사의 교회개척을 시점으로 하여 현지목회 후보자와의 대면 가능성이 가정됨으로 실질적인 절차가 실시됨에는 더 많은 기간이 소요된다고 판단한다.

(2) 5-20년

현지목회 후보자의 신학교육, 목회 경험, 교회의 영적 성숙과 재정 기반 구축, 개교회로부터 노회에 이르기까지 고려한 기간이다.

(3) 20년 이상

긍정적인 요소보다는 부정적인 요소가 더 많다. 특히 현지인들이 선교사에게 지나치게 의존하려는 경향이 뿌리 깊어지는 우려가 많다.

결론적으로, 현지목회자에게 목회를 승계하는 것은 현지교회를 견고하게 하는 필수 조건이다. 승계 기간은 현지교회의 자립과 자력으로 또 다른 새로운 교회의 개척이 가능한 여건이 마련될 수 있는 충분한 기간이 되어야 한다. 그러나 이 기간이 20년을 넘어설 경우에는 의타심으로 인해 자립의 시기를 놓치기 쉬운 것으로 판단한다.

4. 승계를 위한 관계

가. 한국 초대교회사 연구결과

(1) 선교사들은 당시 일제의 강점기 앞에 무력하게 선 한국에 연민의 정을 가지고 있었지만, 모든 정치적 문제에 관하여는 중립적인 자세를 취하였다.

(2) 오직 그리스도의 복음을 전하며 신앙의 개혁을 강조하였다.

(3) 어떠한 경우에도 정치적인 문제는 관여하지 않았다.

나. 에스노그래픽 연구결과

파송 교회/기관과의 관계	사역 주기간 유기적, 협의적, 동역, 갈등, 사업적 관계: 파송교회/기관과는 사역 전체 기간 유기적인 관계 유지 중요
현지인과의 관계	신뢰, 협조, 갈등 관계: 현지인 위에 군림하지 말고, 긴밀한 협력관계 유지 중요
현지 정부와의 관계	갈등, 우호 관계: 선교제한지역에서는 현지 정부와의 관계 극히 중요

다. 설문 연구결과

상기 3가지의 관계는 설문 대상의 인종, 지역, 사역 기간, 경험 유무에 무관하여 아래와 같은 결과를 가져 왔다.

(1) 파송 교회/기관과의 관계는 동역관계이다(63.4%).

(2) 현지인과의 관계는 좋거나, 아주 좋다(89%).

(3) 현지 정부와의 관계는 좋거나, 아주 좋다(75%).

라. 분석

선교사가 파송 교회/기관, 현지인, 현지 정부와의 관계가 나쁠 경우, 선교사역은 불가능하다.

(1) 파송 교회/기관과는 한 몸과 같이 긴밀한 관계를 유지해야 한다.

(2) 현지인과는 상호 투명성을 바탕으로 하는 동역관계를 유지해야 한다.

(3) 현지 정부와는 합법적인 토대 위에 좋은 관계를 유지해야 한다. 그러나 복음을 전하는 데 있어서 침묵해서는 안 된다.

5. 승계 이후 방안

목회승계란 현지교회의 완전독립을 의미하기보다는 교회성장을 위한 새로운 단계로 돌입했음으로 평가된다. 그러므로 목회승계 절차 이후, 선교사와 현지목회자의 관계가 동역자의 관계로 발전되어야 하며, 지속적인 방문과 상담 등으로 유지되어야 한다.

연구결과 4가지 방안이 도출되었다. ① 선교사가 新지역으로 이동하여 교회개척, ② 선교사가 현지목회자와 함께 新지역으로 이동하여 교회개척, ③ 현지목회자가 新지역으로 이동하여 교회개척, ④ 선교사가 현지목회자 양성을 위한 신학교 사역에 참여한다.

가. 에스노그래픽 연구결과

(1) 방안#1 : 선교사가 新지역으로 이동하여 교회개척

　① 사도 바울이 보여 준 신약시대의 모델이다.

　② 개척한 교회를 현지목회자에게 승계하고, 선교사가 新지역으로 가서 新교회를 개척한다.

　③ 선교사가 개척한 교회에 장기간 목회에 관여할 경우, 현지교회의 자립을 방해할 우려가 있다.

④ 현지목회자 자신의 경험 부족 또는 재정지원의 부족 등의 이유로 자력으로 교회를 개척하는 일을 꺼려하는 경향이 있어 어려움이 있다.

(2) 방안#2: 선교사가 현지목회자와 함께 新지역으로 이동하여 교회개척

① 최초 교회개척 시 여러 명의 제자를 양육하여 현지교회에 목회승계를 하고, 나머지 제자들과 함께 新지역으로 이동하여 교회를 함께 개척한다.

② 선교사와 현지목회자가 함께 동역하기 때문에, 서로의 장점을 극대화시킬 수 있다.

③ 현지목회자와 함께 개척한 교회이기 때문에, 장차 목회승계 시 발생 가능한 갈등을 최소화할 수 있다.

(3) 방안#3: 현지목회자가 新지역으로 이동하여 교회개척

① 훈련된 현지목회자가 新지역으로 이동하여 교회를 개척하는 방안은 비용 대 효과 면에서 가장 효과적이다. 그러나 정해진 기간 동안 개척하는 현지목회자에게 일정한 재정지원이 필요하다.

② 선교사가 여러 명의 제자를 양육한다면, 여러 교회를 동시에 개척할 수 있다.

③ 선교 활동이 제한되어 있는 지역에서는 특히 현지목회자를 통한 개척이 가장 바람직하다.

④ 외부 선교사가 배척을 받는 지역에서는 현지목회자가 개척에 직접 관여하는 것이 좋다. 한 예로, 아프리카 지역에서는 과거 백인 식민통치 하의 경험에서 오는 서양 선교사들에 대한 부정적인 선입견을 보인다.

(4) 방안#4: 선교사가 현지목회자 양성을 위한 신학교 사역에 참여

① 선교사가 교회를 개척한 이후에는 신학교 교육을 통하여 현지목회자를 양성하는 것이 장기적인 관점에서 보다 효과적이다.

② 일부 선교지역에서는 깊은 신학의 이해도가 낮아 교회의 영적 성장에 지

장을 가지고 온다. 개혁주의 신학교육이 필요하다.

③ 현지목회 후보생들은 물론 기존 현지목회자들을 대상으로 하는 신학교
육도 필요하다.

※ 선교사가 현지교회들을 중심으로 하는 노회를 설립하는 데 참여(우크라이나)

나. 설문 연구결과

(1) 인종별 조사결과: 인종의 차이에 따라 선호 방안이 상이하다.

구분	방안#1	방안#2	방안#3	방안#4	무응답
총계	24.7%	29.0%	9.7%	29.0%	5.4%
한국 선교사	40.5%	21.6%	0.0%	35.1%	0.0%
미국 선교사	14.3%	31.0%	19.0%	21.4%	9.5%
현지목회자	21.4%	42.9%	7.1%	29.0%	7.1%

※ 한국 선교사는 방안#1을 선호하는 반면에, 미국 선교사는 방안#2를 선호한다.
방안#3이 가장 선호도가 낮다.

(2) 사역 기간별 조사결과: 사역 기간의 차이가 결과에 영향을 미치지 않았다.

구분	방안#1	방안#2	방안#3	방안#4	무응답
총계	24.7%	29.0%	9.7%	24.7%	5.4%
5년 미만	16.7%	26.7%	16.7%	26.7%	13.3%
5-10년	31.8%	36.4%	4.5%	22.7%	0.0%
11-20년	24.1%	27.6%	6.9%	27.6%	3.4%
20년 이상	33.3%	25.0%	8.3%	16.7%	0.0%

※ 방안#3이 가장 선호도가 낮다.

(3) 목회승계 경험별 조사결과: 경험의 유무가 결과에 영향을 미치지 않았다.

구분	방안#1	방안#2	방안#3	방안#4	무응답
총계	24.7%	29.0%	9.7%	24.7%	5.4%
목회승계경험	26.1%	28.3%	13.0%	23.9%	0.0%
관찰	21.7%	30.4%	13.0%	30.4%	4.3%
무경험	33.3%	27.8%	0.0%	11.1%	22.2%

※방안#3이 가장 선호도가 낮다.

결론적으로 방안#3 '현지목회자가 新지역으로 이동하여 교회개척'이 가장 선호도가 낮은 방안으로 나타났다. 그 이유는 다음과 같다. ① 현지목회자는 교회개척 경험 또는 자립 능력이 부족하며, ② 이동 시, 가족과 함께 이동해야 하는 부담이 있으며, ③ 현지목회자의 이동 후에도 선교사의 통제 또는 그의 지원 하에 목회가 이루어지기 때문이다.

미국 선교사와 현지목회자는 방안#2 '선교사가 현지목회자와 함께 新지역으로 이동하여 교회개척'을 선호한다. 선교사의 모범, 경험과 자원 공유 등 선교사와 현지목회자의 상호 협력을 통해 승수효과를 얻을 수 있는 방안이기 때문이다.

반면에, 한국 선교사는 방안#1 '선교사가 新지역으로 이동하여 교회개척'을 선호한다. 첫째, 선교사가 한 교회에 장기간 관여하게 될 경우, 현지목회자의 자립 능력이 상실될 가능성이 높아지기 때문이다. 둘째, 미전도 또는 미개척지역은 선교사가 감당해야 할 지역으로 현지인보다 선교사가 해당 지역으로 신속하게 투입될 수 있기 때문이다. 셋째, 선교사에 의해 이미 개척된 현지교회는 현지인에게 속하기 때문이다.

다. 분석

목회승계 이후에도 선교사와 현지인과의 관계가 계속 유지되어야 한다. 선교사와 현지인과의 스승-제자 관계가 동역 관계로 발전 유지된다.

상기 4가지 방안에는 강약점이 각각 있으며, 지리적 위치, 역사, 문화 등 상황에 따라 적용이 가능(아래 도표 참조)하다. 차후 지역별 또는 인종별 선교전략을 수립할 필요가 있다.

목회승계 이후 4가지 방안

방안	조건	강점	약점	대상 지역
방안#1 선교사가 新지역으로 이동하여 교회개척	최초 개척교회 - 현지목회자 양성 - 자립	선교사 교회 개척 - 신학 견고 - 교회기반 견고	현지인 교회개척 미경험 - 경험 부족 - 자력목회 미흡	교회가 적은 지역
방안#2 선교사가 현지목회자와 함께 新지역으로 이동하여 교회개척	방안#1 또는 기존 교회 존재 현지지도자 - 자격과 의지 구비	방안#1 강점 교회개척(동역) 현지인 자력목회	요구조건 달성 위해 장기간 소요	방안#1 지역 안정된 지역 부흥 요구지역
방안#3 현지목회자가 新지역으로 이동하여 교회개척	현지지도자 - 자격과 의지 구비	자전 선교사 주관 하, 현지지도자들에 의한 다수의 조직교회개척 가능	지나친 선교사 통제와 지원 가능 현지인들의 선교사 의타심 견지	안정된 지역 부흥 요구지역
방안#4 선교사가 현지목회자 양성을 위한 신학교 사역에 참여	현지 기존 교회 현지인과의 연계 신학교 교육이 가능할 정도의 제기반 사전 구비	선교제한지역에서도 시행가능 목회승계 불필요 장기적 선교 유리	현지교회에 대한 선교사의 영향력 제한	선교제한지역 교회의 빠른 성장지역

V. 결론

1. 조건: 현지인 지도자, 교회 자립, 자존 등 우선순위
2. 시간대: 선교사 1세대인 20년 이내
3. 관계: 파송교회/기관, 현지인, 현지 정부와의 관계가 필수
4. 목회승계 이후 4가지 방안
    가. 방안#1 : 선교사가 新지역으로 이동하여 교회개척
    나. 방안#2 : 선교사가 현지목회자와 함께 新지역으로 이동하여 교회개척
    다. 방안#3 : 현지목회자가 新지역으로 이동하여 교회개척
    라. 방안#4 : 선교사가 현지목회자 양성을 위한 신학교 사역에 참여
5. 기타: 한국과 미국 선교사 상호 간 협력의 필요성이 나타났으며, 한–미 협력으로 승수효과 달성 가능

교회 지도자의 목회 승계 이후 방안은 어느 특정 경우를 대비하기 위한 선교 전략을 발전시키기 위하여 또는 최소한 선교사 개인이 파송되기 전에 준비하기 위해 검토되어야 한다.

VI. 신학적 재검토: 세계 선교 정책과 전략의 향상을 위한 방안

1. 변화하는 세계 속에서 선교사가 개척한 선교지 교회의 목회사역 승계는 필요하다. 현재 기독교가 전파되지 않은 지역은 거의 없지만, 아직 복음이 모든 나라와 민족에게 선포된 것은 아니다(막 13:10 참조). 선교지에 기존 교회를 돕는 일과 교회개척이 선교사의 역할로서 아직도 필요한 것 또한 사실이다. 따라서 교회 목회사역의 승계는 교회개척은 물론, 이후 교회를 더욱 견고하게 세우는 일에 반드시 필요하다.

2. 하나님의 말씀을 가르치고 설교함으로 현지인 목회자들을 양성하는 것이 가장 중요하다. 예수 그리스도께서 명하시기를 "가서 모든 족속을 제자로 삼아…내가 너희에게 분부한 모든 것을 가르쳐 지키게 하라"(마 28:19-20)라고 하셨다. 그러므로 교회를 세우는 일은 어떤 조직의 구성이나 재정적인 준비의 과정이 아니라, 지상명령을 실천, 실행하는 영적인 일이다. 따라서 선교지 교회의 개척 이후, 현지인 지도자의 양성, 지도력 승계와 교회를 견고하게 세워가는 일은 시대와 문화를 초월한 선교사와 현지인 목회자 간에 성경을 근거로 한 상호의존성이 요구된다.

3. 교회 목회승계 조건을 기준으로 교회 발전을 위하여 가장 적합한 승계 기간은 "20년 이내"이다. 승계 기간이 "빠르면 빠를수록 좋다"는 의견이 많이 제시되었지만, 이는 현지인 지도자 준비, 영적 성숙, 경제적 자립 등을 통하여 자립과 자전(자체적으로 교회개척)이 가능해야 한다는 것을 전제로 한다. 본 연구가 제한된 범주 내에서 실시되었다는 점이 있음에도 불구하고, "20년 이내"의 승계 기간이 문화의 다양성을 초월하여 가장 유연하게 적용될 수 있는 시간대임으로 평가하였다.

4. 현지인 교회 지도자를 결정할 때에는 성경 진리 안에서 현지 문화 특성을 이해하고 적용해야 한다. 현지인 교회 지도자의 결정 과정에 있어, 현지인들의 결정에 따르는 것이 중요하다. 현지인 지도자의 영적 성숙도는 성경 말씀을 토대로 검토되어야 한다(212-213쪽 "선교빙산원리" 참조).

5. 교회 지도력 승계 방안은 상황에 따라 수정의 가능성이 있지만, 이는 선교지 교회개척의 초기 단계부터 준비되어야 한다. 선교사와 현지인들은 그리스도 안에서 하나 됨을 보여야 한다. 양측은 협력관계(Partnership Relationship)로 발전되어 현지 신학교와 노회를 설립할 수 있는 단계에까지 이르러야 한다.

6. 본 연구를 통해 한국과 미국 선교사 간 상호협력의 필요성이 나타났으며, 한―

미 협력관계를 통해 얻을 수 있는 승수효과의 가능성을 제시하였다.

VII. 건의

1. 보다 포괄적인 문화 초월적 연구와 동시에 특정지역에 대한 연구가 요구된다. 한 특정지역에 대한 연구 결과가 그 지역에 대한 선교 정책, 전략, 세부지침을 제시할 수 있다. 예를 들어, 어느 특정지역의 특정 종족에 대한 모델이 개발될 경우, 국한적인 어떤 모델로서의 역할을 넘어서, 그 지역 및 종족을 위하여 차후 파송될 선교사들에게 좋은 지침서가 될 수 있다. 더 나아가 최초의 지침서를 수정 보완시켜 나간다면, 실시간에 가까운 관련 정보나 지침에 따라 보다 즉각적이며 효과적인 선교 활동이 가능할 것이라고 판단한다.

2. 총체적으로 선교와 그에 따른 활동을 주장하시는 분은 하나님 그리고 그의 말씀과 성령이다. 하지만 특정 민족(종족)에 적합한 리더십 유형의 사전 연구는 더욱 효과적인 선교 활동을 위해 우리가 감당해야 할 분야이다. 이는 교회 지도력 승계를 위한 사전 연구가 될 뿐만 아니라 현지인들과의 관계를 유지하는 데에도 적용될 수 있다. 예를 들어, 영국-유럽 사람은 유교적 배경을 가진 아시아인보다 아프리카 지역 선교에 보다 큰 효과를 가져올 수 있다. 그리고 유교적 배경을 가진 아시아인들은 영국-유럽 사람들보다 무슬림 사람들에게 접근하는 것이 문화적인 측면에서 더 적합하다.

3. 한국과 미국 선교사들 간의 차이점을 분석하여 양측 간의 강점과 약점을 발견하고 함께 보완 협력을 한다면, 세계 선교를 위한 승수효과를 얻을 수 있을 것이다. 예를 들어, 미국 장로교(PCA) 선교사들은 많은 경험과 과학적인 사전 조사를 기초로 체계적이며 조직적인 수순에 따라 선교 전략을 수립하고 시행하며, 주

로 선교지 내 기존 교회를 돕는 역할을 감당한다. 반면에 한국 선교사들은 선교 열정을 가지고 나아가서 선구자로서 교회를 직접 개척하며 현지인 지도자들을 양성시킨다. 한-미 양측 공히 강·약점이 있다. 그러므로 양측이 협력한다면, 선교를 위한 상호 승수효과를 얻을 수 있을 것이다.

3자(자립-자치-자전)
Tree Self

지도자 양육
Leadership Readiness

가치와 성격 변화
Values & Character Transformation

개혁신학 및 세계관
Reformed Theology & Worldview

성경 = 하나님의 말씀
Bible is the Word of God

회심
Conversion

복음 선포 → 성령의 역사 → 하나님 중심
Allegiance Change through the Workd of the
Spirit as the Gospel is proclaimed

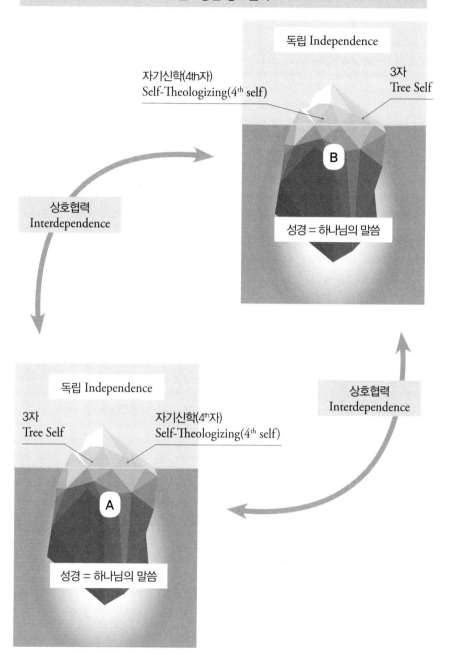

선교빙산 상호협력

독립 Independence

자기신학(4th자)
Self-Theologizing(4th self)

3자
Tree Self

B

성경 = 하나님의 말씀

상호협력
Interdependence

독립 Independence

3자
Tree Self

자기신학(4th자)
Self-Theologizing(4th self)

A

성경 = 하나님의 말씀

상호협력
Interdependence

참고문헌

1장 하나님의 선교전략

Allis, Oswald T. "The Covenant of Works." *Christianity Today 5*, no. 22 (31 July, 1961).

Bavinck, J. H. *Science of Missions*. Translated by David H. Freeman (Phillipsburg: Presbyterian and Reformation Publishing Company, 1960).

Calvin, John. *Commentaries on the Book of Genesis* Vol.1 (Grand Rapids: Wm. B. Eerdmans Publishing Company, 1948).

Candlish, Robert S. *Studies in Genesis* (Grand Rapids: Kregel Publications, 1979).

Cassuto, U. *A Commentary on the Book of Genesis Part I from Adam to Noah (Genesis I-VI)*. Translated from the Hebrews by Israel Abrahams (Jerusalem: The Magnes Press, the Hebrew University, 1961).

Gaffin, Richard B. Jr. *Perspective on Pentecost* (Phillipsburg: Presbyterian and Reformed Publishing Company, 1979).

Gilliland, Dean S. Editor. *The Word among Us: Contextualizing Theology for Missionary* (Dallas-London-Sydney-Singapore: Word Publishing, 1989).

Hesselgrave, David J. *Today's Choices for Tomorrow's Mission: An Evangelical Perspective on Trends and Issues in Missions* (Grand Rapids: Academic Books, 1988).

Hughes, R. Kent. *Preaching the Word Genesis Beginning and Blessing* (Wheaton: Crossway Books, 2004).

Kistmaker, Simon J. *New Testament Commentary: Exposition of the Book of Revelation* (Grand Rapids: Baker Books, 2002).

Konig, Adrio. "An Outline of a Contemporary Covenant Theology." *Calvin Theological Journal* 29. no. 1 (Grand Rapids: Calvin Theological Seminary, 1994).

Ladd, George Eldon. *A Commentary on the Revelation of John* (Grand Rapids: William B. Eerdmans Publishing Company, 1972).

Larsen, Samuel Harry. "A Christocentric Understanding of Linguistic Diversity: Implications for Missions in a Pluralistic Era" in *The Centrality of Christ in Contemporary Missions* (Pasadena: William Carey Library, 2005).

McConville, J. G. *Apollos Old Testament Commentary: Deuteronomy* (Downers Grove: InterVarsity Press, 2002).

McGiffert, Michael. "From Moses to Adam: The Making of the Covenant of Works." *The Sixteenth Century Journal* 19, no. 2 (Summer, 1988).

Murray, John. *Collected Writings of John Murray Volume Four, Studies in Theology Reviews* (Carlisle: The Banner of Truth Trust, 2001).

Osterhaven, M. Eugene. Calvin on the Covenant. *Reformed Review Spring* 33, no. 3 (Holland, Michigan: Western Theological Seminary, 1980).

Pink, A. W. *The Divine Covenants* (Grand Rapids: Baker Book House, 1973).

Ridderbos, Herman N. *Redemptive History and the New Testament Scriptures: Biblical & Theological Studies* (Phillipsburg: Presbyterian and Reformed Publi-shing Company, 1988).

Robertson, O. Palmer. *The Christ of the Covenants* (Phillipsburg: Presbyterian and Reformed Publishing Company, 1980).

Sailhamer, John H. *Introduction to Old Testament Theology: A Canonical Approach* (Grand Rapids: Zondervan Publishing House, 1995).

Van Gelder, Graig. "The Covenant's Missiological Character." *Calvin Theological Journal* 29, no. 1 (Grand Rapids: Calvin Theological Seminary, 1994).

Vos, Geerhardus. *Biblical Theology: Old and New Testaments* (Carlisle: The Banner of Truth Trust, 2000).

Vos, Geerhardus. *Redemptive History and Biblical Interpretation: The Shorter Writings of Geerhardus Vos* (Phillipsburg: Presbyterian and Reformation Publishing Company, 2001).

2장 칼빈의 선교

Baez-Gamargo, G. "The Earliest Protestant Missionary Venture in Latin America." *Church History* 21 (Jun. 1952): 135-145.

Beeke, Joel R. "Calvin's Evangelism." *MJT* 15 (2004): 67-86.

Berg, J. van den. "Calvin's Missionary Message: Some Remarks about the

Relation between Calvinism and Missions." *Evangelical Quarterly* 22 (1950): 174–187.

Berthoud, Jean-Marc. "John Clavin and the Spread of the Gospel in France." *Fulfilling the Great Commission: Papers read at the 1992 Westminster Conference* (1992): 1-53.

Beza, T. de. "Beza's Address at the Solemn Opening of the Academy in Geneva." *Transition and Revolution: Problems and Issues of European Renaissance and Reformation History* (1974): 175-179.

Bratt, John. "John Calvin and Ecumenicity I–II." *The Reformed Journal* (March 1959): 8-10, 17-18.

Bratt, John H. ed. *The Heritage of John Calvin: Heritage Hall Lectures* 1960-1970 (1973): 40-73.

Calhoun, David B. "John Calvin: missionary hero or missionary failure?" *Presbyterian* 5:1 (Spring 1979): 16-33.

Calvin, John. *Institutes of the Christian Religion* (gio).

Calvin, John. *Commentary* (gio).

Chaney, Charles. "The Missionary Dynamic in the Theology of John Calvin." *Reformed Review* 17/3 (1963-1964): 24-38.

Coleman, Keith. "Calvin and Missions." *WRS Journal* 16:1 (Feb. 2009): 28-33.

De Ridder, Richard. "Calvin and Missions." *Herald* 48 (July 1959): 7-8.

De Waard, Henk. "The Reformers and Mission." *VoxR* No. 37 (Nov. 1981): 2-10.

Deddens, K. "Reformation and Mission 1-4." *Clarion* (1986): 289-290, 311-312, 337-338, 482-483.

DeJong, Brian. *Mission in Reformation Perspective Part II*. https://www.strategicnetwork.org/index.php?loc=kb&view=v&id=17678&fto=647&

Edwards, Charles E. "Calvin and Missions." *Presbyterian* 103 (Aug. 24, 1933): 5-6; *The Evangelical Quarterly* 8 (1936): 47-51.

Easter, B. R. "Missionary Thought and Practice within the Reformed Tradition." *Puritan and Reformed Studies Conference* (1961): 31-34.

Halsall, Paul. *Modern History Sourcebook: John Calvin: On Predestination*. http://www.fordham.edu/halsall/mod/calvin-predst.html.

Haykin, Michael A. G. "John Calvin's Missionary Influence in France." *Reformation and Revival* 10:4 (Fall 2001): 35-44.

James, De Jong. "John Calvin in Mission Literature." *PR* 4 (Sept. 1975): 6-17.

James, Frank A. III. "Calvin the Evangelist." *Reformed Quarterly*, Volume 19, Number 2/3 (2001). http://rq.rts.edu/fall01/james.html.

James, Frank A. III. "John Calvin the Church Planter."

Kane, J. Hierbert. *A Concise History of the Christian World Mission: A Panoramic View of Missions from Pentecost to the Present* (Grand Rapids: Baker Book House, 1982).

Klooster, Fred H. "Missions-The Heidelberg Catechism and Calvin." *Calvin Theological Journal* 7 (1972): 181-208.

Koning, Gerry. "Calvin and Missions." *Str* 26 No. 2 (1983): 4-28.

Kromminga, D. H. *The Rise of Protestant Missions*. 1879-1947 Notes on the History of Christian Missions and the Spread of Christianity. *Calvin Seminary* (1949): 80-84.

Laman, Gordon D. "The Origin of Protestant Missions." *Reformed Review* 43 (Aut. 1989): 52-67.

Lane, Tony. *A Concise History of Christian Thought* (Grand Rapids: Baker Academic, 2007).

Leder, Arie C. ed. *For God so Loved the World* (Belleville: Essence Publishing, 2006).

McKay, D. "The Missionary Zeal of Calvin." *Lux Mundi* 27:4 (December 2008): 83-89.

McKim, Donald K. "Reformed Perspective on the Mission of the Church in Society." *The Reformed World* Vol. 38 (1985): 405-421.

Muller, Richard A. "To Grant this Grace to All People and Nations: Calvin on A Postolicity and Mission." *For God so Loved the World*. (Belleville: Essence Publishing, 2006).

Neste, Ray Van. *John Calvin on Evangelism and Missions*. http://www.founders. org/journal/fj33/article2_fr.html.

Reid, W. Standford. "Calvin's Geneva: A Missionary Centre." *The Reformed Theological Review* Vol. XLII (September–December, 1983): 65–74.

Simmons, Scott J. "John Calvin & Missions." *Reformed Theological Seminary* (1996): 1–16.

Stewart, James S. "The Missionary Imperative." *International Review of Missions*.

Stewart, Ken. *Calvinism and Mission: Geneva was ready to send out its pastors*. 1998. http://www.thefreelibrary.com/Calvinism +and +mission : +Geneva +was +ready +to +sen···

Tucker, Ruth A. *From Jerusalem to Irian Jaya* (Grand Rapids: Zondervan, 2004).

Wilcox, Pete. "Evangelisation in the Thought and Practice of John Calvin." *Anvil* Vol. 12. No. 3 (1995): 201–217.

3장 한국전쟁과 한국 교회

Rhodes, Harry A. and Campbell, Archibald ed. *History of the Korean Mission Presbyterian Church in the U.S.A. Volume II 1935-1959* (Commission on Ecumenical Mission and Relations, United Presbyterian Church in the U. S. A., 1964).

Torkunov, Anatoly. 『한국전쟁의 진실: 기원, 과정, 종결』 (*The War in Korea 1950-1953: Its Origin, Bloodshed and Conclusion*). 허남성, 이종판 역 (서울: 국방대학원 안보문제연구소, 2002).

Kim, Jinsung. *Discovering Prospective Meta-Cultural Principles of Missional Transitions From Korean Presbyterian Church Historical Context* (Jackson: Reformed Theological Seminary, 2008).

리 프란체스카 도너(Rhee, Francesca Donner). 『6·25와 이승만: 프란체스카의 난중일기』 (서울: 기파랑, 2010).

박용규, 『한국장로교 총회 100년, 역사적 개관』 http://blog.naver.com/cselee59? Redirect=Log&logNo=100050141358

윤용진, 『여호와의 전쟁신학』 (서울: 그리심, 2000).

송제근, "여호와의 언약전쟁", 『목회와 신학』 통권 168호 2003년 6월호.

온창일, "전쟁지도자로서의 이승만 대통령", 『이승만 대통령 재평가』(서울: 연세대학교 출판부, 2007).

정인숙, 『한국선교 KMQ』 vol. 15 Issue. 3, 2016, 통권 57호(서울: 선교타임즈 출판부).

6·25전쟁 60주년 기념사업위원회, 『6·25전쟁』. http://www.koreanwar60.go.kr/10/2001010100.asp

Wikipedia, 『Korean War』. http://en.wikipedia.org/wiki/Korean_War

위키피디아, 『한국전쟁』. http://ko.wikipedia.org/wiki/%ED%95%9C%EA%B5%AD_%EC%A0%84%EC%9F%81

4장 엘렝틱스를 통한 성경적 선교의 방법

Allen, Roland. *Missionary Methods: St. Paul's or Ours* (Grand Rapids: William. B. Eerdmans Publishing Company, 2003).

Anderson, Gerald H., Coote, Robert T., Horner, Norman A., Phillips, James M. eds. *Mission Legacies: Biographical Studies of Leaders of the Modern Missionary Movement* (Maryknoll: Orbis Books, 1994).

Bavinck, J. H. *An Introduction to the Science of Missions* (Phillipsburg: Presbyterian and Reformation Publishing Company, 1960).

Bavinck, J. H. *The Church between Temple and Mosque* (Grand Rapids: William B. Eerdmans Publishing Company, 1981).

Calvin, John T. *Calvin: Institutes of the Christian Religion*, Volume XXI (Philadelphia: The Westminster Press, 1960).

Henry, Venn. *To Apply the Gospel* (Grand Rapids: William B. Eerdmans Publishing Company, 1971).

Hesselgrave, David J. and Rommen, Edward. *Contextualization: Meanings, Methods, and Models* (Pasadena: William Carey Library, 2000).

Hiebert, Paul G. *Anthropological Reflections on Missiological Issues* (Grand Rapids: Baker Books, 1994).

Hocking, William Ernest. *Re-Thinking Missions - A Laymen's Iniquity after One Hundred Years* (New York: Harper and Brothers Books, 1932).

Hodges, Melvin L. *The Indigenous Church* (Springfield: Gospel Publishing House, 1976).

Kaiser, Walter C. and Silva, Moises. *An Introduction to Biblical Hermeneutics*, (Grand Rapids: Zondervan Publishing House, 1994).

McCarthy, Timothy G. *The Catholic Tradition: Before and After Vatican II 1878-1993* (Chicago: Loyola University Press, 1994).

Moreau, A. Scott ed. *Evangelical Dictionary of World Missions* (Grand Rapids: Baker Books, 2000).

Nevius, John L. *Methods of Mission Work* (New York: Foreign Mission Library, 1895).

Nevius, John L. *The Planting and Development of Missionary Churches* (Hancock: Monadnock Press, 2003).

Nicholls, Bruce J. *Contextualization: A Theology of Gospel and Culture* (Vancouver: Regent College Publishing, 2003).

Notaro, Thom. *Van Til & the Use of Evidence* (Phillipsburg: Presbyterian and Reformed Publishing Company, 1985).

Van Til, Cornelius. *Christian Apologetics* (Phillipsburg: Presbyterian and Reformed Publishing Company, 1976).

Venn Henry, *To Apply the Gospel* (Grand Rapids: William B. Eerdmans Publishing Company, 1971).

Verkuyl, J. *Contemporary Missiology: An Introduction* (Grand Rapids: William B. Eerdmans Publishing Company, 1978).

Conn, Harvie. "The Seventeen CD's of Elenctics Lecture."

5장 선교지 개척교회 목회승계를 위한 문화초월적 예상원리 발견

Alexander, T. D. *From Paradise to the Promised Land: An Introduction to the Pentateuch* (Grand Rapids: Paternoster Press and Baker Academic, 2002).

Alexander, T. Desmond and Brian S. Rosner, Editors. *New Dictionary of Biblical Theology* (Downers Grove: Inter Varsity Press, 2000).

Allen, Roland. *The Spontaneous Expansion of the Church* (Eugene: Wipf and Stock Publishers, 1997).

_____. *Missionary Methods: St. Paul's or Ours* (Grand Rapids: Wm. B. Eerdmans Publishing Company, 2003).

Allis, Oswald T. "The Covenant of Works" in *Christianity Today* 5, no. 22, 31 July, 1961.

Anderson, Gerald H., Robert T. Coote, Norman A. Horner and James M. Phillips, eds. *Mission Legacies: Biographical Studies of Leaders of the Modern Missionary Movement* (Maryknoll: Orbis Books, 1994).

Bavinck, Herman. "The Future of Calvinism" in *The Presbyterian and Reformed Review* 5, 1894.

Bavinck, J. H. *Science of Missions*. Translated by David H. Freeman (Phillipsburg: Presbyterian and Reformed Publishing Company, 1960).

Blanchard, Ken, and Phil Hodges. *Lead like Jesus: Lessons from the Greatest Leadership Role Model of All Times* (Nashville: W Publishing Group, 2005).

Block, Daniel I. *The Book of Ezekiel: Chapters 25-48* (Grand Rapids: William B. Eerdmans Publishing Company, 1998).

Bosch, David J. "Theological Education in Missionary Perspective" in *Missiology: An International Review* 10, no. 1 January, 1982.

_____. *Transforming Mission: Paradigm Shifts in Theology of Mission* (Maryknoll: Orbis Books, 1991).

Brown, George Thompson. *A History of the Korea Mission, Presbyterian Church, U. S. from 1892 to 1962*, Th.D. diss., Union Theological Seminary, 1963.

Bush, Luis, and Lorry Lutz. *Partnering Ministry: The Direction of World Evangelism* (Downers Grove: InterVarsity Press, 1990).

Butler, Phillip. *Kingdom Partnership in the 90's: Is There a New Way Forward? In Kingdom Partnership for Synergy in Missions*, ed. William Taylor, 9-30 (Pasadena: William Carey Library, 1994).

Calvin, John T. *Calvin: Institutes of the Christian Religion*, Volume XXI (Philadelphia: The Westminster Press, 1960).

Calvin, John. *Commentaries on the Book of Genesis* Vol.1 (Grand Rapids: Wm. B. Eerdmans Publishing Company, 1948).

Carpenter, Joel A. and Wilbert R. Shenk. eds. *Earthen Vessels: American Evangelicals and Foreign Missions 1880-1980* (Grand Rapids: Wm. B. Eerdmans Publishing Company, 1990).

Cassuto, U. *A Commentary on the Book of Genesis Part I from Adam to Noah (Genesis I-VI)*. Translated from the Hebrews by Israel Abrahams (Jerusalem: The Magnes Press, the Hebrew University, 1961).

Clark, Allen D. *History of the Korean Church* (Seoul: The Christian Literature Society of Korea, 1916).

Clark, Charles Allen. *Digest of the Presbyterian Church of Korea (Chosun)* (Seoul: Korean Religious Book & Tract Society, 1918).

_____. *Religions of Old Korea* (New York–London–Edinburgh: Fleming H. Revell Company, 1932).

_____. *The Nevius Plan for Mission Work* (Seoul: Christian Literature Society, 1937).

Clark, Donald N. *Christianity in modern Korea* (New York: The Asia Society, 1986).

Clark, Sidney J. W. *The Indigenous Church: Evangelistic and Church Planting Work at the Big End* (New York: World Dominion Press, 1928).

Clinton, J. Robert. *The Making of a Leader: Recognizing the Lessons and Stages of Leadership Development* (Colorado Springs: Navpress, 1988).

Clowney, Edmund P. *The Church: Contours of Christian Theology* (Downers Grove: InterVarsity Press, 1995).

Conn, Harvie M. *Eternal Word and Changing Worlds* (Phillipsburg: Presbyterian and Reformed Publishing Company, 1984).

Craigie, Peter C. *The Book of Deuteronomy* (Grand Rapids: William B. Eerdmans Publishing Company, 1976).

Creswell, John W. *Research Design: Qualitative* & *Quantitative Approaches* (Thousand Oaks: Sage Publications, 1994).

Dabney, Robert L. Systematic Theology Syllabus and Notes of the Course of Systematic and Polemic Theology Taught in Union Theological Seminary, Verginia. First Published 1871. (Carlisle: The Banner of Truth Trust, 2002).

Eyres, Lawrence R. *The Elders of the Church* (Phillipsburg: Presbyterian and Reformed Publishing Company, 1975).

Fowler, Floyd J., Jr. *Survey Research Methods*. 2nd ed. (Newbury Park–London– New Delhi: Sage Publications, 1993).

Frame, John. *Van Til: The Theologian* (Phillipsburg: Pilgrim Publishing Company, 1976).

Fulton, C. Darby. *Star in the East* (Richmond: Presbyterian Committee of Publication, 1938).

Gaffin, Richard B. Jr. *Perspectives on Pentecost* (Phillipsburg: Presbyterian and Reformed Publishing Company, 1979).

Gale, James S. *Korea in Transition* (New York: Laymen's Missionary Movement, 1909).

Gall, Meredith D., Joyce P. Gall and Walter R. Borg. *Educational Research: An Introduction*. 7th ed. (Boston–New York–San Francisco–Mexico City–Montreal– Toronto–London–Madrid–Munich–Paris–HongKong–Singapore–Tokyo–Cape Town–Sydney: Pearson Education, Inc, 2003).

Gilliland, Dean S. *Pauline Theology* & *Mission Practice* (Grand Rapids: Baker Book House, 1983).

_____. Editor. *The Word Among Us: Contextualizing Theology for Missionary* (Dallas–London–Sydney–Singapore: Word Publishing, 1989).

Glaser, Barney G. and Anselm L. Strauss. *The Discovery of Grounded Theory: Strategies for Qualitative Research* (New Brunswick, U.S.A. and London, U.K.: Aldine Transaction, 2006).

Greidanu, Sidney. *Preaching Christ from the Old Testament: A Contemporary Hermeneutical Method* (Grand Rapids: William B. Eerdmans Publishing Company,

1999).

Hamilton, Victor P. *The Book of Genesis Chapters 1-17* (Grand Rapids: William B. Eerdmans Publishing Company, 1991).

Hesselgrave, David J. *Today's Choices for Tomorrow's Mission: An Eevangelical Perspective on Trends and Issues in Missions* (Grand Rapids: Academic Books, 1988).

_____. *Planting Churches Cross-Culturally: A Guide for Home and Foreign Missions. 12th printing* (Grand Rapids: Baker Book House, 1997). Original edition (Grand Rapids: Baker Book House Company, 1980).

Hesselgrave David J. and Edward Rommen. *Contextualization: Meanings, Methods, and Models* (Pasadena, California: William Carey Library, 2000). Original edition (Grand Rapids: Baker Book House, 1989).

Hiebert, Paul G. *Anthropological Insights for Missionaries* (Grand Rapids: Baker Book House, 1985).

_____. "Acritical Contextualization" in *International Bulletin of Missionary Research* July 1987, 104-111.

_____. *Anthropological Reflections on Missiological Issues* (Grand Rapids: Baker Books, 1994).

Hiebert, Paul G., Daniel R. Shaw and Tite Tienou. *Understanding Folk Religion: A Christian Response to Popular Beliefs and Practices* (Grand Rapids: Baker Books, 2003).

Hodge, Charles. *Systematic Theology 2.* Third Printing. (Hendrickson Publishers Inc., 2003). Original Edition, Wm. B. Eerdmans Publishing Company.

Hodges, Melvin L. *The Indigenous Church* (Springfield: Gospel Publishing House, 1976).

Hughes, R. Kent. *Preaching the Word Genesis Beginning and Blessing* (Wheaton: Crossway Books, 2004).

Hunt, Everett N., Jr. *Protestant Pioneers in Korea* (New York: Orbis Books, 1980).

Johnstone, Patrick and Mandryk, Jason. *Operation World*, 6th ed. (WEC International: Paternoster Lifestyle, 2001).

Kaiser, Walter C. and Moises Silva. *An Introduction to Biblical Hermeneutics*

(Grand Rapids: Zondervan Publishing House, 1994).

Kang, Wi Jo. *Religion and Politics in Korea Under the Japanese Rule* (Lewiston-Queenston: The Edwin Mellen Press, 1987).

Kim, Yong-Bock. *Historical Transformation people's Movement and Messianic Koinonia: A Study of the Relationship of Christian and Tonghak Religious Communities to the March First Independence Movement in Korea*. Ph.D. diss., Princeton Theological Seminary, 1976.

Kirkpatrick, John William. *A Theory of Servant Leadership*. D. Miss. diss., Fuller Theological Seminary, 1988.

Kistemaker, Simon J. *New Testament Commentary: Exposition of the Book of Revelation* (Grand Rapids: Baker Books, 2002).

Konig, Adrio. "An Outline of a Contemporary Covenant Theology" in *Calvin Theological Journal* 29. no. 1. Grand Rapids: Calvin Theological Seminary, 1994).

Korea Mission. 1884-1886. *Korea Letters*. Vol. 1.

_____. 1887. *Korea Letters*. Vol. 2.

_____. 1888-1891. *Korea Letters*. Vol. 3.

_____. 1891. *Standing rules and by-laws*.

Korea Mission of the Presbyterian Church in the U. S. A. *Minutes of the Eleventh Annual Meeting of the Council of Missions* (September 20-25). Pyung Yang, 1903.

_____. *Minutes of the Fifteenth Annual Meeting of the Council of Presbyterian Missions in Korea and the First Annual Meeting of the Presbytery of the Presbyterian Church in Korea* (September 13 - 19). Pyung Yang, 1907.

_____. *Minutes and Reports of the Twenty-third Annual Meeting of the Korea Mission* (September 22-30). Pyung Yang, 1907.

Kuiper, R. B. *The Glorious Body of Christ: A Scriptural Appreciation of the One Holy Scripture* (Carlisle: The Banner of Truth Trust, 2001). Original Edition, Wm. B. Eerdmans Publishing Company, 1966.

Ladd, George Eldon. *A Commentary on the Revelation of John* (Grand Rapids: William B. Eerdmans Publishing Company, 1972).

Larsen, Samuel Harry. *Training Intentional Multicultural Mission Teams*, 1996.

_____. *Global Missions Perspective and Sense of Local Connectedness Among Kenyan Alumni of Trinity Evangelical Divinity School*, Wheaton College, and Nairobi Evangelical Graduate School of Theology. Ph. D. diss., Trinity International University, 1998.

_____. "A Christocentric Understanding of Linguistic Diversity: Implications for Missions in a Pluralistic Era in the Centrality of Christ" in *Contemporary Missions* (Pasadena: William Carey Library, 2005).

_____. *Intercultural leadership note*, 2007.

Le Peau, Andrew T. *Paths of Leadership: Guiding Others Toward Growth in Christ through Serving, Following, Teaching, Modeling, Envisioning* (Illinois: InterVarsity Press, 1983).

Lillback, P. A. "Covenant" in *New Dictionary of Theology* (Downers Grove: InterVarsity Press, 1988).

Lingenfelter, Sherwood G. and Marvin K. Mayers. *Ministering Cross-culturally: An Incarnational Model for Personal Relationships*. 2nd ed. (Michigan: Baker Book House, 2003).

Loomis, H. "The Wonderful Work at Pyong Yang" in *The Missionary* 34, 1901.

McConville, J. G. Apollos. *Old Testament Commentary: Deuteronomy* (Downers Grove: InterVarsity Press, 2002).

McGavran, Donald A. *The Bridges of God: A Study in the Strategy of Missions*, republished (Eugene: Wipf & Stock Publishers, 2005).

McGiffert, Michael. "From Moses to Adam: The Making of the Covenant of Works" in *The Sixteenth Century Journal* 19, no. 2, Summer, 1988.

McKaughan, Paul. "A North American Response to Atrick Sookdeo" in *Kingdom Partnership for Synergy in Missions*, ed. William Taylor, 67–88 (Pasadena: William Carey Library, 1994).

Moffett, Samuel Hugh. *The Christians of Korea* (New York: Friendship Press, 1962).

Moreau, A. Scott, General editor. *Evangelical Dictionary of World Missions* (Grand Rapids: Baker Books, 2000).

Mounce, Robert H. *The Book of Revelation* (Grand Rapids: William B. Eerdmans Publishing Company, 1977).

Murray, John. *Collected Writings of John Murray, volume one, The Claims of Truth* (Carlisle: The Banner of Truth Trust, 1976).

Murray, John. *Collected Writings of John Murray, volume four, Studies in Theology Reviews* (Carlisle: The Banner of Truth Trust, 2001).

Neufeldt, Voctoria. Editor in chief. *Webster's New World Dictionary of American English: Third College edition* (Cleveland & New York: Webster's New World, 1988).

Nevius, John L. *Methods of Mission Work* (New York: Foreign Mission Library, 1895).

Nevius, John L. *The Planting and Development of Missionary Churches* (Hancock: Monadnock Press, 2003).

Nicholls, Bruce J. *Contextualization: A Theology of Gospel and Culture* (Vancouver: Regent College Publishing, 2003). Original edition, Inter Varsity Press (US) and Paternoster Press (UK), 1979.

Nida, Eugene A. *Message and Mission: The Communication of the Christian Faith* (Pasadena: William Carey Library, 1990).

Nisbet, Anabel Major. *Day In and Day Out in Korea* (VA-Texas: Presbyterian Committee of Publication, 1919).

Northouse, Peter G. *Leadership: Theory and Practice.* 4th ed. (Thousand Oaks, London, New Delhi: Sage Publications, 2007).

Osterhaven, M. Eugene. "Calvin on the Covenant" in *Reformed Review Spring* 33, no. 3. (Holland: Western Theological Seminary, 1980).

Oussoren, Aalbertinus Hermen. *William Carey Especially His Missionary Principles* (Leiden: A. W. Sijthoffs Uitgeversmaatschappij, 1945).

Paik, L. George. *The History of Protestant Missions in Korea 1832-1910* (Pyung Yang: Union Christian College Press, 1929).

Park, Yong-Shin. *Protestant Christianity and Social Change in Korea.* Ph.D diss., University of California, Berkeley, 1975.

Peters, George W. *A Biblical Theology of Missions* (Chicago: Moody Press, 1972).

Pickard, David. *Partnership in Mission: OMF in a Unique China Partnership*. *Kingdom Partnership for Synergy in Missions*, ed. William Taylor, 187-196 (Pasadena: William Carey Library, 1994).

Pink, A. W. *The divine covenants* (Grand Rapids: Baker Book House, 1973).

Ramsey, D. Patrick and Joel R. Beeke. *An Analysis of Herman Witsius's the Economy of the Covenants: Between God and Man Comprehending a Complete Body of Divinity* (Grand Rapids: Reformation Heritage Books and Christian Focus Publications, 2002).

Rhodes, Harry A., ed. *History of the Korea Mission: Presbyterian Church U. S. A. 1884-1934* (Seoul, Chosun: The Chosun Mission Presbyterian Church, 1934).

Richards, Lawrence O. and Clyde Hoeldtke. *A Theology of Church Leadership* (Grand Rapids: Zondervan Publishing House, 1981).

Rickett, Daniel. *Making Your Partnership Work* (Enumclaw: Winepress Publishing, 2002).

Robertson, O. Palmer. *The Christ of the Covenants* (Phillipsburg: Presbyterian and Reformed Publishing Company, 1980).

Rubin, Herbert J. and Irene S. Rubin. *Qualitative Interviewing: The Art of Hearing Data* (Thousand Oaks, London, New Delhi: Sage Publications, 1995).

Sailhamer, John H. *Introduction to Old Testament Theology: A Canonical Approach* (Grand Rapids: Zondervan Publishing House, 1995).

Shearer, Roy E. *Wildfire: Church Growth in Korea* (Grand Rapids: William B. Eerdmans Publishing Company, 1966).

Sills, Michael David. *Highland Quichuas: Discovering a Culturally Appropriate Pastoral Training Model*. Ph.D diss. Reformed Theological Seminary, Jackson, Mississippi, 2001.

Smith, Ebbie C. "Pastoral Responsibilities" in *Evangelical Dictionary of World Missions* (Grand Rapids: Baker Academic, 2000).

Sookhdeo, Patrick. "Cultural Issues in Partnership in Mission" in *Kingdom Partnership for Synergy in Missions*, ed. William Taylor, 49-66. (Pasadena: William

Carey Library, 1994).

Speer, Robert E. *Christianity and the Nations* (New York–Chicago–Toronto–London–Edinburgh: Fleming H. Revell Company, 1910).

_____. "The Mission in Chosun" in *Report of Deputation of the Presbyterian Board of Foreign Missions to Siam, the Philippines, Japan, Chosun, and China*, April–November, 1915.

Srinivasagam, T Theodore. "Responding to Butler: Mission in Partnership" in *Kingdom Partnership for Synergy in Missions*, ed. William Taylor, 31–42. (Pasadena: William Carey Library, 1994).

Stott, John. *Basic Christian Leadership: Biblical Models of Church, Gospel and Ministry* (Downers Grove: IVP Books, 2002).

Suk, Wontae. *Pastoral Theology Principle* (Seoul: Gyeunghyang Press, 2002).

Tiessen, Douglas P. *A Historical Ethnographic Document Analysis of an Invitational Partnership: A Case Study of the Evangelical Christian Missionary Union and the Christian and Missionary Alliance*. Ph. D. diss., Reformed Theological Seminary, 2004.

Tippett, Alan R. *Introduction to Missiology* (Pasadena: William Carey Library, 1987).

Turretin, Francis. *Institutes of Elenctic Theology*, volume 3 Eighteenth through Twentieth Topics (Phillipsburg: Presbyterian and Reformed Publishing Company, 1997).

Underwood, Horace G. *The Call of Korea* (New York: Fleming H. Revell, 1908).

Underwood, Horace H. *Tragedy and Faith in Korea* (New York: Friendship Press, 1951).

Underwood, Lillias H. *Fifteen Years Among the Top-knots or Life in Korea* (Boston–New York–Chicago: American Tract Society, 1904).

_____. *Underwood of Korea* (London and Edinburgh: Fleming H. Revell Company, 1918).

Van Gelder, Craig. "The Covenant's Missiological Character" in *Calvin Theological Journal* 29, no. 1. (Grand Rapids: Calvin Theological Seminary, 1994).

Venn Henry. *To Apply the Gospel* (Grand Rapids: William B. Eerdmans Publishing Company, 1971).

Verkuyl, J. *Contemporary Missiology: An Introduction* (Grand Rapids: William B. Eerdmans Publishing Company, 1978).

Vos, Geerhardus. *Biblical Theology: Old and New Testaments* (Carlisle: The Banner of Truth Trust, 2000).

_____. *Redemptive History and Biblical Interpretation: The Shorter Writings of Geerhardus Vos* (Phillipsburg: Presbyterian and Reformed Publishing Company, 2001).

Wasson, Alfred W. *Church Growth in Korea*. International Missionary Council, New York, 1934.

Whitehead, Evelyn Eaton and James D. Whitehead. *The Promise of Partnership: A Model for Collaborative Ministry*. An Authors Guild Backinprint. Com Edition, 2000.

Willem, VanGemeren. *The Progress of Redemption: The Story of Salvation from Creation to the New Jerusalem* (Grand Rapids: Academic Books, 1988).

Wood, D. R. W. Editor. *New Bible Dictionary: Third Edition*. Downers Grove: Inter Varsity Press, 2002).

Young, Edward J. *The Study of Old Testament Theology Today* (Westwood: Fleming H. Revell Company, 1959).

하나님의 선교전략

초판 1쇄 발행 | 2017년 6월 15일

지은이 | 김진성
펴낸이 | 김영욱
발행처 | TnD북스

출판신고 제315-2013-000032호(2013. 5. 14)
서울특별시 강서구 수명로2길 105, 518-503
대표번호 (02)2667-8290
홈페이지 www.tndbooks.com
이메일 tndbooks@naver.com

ISBN 979-11-950475-9-8 03230
ⓒ 김진성

• 이 도서의 국립중앙도서관 출판시도서목록(CIP)은 서지정보유통지원시스템 홈페이지(http://seoji.nl.go.kr)와 국가자료공동목록시스템(http://www.nl.go.kr/kolisnet)에서 이용하실 수 있습니다(CIP제어번호: CIP2017012991).